刘荒田
散文
精选

刘荒田 著
程国君 选编

百花洲文艺出版社

序　言

程国君

～～～～～～～～～～～～～～～～～～～～～

　　2009年，"中山杯"全球华侨文学奖把"最佳散文奖"授给《刘荒田美国笔记》一书，其授奖评语是："刘荒田的名字与旧金山无法分开，在他的笔下，旧金山是写不尽的，二十多年来，他用生命聆听一座城市的心跳，他用精妙的细节刻绘形形色色灵魂的悲欢。作为一个胸怀中国心的游子，他在中与美的空间置换，东方与西方的视角融汇中，不断拓展和丰富他的散文天地。他正在把汉语叙事的魅力发扬到一个新的境界。"

　　刘荒田确是"把汉语叙事的魅力发扬到一个新的境界"的现代散文家。这主要表现在，他的散文不仅以传达全球性主题为其特色，而且在散文文体艺术革新上也作了重大的探索。这种创新的第一个向度，在他大量的"《读者》式小品"上得到充分表现（详见《刘荒田小品文精选》一书序言）；第二个向度则在于他把诗的质素带进散文，他把小说题材、新闻时论、人生随笔写成颇富思想内涵的大散文，把上世纪80年代以来贾平凹、余秋雨等推动的文化大散文和简媜唯美式女性散文的探索，推向更为质朴与大众化的层面，有效地提升了现代散文艺术的境界。换句话说，作为一位新移民书写者，刘荒田以饱阅沧桑的中年和后中年心态，融合中西的视角，赋现代散文以深刻的跨文化底蕴和哲思内涵，使散文中的思想和议论的因素得以凸显；他又突破传统散文单纯抒情的藩篱，选择"草根"

的世俗日常生活作为材料，着力书写美国旧金山风情，创作出了具有"现实化、粗俗化、民情化、生活化"品格，能够展现"中国散文创作的走向"的生活散文。

旅美散文家张宗子以切身的创作体验，从现代散文艺术流变的角度概括刘荒田这类作品的独特创新性："如同小说可以散文化，散文也可以小说化。有时候，小说和散文的界限不容易截然分开。汪曾祺和王鼎钧的一些作品就游走于小说和散文之间，有意似是而非，似非而是。不过荒田的情形不同。他写人物的篇幅较长的散文，尤其是《两个男人的战争》和此前的《死亡面具》，几乎具有小说的所有要素，《死亡面具》甚至用了层层推进，一个悬念套着一个悬念的手法，然而它们仍然是地地道道的散文。这种无意识的小说化，如前所述，大大丰富了散文的手法，提高了散文的表现力，扩大了散文的容量，某种程度上，甚至可以说是对小说的挑战。""写人物的散文，有了《凉风起天末——怀诗人老南》这样的，在表现力和内容的丰富及深刻上，可以不必自卑于小说了。它完全是一个中篇小说的好题材，你的这两万多字，可以抵得上一个好中篇。而在《第1800部落》中，可以看出你的敏锐和细致的观察力。从较早的《眉公外传》、《媚姑》和《步上日记》等，到《梦回荒田》，到现在的这几篇，这是你走的最好的一条路。这类深入生活的篇章，别说在海外，就是在国内，以我阅读所及，毕竟也不多见。"刘荒田确实是现代散文创作中"走着最好的一条路"的作家。

刘荒田这类散文的创新性，就文体内质而言，我认为是远远超出了张宗子的概括的。因为仔细推敲，刘荒田散文是真正的"地道的散文"。它不是"小说化的散文"，也不是"散文的小说化"，而是把小说的题材、叙事性的元素转化为"思想性特征"的试验性散文。因为，所谓的"小说化的散文"，指的是在散文里植入小说的人物、性格刻画、戏剧性情节等元素，而"散文的小说化"也是如此；刘荒田的散文则是将类似于小说的事件，进行散化、转化等非小说化方式处理的散文。从创作主体来说，这类散文的作者，不是小说的叙述者，而是一个真实的书写者，想象、虚构的因素被其转化成真实作者的议论与抒情，小说、散文的题材完成了创作主体的主观化转化。所以，刘荒田的散文，应定义为"非小说化的散文"。刘荒田的创新就在于，把好看的故事、有影响的新闻事件，变成具有深博思想容量的随笔式大散文，在于把"中篇小说好题材"变为"地地道道散文"的加工，也在于通过文体融合对散文文体包容性品格的拓展，从而为这个时代"最佳文体"创造出成功的一格。刘荒田的贡献也恰恰在这里：为现代汉语文学散文创作提供了一些崭新的类型和素质，一种非小说化的记人记事的"地道的散文"，一种以"思"为本体、议论化为主的大散文。

刘荒田的记事、记人散文，是最能见出其独特创造的机趣的：既以思考、议论的情智内涵的增加等"非小说化方式"，强化散文的"思想"本体素质，又把故事分割，并将其连缀、转化成耐人咀嚼的人生哲学美文。他的许多长文，清晰地凸现出他经营"地道的散文"的写作术的：运用对故事意义挖掘、增加议论化成分、将叙事片段化、以分割叙事等非小说化的方式书写，并以此作为其独特的创造术，创造出真正意义上的随笔式巨制。

就审美创造而言，在当今华语散文创作中，刘荒田散文可谓独树一帜，具有以下鲜明的美学个性：1. 用笔质朴、细致、平易又充满深情。2. 思考深沉而充满诗性和哲思色彩。3. "假洋鬼子"自谓下的机智、超然幽默洋溢于字里行间。在审美个性追求上，刘荒田散文站在"草根"视角，平视日常生活，以"倒过来的鸟瞰"面对底层，题材多从日常琐事转化而来，不像余秋雨、简媜的学究式，修辞化和复杂化，而有了大众日常的推理与感知。庸常，琐碎，低调，但在情在理，因而平实、细微、通俗、质朴、耐读、易读。诗文互融，富含诗意，更是其散文创作的亮点之一。

刘荒田行文令人印象至为深刻的，是幽默与风趣——"假洋鬼子"所具有的独特美学个性。刘荒田散文的这一审美个性具有深刻的文体意义。因为其不是缺乏责任感的恶趣，不是林语堂置于闲适生命哲学基点上的幽默，也非老舍置于国民性改造基点上的京味讽刺，更不是为了取悦读者和市场而权宜为之的肤浅游戏的诙谐，而是基于"假洋鬼子"的文化坐标之上，以人类文化宏大视野，机智面对生命、历史、时间和全球空间，借鉴美式幽默，从日常生活中升华的智慧型幽默。带着点夸张，带着点自嘲，带着点狡猾，又带着点宽容，使人能够会心、欣然地接受。事实上，刘荒田"假洋鬼子"的生命言说的魅力，部分原因在于这种萧伯纳式的或称"假洋鬼子"式的幽默。这是刘荒田散文在审美内质意义上的另一重要文体特征（《读者》式小品和随笔式文化大散文，则是从外在类型意义上而言的）。

阅读刘荒田的散文，不管哪种类型，这一特征都如影随形，十分显著。从阅读的审美意义上说，我们甚至能够得出这样的结论：幽默使刘荒田散文的文气、才气倍生，审美魅力骤增。从学理上说，这能够成为刘荒田散文的重要审美特征的依据则在于，幽默、机智、风趣、荒诞和自嘲等，都是喜剧性审美品格的主要表现方式。刘荒田散文的喜剧性审美品格，皆因行文中基于文明、文化基因的机智、幽默、反讽和荒诞等元素，其魅力也因这份幽默而来。换句话说，刘荒田创造了"刘荒田式幽默散文"，刘荒田式的幽默，是给现代散文文体注入了审美活力的。

因此，从阅读审美结果而言，刘荒田以其独具个性的创造，使其散文成为全球化时代最受欢迎的文学文体之一。换个说法，刘荒田以平易、幽默美学个性所创造的幽默散文文体，对于现代全球化与信息社会里文学文体偏重于散文的倾向，是有重要的实验价值与启迪意义的，这至少体现在以下三个方面：

首先，从现代汉语文学文体演变的轨迹看，刘荒田这种探索、革新与创造，推动着近年来惯见的"文学以叙事为主体"这一观念的更新。随笔式大散文的创作实践，使他成了当代散文文体与艺术探索的一代大家，尤其是他把通常的新闻消息、时政论说、小说题材处理成散文文体，在贾平凹、余秋雨文化大散文和简媜富唯美色彩大散文之外，创造出一种最具大众品格的人类文化大散文，使散文的思想容量比叙事文本更为丰富，从而改变了已有的文体格局，把新移民文学从小说叙事为主引向散文言说的宏阔空间，让人们在散文这片天地里看到了新移民最为琐屑的日常生活，看到了新移民在新大陆（以旧金山湾区为主）最为真切的精神、灵魂面相。

其次，刘荒田本是诗人，他又有移民美国30余年的人生历练，非常了解这个移民国家诸色人等的人生故事，他本可沿着抒情和叙事的路走下去，讲他的"中国故事"，讲他的"美国故事"，然而，他另辟蹊径，把全球化时代的"中国故事"和"美国故事"事转化成"地道的散文"。这种选择，反映出刘荒田对于散文艺术本身执着的探索兴趣，也反映出他对这个世界、这个时代大众阅读趣味的把握。他显然明白，在唯物质和快节奏的现代社会，大多数人无力、无心去阅读冗长的叙事文本，在一个过分关注自我和个性自由的国度，在一个以速度和实用为特征的高度发达的社会，别人的故事少人问津，情感被理性克制，人们没有闲暇去抒情和从事文字推敲。这不是一个叙事和抒情的时代，而是一个信息和议论化的理性时代。理性时代，人们需要的主要文本是散文。这又是一个多元化的时代，地域性的全球性的立场，全球性的视野，不同文化坐标体系的差异，使得人们多了基于自身理解的观点与议论。刘荒田认清了潮流的转向，也认清了自己的长处和短板，从一个诗人、小说家变成了一个散文家。事实上，当刘荒田把诗与小说叙事的因素转化成散文元素的时候，他便成就了散文，有效地推动了现代散文文体艺术的发展，为现代文学文体实践提供重要的引领与示范。

进一步说，一种文体的兴盛与一个时代的社会特性紧密联系。因以北美（美国和加拿大）为代表的西方现代社会的本性使然，其文化明显具有的快餐式的消费个性。诞生于此的文学文体，也必须适应这样的变化：长文体被短文体取代，大文章被小文章取代，诗歌与小说被散文取代。事实上，散文成为新移民文学中最受欢迎的文体。在这样的文化语境里，完成这个转化的，或者说，显示了这种文学倾向的，重要代表就是当代最有创造力的华语散文作家刘荒田。从散文学及其创作论角度来说，刘荒田的这种探索和实验，具有开垦"荒田"的意义，他不仅深化、细化了现代散文重"思"本体的理论和理念，而且开拓了从技术层面和形式美学层面革新散文的新思路，为散文艺术发展提供了丰富的启示。

第三，刘荒田文体探索创新的价值，最主要方面之一，也许还在改变着文学文体的偏重成见及其社会心理的固化模式，从而推动文学审美观念的更新。从刘荒田散文及其他一大批海外散文作家创作的质量，我们看到，海外华文散文的成就并不在小说与诗歌创作之下；刘荒田的成功实践证明，散文创作也可以成就一代文学家。这给世界文坛的提示是，诺贝尔文学奖，茅盾文学奖忽略散文，是一个重大的文体误导。这甚至使我们怀疑其本身的合理性和适当性。由于它们的影响巨大，使不少文学家放弃散文而去从事叙事性的创作，这给文学文体生态及其格局，尤其是散文创作带来的不利影响，是显而易见的。从这个意义上来说，刘荒田及其散文创作作为一个成功个案，是强有力地改变着一些固化观念，深刻地影响着社会阅读者的审美心理的。刘荒田给现当代汉语散文的繁荣，注入着巨大的正能量。

2015年3月于西安

（作者系文学博士，陕西师范大学文学院教授，博士生导师）

目　录

云无心以出岫——异国篇

旧金山人海 / 2

"回娘家" / 8

人生静静流去 / 18

机上机下 / 22

出城记 / 26

后院风景 / 30

坐一趟荡气回肠的巴士 / 34

一杯喝了十年的咖啡 / 40

我和流动的天堂 / 44

等你，在雨中 / 46

书中纽约 / 51

造句操练 / 55

这一刻，我们一起走 / 60

没有"第一次"的日子 / 63

谁在我的肩膀上沉沉睡去 / 66

观"老忠实"喷泉记 / 69

别有用心的散步 / 72

在星巴克写星巴克 / 78

内华达三记 / 84

一封不寄的信 / 89

旧金山人物 / 100

抚孤松而盘桓——故土篇

我的碉楼 / 168

深山烧炭记 / 175

花尾渡上爷孙 / 183

抵　达 / 192

菜地前 / 196

落　叶 / 201

秋　色 / 205

台城情结 / 209

在餐厅上 / 214

伦文叙和我的童年 / 217

在巴厘岛一起当土豪 / 221

走路的幸福指引 / 225

荒年之忆 / 230

渭城朝雨浥轻尘 / 236

贵叔·他的和我的家族 / 251

云无心以出岫

——异国篇

旧金山人海

午后，在市内的地下车站，登上从海滨总站开出的N线电车。最近几天，旧金山的公交车系统很不平静，由于驾驶员工会和市政府谈判新工约触礁，驾驶员们所提的加薪幅度无法得到满足，但为本市"公交车驾驶员不得罢工"的宪章条款所限，便以集体请病假表示抗议。这么一来，大半巴士、有轨和无轨电车及全部缆车停摆。今天是第三天，好在请假的驾驶员少了很多，系统基本恢复正常，但过激行动的后遗症，看候车站黑压压的人就知道，又不准点了。

车上不算拥挤。一位白人女子，年龄在四十到六十之间，独霸一张双人椅，跟前是一辆由超市购物车改装的超大手推车，车上堆满了被盖和杂物。这位资深流浪人蛮有教养，看到走在我前面的老太太，马上站起来让座。老太太坐下后，旁边一个座位空着。我礼貌地问让座的女士，你要不要坐？她说，不坐，并指了指面前小山似的手推车，意思是要照顾它。我道谢，落座。眼神落在手推车前端的小狗身上。流浪女子看到，指着小狗对我说："它的腿不好，走起路来酸酸的，我带它去看兽医，花了四百块。"我笑了，想问她，小狗"酸酸的"感觉，人是怎么知道的，但感唐突。我端详着这位站立在一尺以外的洋女人，暗里琢磨，她的穿着干净，整齐，该不是精神病人。她的身世，性情，婚姻，家庭，则全是谜。眼前可供研究的，只有她、小狗和手推车，资源太少。正想和她聊聊，从小狗入手挖出她的人生。她大声和多重人墙外的司机说话，要求在下一站下车，但她靠近的出口有两个梯级，她请司机把梯级放平，以便推手推车下去。司机说那出口不行，要她在车头旁边下车。她不肯，理由是手推车体积太大，无法穿过人群。两个人吵架一般对话。大家听着，笑了。

我扫视着车厢里的人，想起诗句"万人如海一身藏"，它出自苏东坡。细品其意，怕是"精英意识"作祟。只有千方百计地躲狗仔队的明星，比如大陆影星文章和姚笛这般偷腥的，又是口罩又是绒线帽，恨不得人海万丈深，好躲进底部。普通的"万人"呢？不是逃犯，即使出轨，也没人关注，藏什么呢？

在大街步行也好，在公共交通工具里头也好，人海里"游泳"（套用网络时髦语，曰"冲浪"），看零零星星的人，看比肩继踵的人，看远的人，近的人，擦肩的人，对视的人，视而不见的人，偷窥的人。偶然的肢体接触，如握手，碰撞。不期然地起了这样的幻觉：每个人都坐在看不见的"车子"上，"车"的牌号、年份、性能、价钱、保险各异，但总体名称一样：命运。命运之车，载着单个，载着相依为命的情侣，夫妻，载着一家子，一个家族，和其他"车子"同向，逆向，交错，穿插，组成一个社会。一次事故，对撞或擦碰，就是人和人的矛盾激化。每一瞬间，都是现世的切面。每一切面，都拖着漫长的故事。这些故事，为此刻造因，一如此刻为将来造因。如果你记得数十年前摄影家的一种雕虫小技——晚间拍大街上的车流，按住快门久久不放，每一辆车亮着的前灯和尾灯，便变成霓虹灯一般的线条，千万条红或暗红的线聚集，纵横，扭结，绵延。而你，我，他，就是其中一条（如果猝然沉没在人海里面，再也不露头，只好算一个点）。

电车到达隧道口站。带手推车的妇人高声嚷叫，要下车。司机不敢开罪这类什么都没有，只有时间的赖皮人物，停车，走下来，看能否帮上忙。女士自力更生，把手推车拖下两个梯级，旁人怕轮子被颠坏，她说没关系，扬长而去。我这一刻看清楚了，司机是中国人，报站的英语带广东口音。语言成为终生难题的新移民，怎敢和口才一流的洋人开练？

车上，扰攘告一段落。我心头泛起"没戏看"的失落感。只好看别的，对面长椅上坐着一个三十来岁的"怪人"，看穿着，从碎花圆领蓝外套，湖水绿裤子到橙色平底鞋，是地道的女性。从侧目看，并无喉结。头发是中性式样，马尾辫拖在后面。然而，小胡子浓黑，两端往下弯，是从前中国师爷所特有的山羊胡。她坐得庄严，目不斜视，迫得观者无法往邪道想她。把胡子侍候得如此触目的女子，平生第一次遇到。单靠目测，是不可能明白对方的底细的。可是，还能做什么？冒充记者采访她是一法，然则以什么为话题？难道谈女性蓄须不成？坐到她身边去，相机搭讪是另一法。这些方法均没有勇气实行，只希望她在我之前先下车，好让我鸟瞰一阵，"须眉女"龙行虎步，将成为人行道上怎样的一道风景。视线离开她，跌回平淡的庸常。表情木讷的中国大妈，警惕性奇高的手紧紧挽着手袋带子。身高悬殊的阿拉伯情侣，女子踮脚对情郎耳语。身边忽然感到肉的挤压，原来是一位胖妞往我旁边的空位落座。她打开手机，对着屏幕动起来。在零距离看聋哑人打手语，才知道手也可以"伶俐"——摇，摆，圈，绕，捶，拈，提，如钢琴的黑白键，更如芭蕾舞者倒立的纤足，教我着迷。她注意到我注意她，表演得更加卖力。

这就是以文化与种族多元著称的旧金山。我们把中国定义为"熟人社会"，它的运行靠"关系"，而关系以"熟人"为根基。如果对方不是熟人，便以吃请、行贿、送礼恶补，进而实行以潜规则为主旋律的运作。眼前的人间，可套用婉约派名家喻丽清在一篇散文中的比方——盒子。上文的"车子"之譬，与它殊途同归——移动的"格子"或"盒子"。这些比喻所指向的，是人际关系的距离。无所不在的陌生感，来自人人都有、名叫"隐私"的保护罩，它把"真人"和被存在主义哲学家萨特称为"地狱"的"他人"分隔。职是之故，无论在车上还是在大街上，看人不能不限于皮相。其内涵，如珠光宝气的多宝盒也好，像放满收据借条的鞋盒也好，甚而是一套二，二套三的"五小歪"也好，我们均无法了解。以紧挨着我的聋哑女孩而言，她在手机上以手语发的视频，我就一概不懂，别说她的沉默人生了。

于是又起了感慨。旧金山是天下闻名的旅游城市，每年游客上千万，但本市居民才七十多万。我在这里生活了三十多年，如果依然以"人生地疏"自命，便失诸矫情。然而，我一直为这样的事实纳闷：在街上难得碰上熟人。没有熟人的地方，多拥挤也是鲁迅所慨叹的"无物之阵"。人，只要稍微熟悉，回答"盒子内有何物"这一问题，就不至于交白卷。

人海啊人海！给我看卸掉面具的人，脱掉假发的人，不必裸体（在每年6月最后一个星期天，这一带举行同性恋者大游行，全裸的人比比皆是）而呈现真相的人。哪怕是赶到地铁站台才打开手袋，对着小圆镜画眉毛和扑粉的白领丽人，也比总是匆匆赶路，从来不正眼看我的绝大多数可亲，为了让我看到素面的缘故。注视我吧，哪怕是恶意，也比埋头于手机好！我要距离很远便毫不迟疑地高叫我名字的嗓门，使劲地拍我肩膀的粗豪的问候，毫不犹豫地伸向我的暖暖的手，冷不防地拥抱我的庞大身躯。一句话，我渴望遇到熟人。

不是绝对没有巧遇。十年前，在巴士靠窗的位置，我埋头读报。有人在外头敲玻璃，叫我的名字。我抬头看，秃顶的老白人，并不认识，然而为何知道我的英文名字？"我是荣！"他为我的忘性生气，声调提高。哦，想起来了，我当年在意大利餐馆的同事。连忙回应，问好。可惜红灯换为绿灯，巴士开行。他挥手告别，蹒跚走上人行道。他的人生断片在我脑际次第闪过：二十岁和高中的同学结婚，数年后老婆和人私奔，他独力抚养女儿。一次婚姻之后不敢再次涉入，但猎艳成癖。"我在渔人码头

（旧金山海滨的著名风景区）的餐馆'奥尔拉图'当领班那阵，年轻的日本女游客独自来用餐，边吃牛排边用半咸不淡的英语和我闲聊，告诉我她是自助游，问哪里好玩。我说明天我正好休息（其实是上班日，然而机不可失，请假就是了），当你的导游怎么样？第二天一早，开车去旅馆接上她，游玩整天，夜里做爱。这样的露水情，短的一天，长的一两个星期，一年至少十来宗。"他在工余的"咖啡时间"向我吹"当年"，为无坚不摧的性感而顾盼自雄。时隔十五年，光阴把他改造得真够彻底。到今年，荣该满七十二岁，还在人世吗？活得好吗？

还有一次，在市场街一个候车站，遇到韩国女人素子。三十多年前她和我在一家夏威夷风味餐馆一起干活。彼此马上认出来，叫得出名字。上车以后，聊了一路。我知道她出身于首尔的贫寒人家，高中刚刚毕业那年，在美军基地的咖啡店打工，被一个姓华盛顿的美军黑人士官看上，和她结婚，把她带到旧金山的猎人角定居，生下三个黑檀木般的儿女。我和她谈当年同事们的去向，谈她的女儿和儿子，谈现在的工作。她以嘴没遮拦著名，从下城到海滨的"悬崖酒屋"一程四十分钟，两人聊得十分投机。那一次，离开共事的80年代已十三年。后来，在"悬崖酒屋"，我作为顾客，她作为侍应生，又见了两次。每次的"礼节性交谈"，都少见的坦诚。她永远是万事足的模样，然而，我晓得她的深层奥秘。她的黑人丈夫，退伍回国后以开长途运货大卡车为活，结婚不久便养了小三。她明明知道，也不点穿，只求每月准时拿到赡养费。她四十岁那年，深夜下班，在回家路上，被十七岁的少年胁迫到街角，强奸了。她报了案，并去医院检查了身体。次日，若无其事地上班去。她的大女儿，十四岁起就乱交男朋友。她难以管教，便监督她每次出门约会前在手袋放上避孕套。这些，是素子的闺蜜告诉我的。如今，素子也是龙钟之人了。如果和她邂逅在电车上，一定像过去那般惊喜。她圆滚滚的脸，绽开坦然的笑，和我谈她的孙辈，谈她爱吹的"尺八"。我一定要向她打听约瑟芬的下落。约瑟芬、素子和我当年共事，她俩是最要好的搭档。向我把素子的隐秘和盘托出的，正是这位在菲律宾出生的华裔女孩。

电车隆隆开行，进入日落区。乘客下去大半。举目之际，无亲人，无熟人，无朋友。聋哑女孩和"须眉"女子下去后，更加寂寞。忽然，眼前的椅子坐下一位中国人。哈，眼熟得很！想起来了，十五年前及更早，此公是旧金山公车系统的名人，他彼时尚在血气犹刚的中年，可能是在下城一家俱乐部的餐厅当服务生的，带广东口音的英语颇流利。我见识此公的厉害，是在下城的地下车站，我在等车，他也是。他个子瘦小，对此怀着过分的自卑和由此反弹而成的凌厉霸气，天晓得他何以对全市公车系统的运作了如指掌，又总是那么多牢骚。车晚点，他在站台上指着液晶显示牌骂；车来得太密太疏，他对着值班人员骂；车来晚了，上了车直趋车头部位，对着驾驶员骂。我多次在围观人群中看热闹，开头是佩服，后来是厌腻。因为他吵起来，司机为了向他解释，便把车停下，使得所有乘客都被耽误。一眨眼，这么多年过去。他，松弛的皮肤在下巴下方晃荡，腰驼腿弯，落座时，把一袋从华人超市采购的货物摔在地板上，不胜重负的模样，教我何等怀念他当年戟指牛高马大的洋人，当孙子来训斥的气势。他在说话，声音低沉，是不是还在骂公车晚点，抱怨司机关车门太快？听清了，是嘟囔白菜涨价，今天大便不畅。我到现在才悟出，从前他爱骂人，未必是见义勇为，而是爱炫耀，憋不住话。

我比"话痨"早一站下车。天空瓦蓝，毫不以人间为意。"天若有情"便如何如何是伪命题。想起一则关于纽约的描写："那里，每天有250人死去。同时，人们兴冲冲地搬进空下来的公寓——读早报，第29页，刊登逝者的头像。第31页，则是订婚者的玉照。第1页，有主宰这个世界的人的照片，他们纵情声色，赶紧享用进入第29页之前的岁月。"人海，和目力所及的太平洋的波涛一般，怎么翻卷，都是那么一回事。

2014.6

"回娘家"
——一个导游说的故事

一

2005年,是我在旧金山"通达"旅行社当导游的第四个年头。每年夏天,黄石公园这条旅游线路最为繁忙,我带的都是七天团。星期六从旧金山湾区出发,下星期五回来。次日一早又上路,连轴转三个月,然后是一个月的长假。紧张是紧张,好在我天生爱游山玩水,正应了洋人一句名言:"你的爱好如果和职业合二为一,那就一天班也不用上了。"由于我所在公司,从老板到雇员都是中国人,人脉都在华人社区。我所带的每一个团,几乎是清一色的同胞。但8月中旬出发的团,五十名团友中,有一位白人老太太,八十多岁了,金发早已变为银色,头部闪着蔼蔼的白光,在坐满黑头发的大巴里,格外抢眼。她名叫莎朗,深目高鼻,高个子,不像许多白人女士那般,老来横向迅猛发展,体重增加近一倍,而是相反,变得清瘦,一袭连衣裙,从后面看,还像个窈窕少女。更加出奇的,是能说广东话。我是在哈尔滨长大的,来美国以后才学了点广东话,几年下来,发音虽仍遭广东人讥笑,但听这一关,基本过了。这可是在以广东人居多的旧金山华人圈子内做事必需的功课。然而,我的广东话,和这位土生土长的洋老太太不能比。团友惊讶不置地告诉我,莎朗的广东话不但顺溜,而且夹上不少台山土语!我还注意到,莎朗虽然身板硬朗,不需人搀扶，但走到哪里，都有一个小伙子跟随。在途中，我和这位小伙子谈过几次，知道他叫小陈。小陈原籍广东台山，是莎朗的贴身佣人。

旅行团所乘的大巴，从加州出发，穿过内华达州的沙漠，爱达荷州的麦地与玉米田，沿着蛇河峡谷逶迤而行，一路有落基山脉蜿蜒相伴。大巴上，导游坐在第一排，五十多位游客的座位，每天按次序调换，以示公平。游览了怀俄明州的黄石公园以后，莎朗以及小陈的座位，从后面移到第二排。我得以就近观察她，交谈也很方便。莎朗耳聪目明，风度极好，连坐巴士也维持优雅的姿势，从来不曾东倒西歪地睡。她偶尔和小陈低声交谈，用的是广东话。

离开号称"世界第一"的黄石公园喷泉群，巴士从海拔一千六百二十米的北门开出，进入89号高速公路。我拿起麦克风，开始例行的讲解："眼下，我们刚刚走出怀俄明州的边界，前面的小镇，叫利文斯顿……"我没说完，莎朗蓦地站起，用右手把麦克风盖住，极急切地问："对不起，你说的是什么地方？""Liwensiton，怎么啦？"我惊讶地看着这失态的老人。"哦，哦，是这里吗？"她脸色煞白，两手发抖。我连忙安顿她坐下。悄声问小陈，莎朗身体怎么样？小陈说没事，她是激动成这样。一个普通的西部小镇，为什么给了她这般强烈的刺激？我匆忙结束了对沿途风景的介绍。坐下来，和莎朗攀谈。

小陈让莎朗喝了小半瓶矿泉水，莎朗的脸色恢复红润，不好意思地低下头，仿佛陷进了久远的回忆。我留神观察她的情绪。过一会，她吩咐小陈把搁在座位下的手袋拿起来，打开，她小心地从内层抽出一个记事本，本子的封面破旧，贴上好几层透明胶纸。她戴上眼镜，打开，找出写上密密麻麻的号码的一页，号码是用蓝墨水写的，原色早已褪尽，变为浅黑。"查理，你能不能替我打一个电话？"她指着一个号码问我，极度紧张而热切的神态，教我纳闷。"行，我替你打，可是，打通了要说什么？""你先试试，看有没有人接。"我迟疑着，有这样打电话的吗？"至少要有姓名吧？""找……找戈登先生。"

我勉强地在手机上按下十个数字。那一头是座机，丁零零，丁零零，好久没人接。莎朗死死地盯着我手里的手机，呼吸急促起来。"哈罗。"那头终于有人拿起话筒。"我是旧金山中国城一家旅行社的导游，请问您是戈登先生吗？"接电话的是沙哑、苍老的嗓门，该是奔90的白人。"我就是，您找哪一位戈登先生？我还有一个兄弟呢！""够了！"莎朗站起来，对我打了一个关机的手势。

然后，是沉默和低低的哭泣。小陈连忙拿出纸巾，让莎朗揩脸。我按住莎朗颤抖的肩膀，好言安慰："不要伤心，这把年纪，有什么摆不平的！说，说出来心里舒服。"我难以用广东话表达复杂的意思，莎朗又听不懂我的东北话，只好用上莎朗的第一语言——英语。

莎朗和我絮絮而谈。全车的团友，因为今天赶看黄石公园的几个景点，凌晨四点出发，此刻，都在补觉。只有莎朗和我是清醒的。

二

"我在利文斯顿镇出生，那是1926年。父亲一直在炼铜厂当工人，后来升为领班。母亲是家庭主妇。我有两个哥哥，大哥麦克，比我大三岁，二哥雷蒙比我大一岁半。一家五口，幼年的日子虽然不富裕，但很快乐。我十八岁那年高中毕业，然后进市立初级大学，上了两年课。那是1941年。欧洲陷入惨绝人寰的世界大战。利文斯顿镇郊外，有一个海军陆战队的军需品仓库，存储的物品，将发往盟军抗击轴心国的前线。这年暑假，我在仓库旁边的'星星'酒吧当侍应生，为秋天上爱达荷州立大学化学系赚学费。每到周末，在仓库工作的军人，多半来酒吧喝两杯，跳跳舞。我和他们混得很熟。客人中有一位上尉，个子不高，面目清秀，乌黑的头发剪成平头，平添了几分彪悍。他在要么白人要么黑人的袍泽中间，是唯一的中国人，叫丹尼斯，姓陈。那年代的利文斯顿，我只见过两个中国人，是在镇的另一头开杂碎馆的兄弟俩，但没打过交道，因为父亲不喜欢中国菜。在酒吧里，起先我出于好奇，趁送饮料和丹尼斯聊天，渐渐地，对他生了好感。他是那么温文尔雅，大兵喝高了，动不动爆粗口，两言不合，要摔桌子，打架。他呢，总是微笑着，喝马丁尼，一个晚上只要一杯，谁要灌他，他礼貌地摆手，避开，宁可喝可口可乐，从来没失态过。看他年龄，至多是二十五岁，人家就有这个定力。

"认识丹尼斯一个月后，一个初秋的夜晚，我下了班，脱下工作服，换上牛仔裤和衬衫，走进停车场。他手拿着一束玫瑰花，在入口等候。'送给你。'他脸带微笑，双手把花递过来。街灯下，看到他额角有汗珠子在闪，知道他外表虽淡定，其实心里很紧张，怕我拒绝。我爽快地接下，说花好漂亮。'和我遛一会好不好？'他轻声问。我没答话，但右胳膊已穿过他的肩下，挽起他的手。那晚，星星好亮，原野吹来麦秸干燥的淡香。他向我倾诉对我的爱慕，他说他知道他和我'不同'，可是，他不怕，他要追求心爱的人。说到决心，他紧紧地攥住我的手，我感到一股带电的热。

"从丹尼斯口中，我知道，他是第二代移民，老家是广东。父亲原先是来留学的，从柏克莱加州大学毕业以后，本来要回国，在旧金山唐人街开杂货店的伯父，因为没有孩子，把他认作继子，留下来。那时辛亥革命才爆发不久。父亲的伯父去世后，父亲继承了杂货店。娶妻生子。丹尼斯是在唐人街的企李街长大的。他家里有一条规矩：一进家门就不准说英语。丹尼斯十四岁那年，还被继父送到广州去学了一年中文。丹尼斯有志气，高中毕了业，报考弗吉尼亚军校。继母怕他穿上军装以后上战场，有去无回，死活不让。后来双方达成折中，他不去前线，当后勤兵。入伍三年以后，他晋升为上尉。他是利文斯顿军需站唯一的亚裔尉官。"

（莎朗说到这里，我打趣：你在那个年纪，可是金发美人，眸子碧蓝，梦一般的魅力！我要是遇上你，怕要变成丹尼斯的情敌呢！莎朗开怀大笑，好几个团友被惊醒了。）

"恋爱谈了一年，一路在秘密中进行。我的家距离'星星'酒吧和丹尼斯驻扎的营地，都很远，不会遇到熟人。我们外出游玩，幽会，家里人被蒙在鼓里。1942年底，丹尼斯要调到加州的圣地亚哥军港去。我面临重大的选择：要么是当他的妻子，跟随他离开；要么分手。我毫不犹豫地选了第一条。

"下一步，是向父母摊牌。那一天，碰巧是父亲的生日，一家人吃过晚餐。父亲吹熄蛋糕上的蜡烛，哥哥说，爸爸许个愿！我打铁趁热，说：'爸爸，你的女儿要做新娘啦！'爸爸以为我开玩笑，只笑呵呵地说，新郎还没带进家来见面呢！我说，男朋友是中国人，怕你们不喜欢，一直不敢说。这下子不得了，家里炸窝了！父亲不容我往下说，一句话：不准！嫁谁都可以，就是不能嫁中国佬。这时我才知道，这位在炼铜厂里干了二十多年的工人阶级，对中国人的成见无比顽固。我当然不会退让，当场大吵。两个哥哥看着暴怒的爸爸和六神无主的妈妈，手足无措，躲在一旁。我的倔强来自父亲的基因，也决不退让，摔门走了。好端端的生日派对这样收场，现在想起还很难过。

"那一晚，我在汽车旅馆里过夜。第二天是星期六，丹尼斯休息，我打电话让他来接我。我把昨晚的冲突向他说了。他叹口气，说：'我早就料到，如果中国人不是这样遭歧视，我在旧金山就不必窝在唐人街了。'怎么办？丹尼斯说，好歹是你父亲，知道中国的孔子怎么教我们吗？一定要孝顺父母。父亲这关过不了就先说服母亲。我说，母亲生性软弱，没有主见，家里从来是父亲说了算。'可是你一定要把功夫做足。'我听从了，趁父亲上班，我溜回家，和母亲谈了一个下午，把丹尼斯的家世，人品，我们怎么相爱，以后打算怎么办，一一说清楚。母亲低头不语，过了好一阵，无奈地看着我，哀哀地说：'嫁哪个种族不好，偏选上中国人！'中国人怎么啦？你是哪壶不开提哪壶，你爸是213号工会的活跃分子，去年起，在'劳工骑士团'利文斯顿分部竞选，当上主席。知道这个骑士团的纲领是什么？把抢走我们饭碗的中国人赶出新大陆！妈妈这一说，我大梦初醒。原来是政治作怪！

"一个星期以后，在丹尼斯调防之前，我和他去市政厅登记结婚。父母亲没在场，我对婚姻注册处的小姐说，父母在别州居住，都是残障人，坐不了飞机，无法来主持婚礼，请她担任证婚人。她信了，说没关系，在证婚人一栏签下姓名。以我年轻时的犟性子，在这次冲突中，按说不会低头，但拗不过丹尼斯的央求，我给父母和两个哥哥各写了一封信，先道歉，再说明，尽管你们不接受，我也要和丹尼斯在2月1日那天中午，去向你们辞行，然后，我们一起迁离利文斯顿。如果你们愿意给我们最后一个机会，请在家等待。信是丹尼斯以军邮寄出的。我根本不抱希望。那天，我们手牵着手回家。果然，大门上了锁（刚刚换上的，我没有钥匙）。里面没有声音。门上钉着一张纸片。没有称呼，没有落款，是父亲的字迹：'从今天起，你的名字不再属于我的家庭。'我看了两遍，眼泪啪地落在纸上。丹尼斯要看，我不让，把它撕成一片片。雪片似的散落的，是我对家的最后依恋。记住那个日子，1941年2月8日。我受到的伤害太重了！1942年，报上刊载了国会废除排华法案的新闻。我离开利文斯顿前，知道爸爸之所以反对我嫁给中国人，症结在于，他和利文斯顿的工会领导人，在国会就废除这一侮辱性法案作表决之后，远赴华盛顿，去投赞成废除票的爱达荷州参议员的办公室递交抗议书，幸亏没有被采纳。

"我离开利文斯顿后，和丹尼斯在圣地亚哥驻扎。1945年，轴心国投降，圣地亚哥的军港每天驶进挂满彩旗的军舰，都是从欧洲凯旋的。同年，丹尼斯以少校军衔退伍，我们一起回到旧金山唐人街，打理"生昌"杂货店。我这个'事头婆'（广东话：老板娘），一天到晚和中国人打交道，广东话就这么练出来的。上世纪50年代，在丹尼斯的督促下，每年父亲节、母亲节、两个哥哥的生日，我都按时寄贺卡，希望得到亲人的谅解。可是都没有回音。大哥给我打过一次电话，说的是：父亲明确交代，谁胆敢和莎朗来往，被他发现，就马上断绝父子关系。打这以后，我才断了念头。我们开店，开到七十多岁，才把店面出租，夫妻俩常常到外地旅游。

"我们没有儿女。我年轻时去医院做检查，结论是输卵管闭塞。丹尼斯不想妻子为此受没完没了的折磨，声明不想要孩子。2001年丹尼斯患了癌症，去世前两年，他替家乡的一个堂侄子办了过继手续，以养子的身份来美，他就是小陈。"

不但我，坐在我附近的团友都听了，莎朗说故事的一个多小时内，几个女士老低头揩眼睛。

三

"看，我家代代是'过继'的命！"莎朗慈爱地拍拍小陈的脸，把漫长的回忆结束。

我问："你父母肯定早已去世，你想不想家，要不要见哥哥？"莎朗重重地点头。"你的两个哥哥愿意和你见面吗？""不知道。丹尼斯生前常常对我说：尽人事，听天命。愿不愿是他们的事，争取是我的义务。"

"那好。"我没征求莎朗的许可，用手机拨刚才挂断的电话号码。

那头有人马上接起话筒。"哈罗，我是两个小时前给您打电话的中国导游，叫查理。戈登先生，您认识莎朗吗？她也姓戈登……"那头"啊"了一声，随后是漫长的沉默。莎朗迫不及待地贴近我的手机，看我没作声，更急，抢过手机听，"怎么没声音？"莎迫的眉头紧皱，眼神暗淡。"哦，是我的妹妹啊！"那头响起了呜咽声。我听到接电人大声叫"雷蒙，雷蒙，快来！"这么说来，先接听的是大哥麦克。"莎朗就在我旁边，我们的大巴正在93号公路，往利文斯顿方向开。""哎呀哎呀，妹妹啊！"听出来，两个老头子拥抱在一起。"莎朗要和你们见面，你们愿意吗？""哎哟，还用说吗？愿意见面愿意见面！""听清楚了，93号东行，在利文斯顿的第一个出口，有一个雪佛兰加油站，我们四十五分钟以后到达，你们能赶到吗？""那加油站我们知道，能能！""好极了，我们的大巴是酒红色的。"

我把和哥哥们商谈的结果——向莎朗交代。莎朗坐不住了，身体老在扭动。"哦，五十三年，五十三年！"她一个劲地嘟囔。我灵机一动，问："莎朗，你这中国媳妇，知道中国人成亲，有'回娘家'的风俗吗？"莎朗耸耸肩，说："知道一点，可是，和我有关系吗？""广东人把这礼节叫'三朝回门'，成亲以后第三天，带上三牲和糍糕，回娘家去。当年，这个仪式没法举行，今天要补课！""怎么补呀？一点准备都没有！"莎朗紧张地叹气，把小陈惊醒了。

"看我的。"我站立，拿起麦克风，以简练而煽情的语言，把莎朗和中国人丹尼斯的姻缘回顾一遍。其间大伙至少鼓掌十次。莎朗在众人的强烈请求下，一次次起立，向大家挥手，掌声如潮，她鞠躬再三。后座一位老太太，难以按捺满心的感动，从过道缓缓走向莎朗，两双布满皱纹的手紧紧相握，她说："让我好好看看你，顶呱呱的中国媳妇！"

我要求大家静静，有一个要紧的问题，必须马上解决。莎朗即将回娘家，平生第一次。没手信行不行？当然不行，中国人最讲面子。怎么办？"我们凑！"全车人几乎异口同声地回答。莎朗扶着座位的后背，看大家把行李箱打开，把手袋打开，往外掏东西，难以相信，一个劲地说："我的天，我的天！"小陈怕她快乐过头，身体出现不适，连忙把瓶装水递过去。

我把车上备用的塑料袋分发给大家。五分钟以后，我的身边堆上九个满登登的塑料袋。我打开来——检查，五袋是没有开封的食物：牛肉干、陈皮梅、花生糖、万里望花生、威化饼干、杏仁饼。两袋是加州最出名的水果——名叫"太阳之吻"的橘子和纳波谷葡萄，还有苹果和水蜜桃（这个团不包吃饭，每天三顿都要自己解决，大家行前备足了食物）。还有一个袋子，盛的居然是三对折叠式红灯笼，一副喜联，一沓利是封。太巧了！我把这个袋子打开，让大家都看到："请问是谁送的？莫非未卜先知？"大伙哗然，都扭头寻找，看是谁干的好事。一位中年女士一边大笑一边站起来，掠掠头发，说："无巧不成书嘛！我和老公，三个孩子，是从亚利桑那州过来的。昨天逛旧金山唐人街，想到下个月孩子的表哥要结婚，孩子出主意，要送纯中国风的礼物。我就买下这些。刚才想，事分缓急，我先满足莎朗的需要。我们的孩子都赞成。"说完，她请三个孩子到莎朗面前，说祝贺的话。顿时，巴士上响起热烈的掌声，笑声。

加油站出现在视野中。我对莎朗说："快到了。"莎朗扑向车窗，小陈攒住她的胳膊。她呜呜地哭。巴士拐进加油站。还没停定，三个人已站到路中央，向前方挥手。两个老头，以及一个陪同的年轻男子。两个老人很不耐烦，老在走动，张望。

车门缓缓打开。两个老人疾步走近，在车前大声叫唤："莎朗，莎朗，你在哪里？"

巴士里面一片寂静。莎朗迟迟不迈步。太激动，太紧张了。

我连忙拿起麦克风："团友们，莎朗生命中最重要的时刻到来了！给她加油！"

"莎朗，见哥哥！莎朗，见哥哥！"大家有节奏地呼喊，拍掌。莎朗终于挪动，一步步走下。巴士里的团友，提礼物袋的跟随。

莎朗的银发，被家乡的风吹着。小陈挽着她的右胳膊，我站在她的左侧。

一个浑厚的男中音在背后响起："妹妹你大胆地往前走啊！"众人唱："往前走，莫回呀头！"领唱的更来劲："通天的大路九千九百九千九百九啊，妹妹你大胆地往前走啊！"在大家"往前走莫回呀头"的歌声中，莎朗和两个哥哥紧紧拥抱。欢呼声涌起。

然后，三人稍稍分开，互相端详，老人们的脸上，淋漓泪水在太阳下闪亮。"马克，以为这辈子见不到了，不是做梦？""雷蒙，我的好兄弟，还恨我吗？""真好，神话一样！你终于回来了！""知道吗？红脖子爸爸临终老念叨你啊！妈妈说晚了晚了！""真的？""不信问雷蒙……"三人重新拥抱，号啕大哭，震天动地。

全车人把他们围在中央。我按了按各人的肩膀，对马克和雷蒙说，这是你们的妹妹第一次回娘家，她照足中国规矩办，带来礼物。说完，几位团友把塑料袋送上去。马克和雷蒙把袋子逐个打开，说：好啊好啊！

在停车场耽搁得太久了，加油站的人嫌我们阻挡前来加油的车，出面干涉。我请大家回到车上去。我扫视人群，连印度裔司机在内，所有人的眼睛都是红的。

在两个哥哥的强烈要求下，莎朗和小陈留下。一来，兄妹三人要去扫父母的墓，莎朗将遵照丹尼斯的遗愿，代他给从来没见过面的岳父母献一束康乃馨。二来，莎朗要圆一个梦——重温童年时光。她的两个哥哥，太太都已去世，孩子远走高飞。两年前，兄弟俩为了互相照应，搬进父母留下的屋子。这次，兄妹三人回到一起长大的地方。

大巴开出加油站，走了老远，从车后镜看，莎朗兄妹三人还在招手。我和莎朗说好，七天后，在相同的时间，一辆也属于"通达"旅行社的大巴将经过这里。我会向带队的导游交代好，让他先和莎朗联系，他负责把她和小陈带回旧金山。

一个星期过去，我问了路过利文斯顿时接走莎朗和小陈的同事。同事纳闷地告诉我："不知道怎么一回事，莎朗和小陈带了50袋礼物上车，给全车人每人一份。我问她干吗这样客气。她不解释，只微笑着说，是中国人就该得到。"

2014.8

人生静静流去

　　助手让我坐在牙医诊所的皮椅子上，把靠背调到近似躺的角度，正好对着落地窗外的后院。又一次，真巧！退休三年来，回到旧金山居住的日子大体近似，办类似的事情，不能不多次兴起"确曾相识"的感叹。以眼前论，后院的阳光和坦荡如砥的蓝天当然是一样的，偎依栅栏的扶桑花一样慵懒，枞树下的马蹄莲一样高傲，老成的日本枫和去年一般高。花圃之间，碎石颗颗洁净如洗，也没有落叶，教你忽然想及，"花径不曾缘客扫"的古典意蕴，被按钟点拿薪水的勤快园丁扫进垃圾桶。躺下不一会，杨牙医进来，和我握手，略问好后，我恭维他"一样英俊"。他担任我一家的牙齿总管超过十五年，老小的"牙事"，洗牙，脱牙，镶牙，填牙，无一不经这位不会说中国话的中国人之手。

　　打交道的都是熟人，乃是"老"的部分含义。每年替我们报税的会计师，是二十五年不变的黄先生。从家门走出，遇到许多熟脸孔，其中必有和老妻联袂散步的余先生（他们的独子二十六年前因忧郁症从金门桥跳下自杀）。总在来来回回地赶路，路漫漫其修远兮似的，那是邻居戈尔曼先生，他每晚在年过八十，依然开"科韦德"跑车的女朋友家过夜，大清早回家喂自己的狗。天天进去买报纸的杂货店里，收款员是同乡，她是唯一关注我们老两口行踪的好事者（回去有大半年了？回来习惯吗？真会享福……）。隔壁的女同性恋者，维持着短发和男子的龙行虎步。蒲公英和波斯菊，维持着各自的淡雅或明丽。刚才，在我为买菜走了无数次的"哪里爱嘎"大街的人行道上，看到一处漆成褐红色的车道旁边，两排小小的鞋印，是不知天高地厚的学步小孩，趁妈妈不在意，踏过未干的油漆，再在水泥地上奔跑留下的，已存在好多年，肇事者该已长成少年，然而鞋印坚持着当年的顽皮。一如牙医诊所的接待室，一年年下来，小圆桌上坚持放上杂志《浮华世界》《体育》和《人物》。

杨牙医开始洗牙，去年这活计是助手包的，今天师父出马，未始没有给很久不见的老客户以较高礼遇的用心。在新世纪坚持近乎纯粹"手工活"的大夫，努力清洗齿上的黑垢（开始前他隔着口罩发问，抽烟吗？喝咖啡吗？喝茶吗？我说烟不抽，茶和咖啡不常喝）。电动刮子、刷子、手动小钩、小夹子、喷水器，工具不时变换，在口腔里鼓捣。我只负责把嘴巴张成一个大窟窿。

我所面对的滑动门的右上角，电视机正播放一个具有相当文化含量的有奖游戏。记得去年，也是这个屏幕，评析道·琼斯指数涨跌的财经专家侃侃而谈。这阵子是一条价值两万九千美元的选择题："有皱纹的地方，表示微笑在那里待过"，是谁的名言？四个答案，B是马克·吐温。应考的年轻人答对了，气宇更加轩昂。掌声过后，刮子在嘴里呜呜有声。

我信马由缰地放牧思想。时间的流速，何以如此缓慢？众多参照物，几乎都一仍旧贯，一如从船上望开去，景物没有推移，因而造成"不动"的错觉。这缓慢，不同于因病痛和失眠之类而生的"度日如年"，也有别于由严冬、梅雨一类倒霉天气所催化的"永昼"，而是命运之神最慈悲的眷顾：让人在最好的风景中停留得长久一些，促使你运用从来没有如此细腻和敏锐过的感官。

牙医在用钩子突破牙龈，清理根部的积垢。对了，日子的慢，若就近取譬，就是细嚼，用味蕾把进入口腔的食物和饮料，咬嚼，品味，无一遗漏地捕捉其品质，发掘全部佳处。过去，太多的快餐，饱肚是唯一宗旨，多少美食汹涌而下，不留痕迹。那时，有许多"以后"，如今，只剩眼前。而在"有能力享受时没时间，有时间享受时没能力"这一永恒的悖论之下，能够及时修补，以挽回每况愈下的能力，是命运的又一光宠。

电动工具都关掉了。牙医和助手联手，在更新我的牙齿档案，牙医以小钩子，像海关官员用铁钩钩货箱一般，一边检查，一边报出数字，让助手输入电脑。"3，没了；7，没了；15，没了；28，没了……"，指的是已掉的牙齿。"1号，3；2号，4；……12号，7；15号，2……"我猜是评估每一颗牙齿的质量，也许主要指牙龈包裹牙齿的状况，至于数字多为佳或相反，不得而知。我所知道的，敝牙在这个年纪，是木心所形容的"败瓦残垣"。然而我想，尽管老子在有关"牙齿和石头谁生存更久"的驳难之中，牙齿作为"坚硬"的象征，被"柔软"击败；中国古代第一名嘴张仪尝尽三寸不烂之舌的甜头之后，问："舌尚在否？"但是，牙齿不但比舌头韧长，而且赢了生命本身。人死之后，即使齿牙无存，咬合肌等全部腐烂，白森森的牙床骨不是依然附在头骨上？牙齿所对付的，是食物，更是光阴。岂止"大跃进"时期的野菜，知青时代的番薯，移民年代的鸡翅膀，更是你自己的人生，甜酸苦辣，悲欢离合，喜剧悲剧，——在两排患上亚洲人很少幸免的牙周病的牙齿之间经过。

到了晚年，如果你保有起码的健康，一如维持着能够咬嚼的原装牙齿（假牙也凑合，费多些工夫就是了），那么，尽可以放慢节奏，寻找从前来不及细品的真味。过去的忙迫，是因为欲望的鞭子在催；如今，荷尔蒙的波涛平复了，对金钱和权势的渴望远去了，你终于拿到进入佳境的门票——平静的心情。

"或是在寂静的树林中缓步沉思/想着那些配称为聪明、善良的人和事"，古罗马诗人贺拉斯所道，就是晚年的静观之态。"配称为聪明和善良的人与事"，便是岁月"静水"的"流深"。林子中盘桓，看日影缓缓地随着搬家的蚂蚁蠕动。和可爱的外孙女，坐在草地上，抚摸落叶的脉络。一碗加上蓝草莓的麦片粥，吃掉半个早上。三页纪伯伦的诗集，对付没有蝉声的夏午。以咖啡调友情，以铁观音泡亲情。终于有这么一段光阴，摒除欲望加诸身上的一部分短视和偏见，力求透彻而全面地体验生命。

"好了！"杨牙医递来一面镜子。镜中的牙齿，白得耀眼，我满意地道谢。走出诊所，依然是蓝天丽日。前年在诊所的接待室内，久坐无聊，读了《人物》周刊上的一篇专访，六十四岁的好莱坞影星苏珊·萨兰登（Susan Sarandon）说："想到前面还有那么多东西我弄不明白，真是快乐透了！"我对大街旁"东北饺子馆"内埋头包韭菜饺子，没工夫跳广场舞的大妈们，暗暗说，想到前面还有那么多东西，没来得及尝试，真是快乐透了！

2014.4

机上机下

从旧金山乘机回国，途中要熬十四个小时左右。坐经济舱，四肢无所施展于天地之间，不能说受不了，但怎么也不算安居乐业。而登机后，经济客须穿过商务舱，看着宽敞的皮沙发，想及它稍加拼合，就是天下最美好的单人床，不能不生出红卫兵式的妒忌。我真想向旁边一位微笑加鞠躬的空姐提一个大而无当的建议：经济客改从后面登机。因为，落座前先接受一番钱的教育——它能换到马上的舒服，多少影响掏不出或舍不得掏出数倍钱的寒酸者、小气者整个航程的心情。

坐经济舱，还有一虽然远不及恐怖袭击但关系重大的条件——芳邻不要体积过于大。几个月前从纽约回旧金山，排队上机时看到一个体重约四百磅的西班牙裔后生，暗里祷告：离我远点。哪壶不开提哪壶，他安坐我的左侧，露出天真的笑容。我付出最大的文雅和耐性，和老妻共用一个半座位，把半壁江山拱手让出，左臂和左腿依然备受骚扰，巧加躲避，六个小时下来，半身几乎偏瘫。胖子若无其事，没有道歉，也不道谢。难怪，他自顾不暇，怎么会替受压迫者设想？同理，我们不知道他搬动自己是怎样艰难的工程。

好在，这次航程的邻座，没有那么大的侵略性。左邻是密西西比州来的年轻白人。刚刚坐下时，睦邻功课不能不做，致以问候。他告诉我他在屠宰公司做事，这次是和同事们一起去马来西亚旅游。我说20多年前我去过你们州的青林镇。他大声说我知道那地方。往下，他多次站起，去串"位"，和伙伴们聊天。我逐个浏览了他和他的伙伴，一色的粗壮汉子，啤酒其肚，廊柱其臂。好在他宽阔的肩膀只偶尔侵入到我的空间，很快就缩回。至于右邻，是五十开外的菲律宾男士，一坐就是十个小时，即将降落香港机场时才起座一次，去洗手间。我和密西西比州壮汉站在过道给他让路，不约而同地以点头称赞他的前列腺。

中国绣像小说有一套语："一宿无话"。乘搭越洋航班，都要耗费一宿，其间"无话"着实成了问题，除非是商务舱和头等舱的高贵者。这一趟，因是独往，没有聊大天的对手。但不能久睡，漫漫长夜，咫尺之外，十公里高的天穹，寥落的星辰，玲珑剔透，几乎伸手可摘，那棉毯一般的云——躺在上面比蜷曲在椅子上强多了！能做什么呢？读报，读书，读周围的人头，读来来往往的空姐和空少。想念电子邮件和微信，这些教现代人痴迷的玩意，有的是即时信息和互动的暗示。

那么，看电影吧！座位不舒服，看电影却格外挑剔，一如老姑娘择婿。好莱坞的，中国的，韩国的，看了许多个开头，《奇招尽出》《金蝉脱壳》《地狱神探》《驱魔者》……翻页一般舍弃。转看韩国的，《绝密跟踪》《我在路上最爱你》，依然不喜欢。日本片《杀戮都市》，厌弃那色调。叹口气，降低标准，在左邻胳膊的压迫下，开始硬着头皮看《后会无期》，纯然出于好奇。它的票房据说超过六亿人民币，但嘘声漫天，两极的评价，究竟是什么东东。看完了，套句世故的客套话：能让人忍耐到最后的电影，总算对得起票价。这个片子，袭用用滥的"在路上"套路，人物神出鬼没，高兴就现身，不高兴就消失，无照应，无悬念，稀里糊涂，一点点愤世，一点点韩寒随笔式的隽语，一点点底层体验，我来不及形成"看法"情节就溜远了。我在密西西比壮汉肆无忌惮的呼噜声中关机，闭目养神。从自我的好奇想到，出于同样动机看这出电影的，比例多少呢？好奇需要点燃，煽动。据揣度，制片和广告策划公司前期的投入，焦点就是刺激好奇心，捧场和骂街乃操作的两手。一旦形成气场，大家都抱着和我一样的动机走进电影院，那就大功告成。阁下看完，发誓"后会无期"，那也没用。它若和《小时代》一样推出续集，到时自有鼓动另一波好奇心的妙计。中国十三亿人口，为所有"一锤子买卖"准备了最具潜力的市场。

睡不着，差点推醒密西西比佬，和他聊聊青林镇枫叶的红火，和大雨中通往密西西比河的公路的溜滑。何其想念以手机聊天的朋友。没办法，再次乞灵于电影。料不到，一按键，出来的是好莱坞大片《罗丹萨之夜》，主演者理查德·基尔和戴安·莱恩，这对搭档的另一作品《不忠》予我深刻的印象。这一出，场景取自北卡罗来纳州的罗丹萨海滩。男主角是著名外科医生，刚刚在手术台上出了事故，导致一位女病人猝死，他为了向死者的丈夫作解释，入住海滩的旅馆，成为淡季中唯一的客人。女主角本来是艺术家，婚后忙于家务和养育儿女，荒废了本行。她的儿女处于叛逆期，老公出轨，正在分居。女主角为了帮开旅馆的朋友的忙，在旅馆内当临时工，照料唯一的客人的饮食起居。在暴风雨侵袭的夜晚，孤男寡女于抵抗天灾的余暇，浪漫了一把，进而上了床，坠进情网。到这一步，不就是失意者奇遇的老套？然而，救赎展开了。男主角和死者的丈夫会面以后，痛切反省，最后决心追随也是当医生的儿子，远走南美洲的贫穷山区，为缺医少药的弱势群体做无偿奉献。女主角在新的爱情激励下，重新拿起雕刀，创造作品。如漆如胶的一对，依依而别之后，以传统的情书互通情愫。等信，读信，成为她生命的重心。何等深情的朗诵！我一边听一边流泪。中年末尾的爱情，竟然如此崇高而华丽！它使得这对恋人挣脱世俗的拘囿，把生命提升到奉献的层次。自此，她全力以赴，为情人的归来，以海滩拾得的虬枝制作别致的盒子。他在为南美洲穷人家的孩子夜以继日地看病。最后，在约定团聚的日子，男主角没有走出机场，原来，他出发前在风暴中冒着危险抢救医疗器材，死于意外。看电影，体验绝大多数是一次性的，难以细嚼慢咽，即便是粗线条，我也被它对缺陷人间的洞达与悲悯，对高尚牺牲的礼赞，对虽不排除肉欲但决然地做出超越的成熟爱情的讴歌，彻底地征服了。大把年纪，空腹高心的心灵鸡汤未必奏效，需要的是逼视之后的明哲，折中之后的坚持。看完全片，刚好是下机时间。我带着通红的老眼走出，路过一片狼藉的商务舱，一点也不羡慕。

走过海关，在传送带旁边等托运的行李。半个小时过去，行李全出来，同机的都走了，我的拉杆箱还没有着落。急了，找负责人，告诉他，我的行李有一朵绸花做记号。片刻后，他把无人认领的最后一件推出，绸花不见了，但箱子是我的。细考这场误会，根子还在机上的电影。它把我的魂勾去，使得我想不到，绸花系在箱子上可能被碰脱。走出大楼，依然恍恍惚惚的，难以切入现实，何况是中国变数颇多的现实。

接下来的糗事是用国内手机。掏出早已过时的苹果手机，用扣针把美国卡卸下，换上已在国内用了七八年的记忆卡。试打多次均不通。但是，手机须臾不可缺，不为联谊，也要和接机者接头。只好在出口处买了一张新卡。

在白云机场要转机，往目的地南昌的班机，下午两点多才起飞，此刻才上午十点多。光阴不但不逼人，反而成了累赘。好在该吃午饭了。坐在机场内的餐厅，从容看微信，久久不见服务员拿菜单来，一点也不恼，巴不得她不来。一杯不得续杯的咖啡，一碗无论肉还是面都不"牛"的牛腩汤面，花了128元人民币。

吃到兴头上，听到邻座在交谈，一个要手机号，一个大声说："你记下，159180……"我竖起耳朵，我的国内手机号似乎和他的一模一样呢！莫非……我盯着两位传销人员模样的汉子。如果手机号码完全相同，我的记忆卡不能用，就是因为被他们中的一位盗取了。他把号码报完，仅最后一位和我的有差别。我失声大笑，为了一个戏剧性事件无疾而终。食客们都朝我看，服务小姐马上送来菜单。

2014.11

出城记

从广义说，我是旧金山市居民，但住处在滨海的日落区。市中心的地铁和公交车，对开的两条线路，一曰"进城"，一曰"出城"，意思是：只有"下城"才算"城"。我刚才乘巴士进来，现在出去。普通的往返而已，绝对没有摩西"出埃及记"的悲壮，那才是不朽的事功。

登上"出城"的71号巴士，在正对后门的双人椅上落座。两个小时前进城，目的地是下车最热闹地段的著名美食城，没到唐人街去，买不到中文报，此刻手头没有读物。好在这个城市，永远具备比书报丰富的可读性。离开旧金山八个月，刚刚回来，新鲜感尤其浓郁。最强烈的印象是：外甥打灯笼——照旧。除了地铁工程有重大进展（但成绩都在不可见的地下），其余都是司空见惯。我的邻居，那只年龄超过十四岁（相当于人类的"米寿"以上）的圣伯纳狗，一身雪白的毛依然在林荫道下的春风里耸动，步履颤颤巍巍，却还在走。雨后的蓝天，不改其澄明。从前每天傍晚必相遇的俄国佬，背手缓行，肩膀不改其歪斜，脸上不改对一切不买账的傲气。巴士上亦然，多元社会的缩影，总在这里。

毕竟是人气最旺的市场街，人的流水，潮起，潮落，直流，回流。前门进来，后门下去，后门进来，后门下去。我的位置，使我成为人流旁边渺小的礁石。坐着，可效川上的夫子，叹逝者如斯。也可拟之为水穷处，看窗外云起时。椅子是双人的，同座的菲律宾人悄悄下车，从后门上来一个黑人，矮小，黑夹克黑长裤黑鞋子，只有眼珠子是黄褐色的。瘦得像孙大圣一般的脸，无须，无表情，连性别也难以判断。最后，从姿态带着表演色彩的机警，猜出是男子。他重重地把碎花被盖卷摔在空座位上，再在上面放下用小塑料袋盛着的、咬了一半的鸡蛋三明治。我心里想，又一个逃票的。旧金山的公交车，自动售票机在前门一侧，买票的必须走前门。后门不是绝对不能上，但只能是已买了电子卡的。验票机在后门一侧，乘客以电子卡贴近监测点，会发"嘀"一声。此公在我的眼皮下，上车时并没有拿出电子卡。由于受工会保护，饭碗颇铁的司机懒得查票，许多人从后面溜上车，并不花两块钱买票，市政府每年为此亏掉两千万美元。老妻昨天第一次乘巴士回来，告诉我，和她同车的四个黑人，从后门上来，都不买票。身躯庞大的白人司机不信邪，离开驾驶座，到后面来查票，四豪杰中的三个乖乖地下车，一个到前门去补票。我素来没有"以种族定素质"的僵硬观点，对眼前这一位的怀疑仅是巧合。不料，我完全错了——他逆着在前门上来，往后移动的人流，给售票机放上两张一元钞，拿着司机递给他的车票，脸上泛出带些微表演意味的得意。我真想对他赞一声："你真乖！"他让行李坐着，自己站在我旁边，好奇地张望车外。车已离开熙熙攘攘的市场街，绕过一个花圃，里头的美人蕉真娇艳，我差点叫一声好。

这就是我生活了三十多年，近几年离开较多的国家。这就是我从来不掩饰对它的喜爱的城市。油电两用的新式环保巴士穿行在妙不可言的天气中。从窗口泻进来的阳光，凝定在我的米黄色西装和手拿车票的小个子黑人的卷发上。我从前门旁边的第一个乘客，一个个地看过来：双手扶着拐杖的中国老太太，戴墨镜、刚刚刮掉胡子、两颊发青的英俊印度汉子，貌似同性恋、头抵着头、喃喃私语的两个年轻白人，神情猥琐的菲律宾人，对着手机微笑的韩裔小姐，建筑工模样的中东佬，拖着行李箱的情侣，肚腩如猪尿泡一般垂悬在座位下的俄国人，不时咳嗽的精瘦越南人……王鼎钧先生将美国社会的"分子",喻为中药铺里的"格子"。巴士上每一张脸连同躯体,就是一格。中药铺里每一格都写上名字,这里却只由你猜。从肤色和眼珠的颜色,大略可知对方属于什么人种,然而混血的就说不清楚了,何况美国"杂种"之杂,来自无数次混血。你从对方所戴的十字架项链和面纱,可猜到信仰,然而信到什么程度,只有天晓得。这是人人藏匿在"隐私"后的神秘国度,所有皮肤和主义均可裸露的国度,最充分的思想自由和最严厉的物质制约并存的国度。

在中国,生张熟魏问我:美国到底好不好?我只能说,舞台上的哈姆雷特只一位,却被每个观众解读出千千万万个。"我的美国",笼统而论,是不错的。同样大而化之的评语,何尝不可以用于"我的中国"?此刻我所处的巴士,因个人空间狭隘,彼此碰撞的概率大增,但多数人都维持着风度,也有不少逃票的,且不缺扒手和贩毒者。

乘上巴士前,我和两位久没见面的朋友在"画廊"美食城内的"新亚洲"餐厅吃饭。颇地道的炒面、炸豆腐拌茄子、宫保鸡丁三种菜,盛在快餐盒,小山一般,价格为6.99美元,还得加税金和小费,每个人要九块,折合人民币为五十多块,不算便宜。三个来自中国的资深旧金山居民,讨论的是:中国人该不该移民美国?我在巴士上所思考的,是这个话题的延续。

"一对住在圣荷西市的广西籍夫妇,七十好几了。最近老太太的弟弟忽然做起美国梦来,非要来不可。这对夫妇硬着头皮同意了。人来了,不管吃住行吗?不带去游玩行吗?三个月过去了。老夫妇旁敲侧击,了解这对兴致勃勃的旅游签证持有人对美国的感想。他们异口同声地说:美国好个屁!回去就不来了!老夫妇喜滋滋地对朋友说,这回放心了,最怕他们说,美国我喜欢极了!"朋友说。她说的另一个例子,是嫁给白人的中国女子,把父母和弟弟一家弄到美国来,出于亲情,让他们住在自己的家。几年下来,父母嫌女儿不孝顺,弟弟抱怨"有钱的"姐姐太吝啬,亲情打水漂。更要命的是，一直享受二人世界的洋老公为了平白负担这么多义务而痛苦不堪，吵了多次之后，夫妻只好分居了事。

另外一位朋友，则为即将来美的哥哥犯愁。"他的失眠症比我还严重，60多了，不懂英语，一直当工会干部，连中餐馆的洗碗工也干不了……我劝他先来旅游一次，实地看清楚再决定下一步。哥哥说，熬了一辈子，就盼着去美国定居，那可是从少年起就向往不已的黄金国度！"我们都苦笑。

巴士从金门公园旁边经过，海风隐隐吹来。车厢内渐渐空了。一位高中生模样的华裔姑娘以跑步的姿态上车。站在窗子旁边，向外面挥手。原来，在林子里面，一个和她年龄相仿的华裔男孩子，背着书包，拼命地追赶巴士，边向她挥手。春服既成，春情初动，他们就是。他们在美国的土地，自由地拥抱着爱情，和梦。

至于我，要的是心安。幸亏，我走下巴士时，心境平静。花旗松上，鸟声清脆。

回到家，从朋友的微信中，读到著名波兰籍诗人扎加耶夫斯基（Adam Zagajewski）的诗《白画像》，结尾云：

> 我肯定不是大海的儿子，
> 像安东尼奥·马查多写到自己时所说的，
> 而是空气、薄荷和大提琴的儿子，
> 而高尚世界的所有道路并非
> 都与迄今属于我的生活
> 交叉而过。
>
> （黄灿然译）

2014.4

后院风景

~~~~~~

一、虞美人

说来惭愧，我家后院这些年成了"废园"。面积为一百平方米的土地，任其荒芜已三年，有什么办法呢？儿女搬走以后，我们在国内居住的时间比在这里多。与其栽下然后任它枯死，不如不栽。好在十多年前老妻歪打正着，在她指挥下所完成的改造工程，以方砖、水泥覆盖了三分之二的泥土。不过，以野草的顽强和狡黠，任是怎样坚硬的石头都被钻空子。一丛丛，从砖缝中长出。尽管左右洋邻居都友善，没有以口头或社区委员会公函的方式，要求我家尽快改善。他们若干涉我家内政，有的是冠冕的理由：景观丢人的后院成为本社区居住质量指数上的短板，导致房价下降。为此，我每次离开之前，都要充当欧阳修《秋声赋》里的"刑官"，砍掉茂盛的杂草和杂树。在泥土上铺一块旧地毯，部分地遮丑。

眼下是四月末，花粉症肆虐，阳光灿烂。几天前的一个早晨，我撩开窗帘，后院有点异样。咦，是野花！矮矮的，绛红、大红、橙黄、纯紫……散布在尾端，夹着嚣张地发绿的狗尾草。一种是波斯菊，老远就认出了。另外一种，在金门公园的花圃上见到不少，为了看真切，下楼，开门出外，踏上两棵柏树夹着的小道，脸上罩上极细的丝，该是蜘蛛网。不就是虞美人吗？如此秾艳，矜持！这些年，别说我这光说不练的假"雅士”，就连过去颇爱园艺的老妻，也没有种过任何花草。唯一的一株玫瑰，花已迟暮，为前一任房东所栽，至今十五年，每年准时展示娇憨之态。花种须从园艺公司购买的虞美人，何以不请自来，且不经批准就恣肆地开呢？想起30多年前，我租住的房子，后院的篱笆旁边突然多了三丛菊花。后来贴邻不好意思地承认，是她“顺便”种下，并不时把水管伸过来灌溉的。这桩逸事，我和老妻至今谈起，对早已去世的老芳邻依然万分感念。

　　莫非洋邻居也这般施惠于我家后院？今天，从家里二楼看到，左边贴邻玛丽在后院剪枝，用她可是出了名的“绿手指”。我走进自家后院，站在虞美人旁边，和玛丽隔着栅栏聊天。不好开门见山问：“是你替我们美化后院的吗？”先旁敲侧击，赞美虞美人的娇艳，她边干活边点头称是。可是，连这位资深园艺家也不知道它的学名，说和罂粟花同一品种，笼统地称为Poppy。我对她说，虞美人在中国历史上，是极为凄美的传说。两千多年前，一个武功比后来的李小龙厉害一百倍的军阀，带着宠爱的女朋友虞美人南征北讨，后来战败，被敌兵包围在垓下。四面敌军唱楚歌，他高吟悲壮的诗。虞美人为了不拖累他，拔剑自刎。后人把这伟大女性的名字，送给奇花。为了教对方明白，我这般因陋就简地讲述“霸王别姬”，她开始时还蛮有兴趣，但末尾嘟囔一句：“这么复杂啊！不就是一种野花吗？”至此，我只好断定，虞美人在这里繁殖，是因为风的缘故，不然就是鸟或者浣熊的粪便带来种子的缘故。

　　玛丽把剪下的枝叶放进垃圾袋，我对着微风里低昂的虞美人发呆。所谓文化差异，虞美人不失为有代表性的案例。于洋女子玛丽，它不过是常见花卉中的一种，于中国人，却是含义无穷的文化密码。牵一发而动全身，面对“虞美人”，我们怎能不曼声吟哦李后主的“问君能有几多愁，恰似一江春水向东流”？往下，黄庭坚的“去国十年老尽少年心”，蒋捷的“一任阶前点滴到天明”，纳兰性德的“不道人间犹有未招魂”……我毕竟浅薄，换一位鸿儒，怕要掉半天书袋。若和神话扯上关系——虞美人闻乐能起舞，说不定可制造和娶梅花为妻的林和靖比肩的花痴。想到这里，却有点遗憾，色调与姿态如此迷人的花，在中国的文化链条中，几乎都逃不脱衰颓、悲哀。幸亏玛丽没和我深入谈论，我若搬出这些经典，她怕要皱眉讥笑我的酸气了。

离开后院前，我采了一朵虞美人，插在案前。对它说，你算幸运，不像中国的同类一般，背负着太多意象，活出"野花"的性情，就够了。

二、一角

和我家后院的聊备一格不同，右边贴邻的后院被房客最大限度地用上了。四个年龄在二十五至三十五岁之间的女子，全是白种人，每逢周末，多待在后院，围坐桌旁，豪饮啤酒，高谈阔论。以旧金山滨海地区的阴冷，我辈户外穿上厚夹克尚且是忍耐力的比拼，她们却只穿衬衫短裤。也许密密麻麻的啤酒瓶，提供了无限热量。她们搬进来已近两年，和所有邻居交往，都止于点头。不知道她们的姓名、职业、爱好，只晓得她们的沙皮狗叫艾比。然而，她们至为隐秘的部分——性向，一目可见。四位"蕾丝边"（Lesbian）中，三位是女汉子，发型和男子无异，明眸皓齿，坚持素面，不戴任何首饰，男性装束——带破洞、边沿起毛的牛仔裤和夹克，大头皮鞋，举手投足干脆劲健，别说从背后看是男儿，看正面，也得费好一阵，才从无喉结的细长白嫩的颈项判断出性别。

今天是星期一，"拉拉"们都上班去了，她们的后院悄无声息，偶尔有一两只蜂鸟，在柠檬树间出没。然而，一角风景吸引了我——小圆桌子上，放着咖啡杯，旁边的椅子，靠背上晾着一副奶白色乳罩。空杯的边沿有咖啡的残渍，奶罩据目测应是D罩杯。背景是柠檬树，和叶丛间影影绰绰的铅色天空，没有阴影。若以摄影家的取景框纳入，这不是饶有深意的静物画吗？杯子和奶罩的主人，该是块头最大、最具男人气概的那位。前天是星期天，她独自在那个位置，对着一丛蔷薇，若有所思。老妻在窗前碰巧看到，要我去看，说去年她还相当苗条，想不到肚腩变得如此大。确实的，内衣下露出的肚皮，状如四五个月的身孕。别看她在私密的后院放浪形骸，从前门走出来，却总是衣冠楚楚，雄姿英发的。

奶罩作为女性最重要的衣物，对于"誓死当男人"的"蕾丝边"来说，感情上是相当纠结的。一般女性珍爱万分的乳房，她们视为负担、障碍。她们心目中的"性感"，并非乳房高耸，而是络腮胡子，发达四肢。性别错位的情结，体现在《男孩别哭》这一表现同性恋者命运的电影中，便是：作为主角的青年女子，裤裆内放上假阳具。四名芳邻中，块头最大的"汉子"对我怀着顾忌，也许基于"中国人不喜欢同性恋者"的先入之见。早上，她出门遛狗，和我打照面，我微笑地打招呼，她正眼不看我，低声说一句"早上好"。我说"艾比真可爱"，她只冷冷回一声"谢谢"，匆匆开溜。但她不是害羞，而是懒得搭理。她的蓝眸似乎早已察觉，邻居对她们或多或少带着偏见。其实，我何曾歧视同性恋者？我的朋友中并不乏"基佬"。

伊人不在，遗下的奶罩和咖啡杯，盛的是空气还是寂寞？放在别的女子身上，把奶罩卸下，暂时解放酥胸，并不奇怪，为的是晒太阳，离开前不会忘记戴上。这一副尺码之大，教我想起大胸脯明星多莉·巴顿的豪语："我是第一个烧掉奶罩的女人，那一次，害得消防队花4天才把火灭掉。"然而，它被主人忘记了，未始不是出于厌恶。她何时在后院裸露或从衬衫内扯掉"赘物"，则不得而知。

2014.5

坐一趟荡气回肠的巴士

一

午后的旧金山，极为晴好，令人觉得枯坐室内是浪费健康和自然资源的罪恶。出门，坐上29路巴士。穿过金门公园之前，乘客不多不少。这个时刻，上班的上班，学校放了暑假，坐公车的多半是闲人。路旁的细叶桉轻柔地拂扫车顶，过分活泼的太阳光，碎金似的撒在车内。心情宁静，没有什么值得忧虑，也没有欣喜。

在加利福尼亚大道换乘开往唐人街的1号电车以后，情况却不同。涌上十多位小学生，一色杏黄圆领衬衫，那是制服，裤子则自由化，或长或短。该是二年级或者三年级的，童嗓浏亮，车内马上变为百灵鸟栖息的春天林子。看情形应该是学校组织的外出活动，可能去美术馆、展览馆参观，可能去养老院、医院探望，可能看表演，参加某项比赛。带队的老师一前一后压阵，领队的中年女士兴冲冲地高声吆喝，英语带点中国口音。在美国，把小学生带到校外可一点也不好玩，出芝麻绿豆大的事，摔跤啊，打架啦，损害财物啦（还没说到失踪和绑架），领队的担上无穷干系，轻则挨警告、炒鱿鱼，重则被检控。

然而"人之患"理所当然地负担的忧患，和孩子们无关。看他们那高兴劲！排队进车厢，四散开来，找到座位，规规矩矩地坐下，好奇地东张西望。坐在我前面的女孩子是华裔，圆圆的脸，两只虎牙，笑起来特别可爱，忙于和坐在对面的同学用手势玩我看不懂的游戏。

我扫视一张张小脸，不同的肤色，相同的语言——英语，尽管父母可能来自别的国家，但在有"大熔炉"之称的国度，这一代将无一例外地被铸造为"美国人"。

左侧双人椅上的两个女孩，一个白种，一个黑种，紧紧地挤在一个座位，说不尽的悄悄话，不是座位不够，而是因为刚刚勾了手指，要做"最好最好的朋友"。我注意到，每个学生胸前，贴着纸做的名牌，上面打印的是校名和学生姓名，以及带队老师的联系电话。这是教务处的细心处，怕有人走散，找不到队伍。Sutro！校名为什么这么熟？不就是我的儿女上的小学吗？对哩，这队伍就是在第12街和加利福尼亚街交界处上来的。

二

Sutro小学，普通的公立学校，于我却有特别的意义。它负载的，不但是儿女的童年，也是家长的黄金岁月。三十年了！不满七岁的儿子，每天被妈妈送进学校，妈妈背上，是两岁的女儿。四年以后，从幼儿园毕业的女儿，也进了这所学校。那时，妻子上班，由我送儿女上学。或者牵手，或者紧张地跟在后面，目光追着奔走的身影，路旁是凶猛的车流，粉红的夹竹桃，灿烂的杜鹃花。这日常画面，也许当时一点也不在意，被生活压得喘气不赢时还抱怨。然而，到了垂暮之年，依恋不已的就是它。最近，每天大早出门买报，一个少妇送一儿一女上教会办的暑期班。这迎面而来的三个人，我见一次注视一次，被兄妹的笑闹吸引。我的驻足，回头，当妈妈的注意到了，投来疑问的眼神。我不好意思地报以微笑。年轻的妈妈当然不理解，我神思恍惚，并非图谋不轨，而是托"人"起兴，一首颂歌从心里飞出。

年轻的家长和幼小的儿女，是人生最华美的乐段。老来未必记住"樱桃树下春衫薄"，未必记住第一首羞怯的情诗；花前月下的絮语，死去活来的爱，这些以"欲"为动力的感情，不复在夕照下的心海激起涟漪。两只被中餐馆厨房的洗洁精腐蚀过的年轻的手，各牵一个亲生骨肉，三个人霸占整条林荫道，在朝晖里欢快地走向校门，这镜头，却是终生珍藏的至宝。儿子上五年级以后，独立了，自己上学，回家，饿了，打电话到车衣厂请示妈妈："能不能煮一个公仔面？"我仍得送女儿上学，五六个街区的一程，说了多少"狼外婆"和"大力水手"的故事。雨天，我要抱她跨过街上的水汪，她一年级上学期不抗拒，往后，得讨价还价，从"没人的地方才能抱"，到"进校门之前必须下来"。我三十七岁的生日，在日记本记下当天的一幕：儿女在吃晚饭前吵了一架，一个说"祝爸爸生日快乐"，另外一个非要废除老式称呼，叫"爹地"。

想到儿子六年级的语文老师——管教严厉的黑人马林女士，她邀我进教室谈话，离开时，墙角里罚站的黑孩子笑着向我吐舌头。想到操场管理员约翰和汤尼，我和妻子下班晚，是他们替我们照顾儿女。想到租住的小单位，后院中央的冬青树，圣诞节前带刺的叶子裹着红嘟嘟的果子，在学校参加过化装游行的儿女，把玛瑙般的果子捡起，塞进客厅挂的白袜子里头，当圣诞老人的礼物。想到儿子的书包，女儿的花裙子。想起上初中的女儿在作文上的抱怨："爸爸从来不拥抱我。"我低头揉揉老眼，怕泪水溢出。

权且移情到眼前，我用尽可能慈祥的眼光，把全巴士的"杏黄衬衫"爱抚一遍，在心里说，孩子们，你们是我的儿女的校友，我爱你们，一如我爱我的儿女；爱你们的学校，那里的教室、操场、黑板，都是我曾熟悉的，尽管马林太太早已退休……

然后，是悲哀。突如其来的伤逝，教心堵得慌。我老在问：为什么好东西都属于过去？随着年华老去，"今天比明天好"，变为和"任何照片都比此刻年轻"一般坚硬的真理。是啊，人生无论多么贫困卑微，只要拥有两样：健康和年轻，而人间并无战事和政治运动一类人为灾难，那么，总归是可恋的。好在，这两个前提不必量化为胆固醇、血糖、肾功能的读数，而可以像聪明人跳高，按照自己的能力降低横杆。可惜，好的都在后面，这一条实在叫人沮丧。即如今天，死死抓住以"Sutro"小学为名的救生圈，在回忆之海里载浮载沉，难以言状的今昔之慨；这样的日子，在将来依然被贴上"好"的标签，供我低回。问题在无休无止的"今非昔比"之后，前面怎么对付？一路给自己的生命做减法，减到临终，岂非负数？

我彷徨于无地。小学生们众多的迷人笑脸退隐在朦胧之外。我奇怪，邻座的老者，比我老得多，却如此安详。难道只是我，自贴"斯人独憔悴"的标签？

三

我来不及针对"如何活下去"的大哉问，展开深入的思辨，巴士上却发生了新事情。日头变毒之时，上来许多乘客。其中，至少五位是老人。老人们面对出奇的拥挤的车厢，安分地站着。一位白人老太太，一手挽白色手袋，一手握着头上的横杠，站在带虎牙的小女孩跟前。我以为孩子会干脆地一蹦，把位子让出来。不料她看了看白人老太太，并无动作。再看前面，没有一个学生给老人让座。这些老人的老，是彰明昭著的，有两个拿着拐杖。为什么可爱的孩子们，没有表现常见的、带点调皮的同情心？

忍不下去，我要行动。简易的做法是自己让座。可是并非良策。我比最靠近我的白人老太太老。我让，于她可能是灾难——她将得出"这个中国老头认为我比他还老"的可怕结论，轻则拒绝，重则反击。那么，只好提醒小女孩。我尽可能慈祥地说："请你把座位让出来。"小女孩看看我，再仰看白人老太太，并无动作。白人老太太是彻底的慈祥人，她轻声对小女孩说："不用，谢谢，我站着蛮舒服的。"女孩子难为情地扭了扭身子。就在这时，车子刹了一下，站立的乘客都晃一晃，哐啷一声，有拐杖倒下。

我开始冒火，哎哟哟，我的儿女的学妹不像话！我尽可能和颜悦色地对小女孩说："请你读读背后的贴纸。"她扭转脸，读了。那是："据联邦法律第49章第37条167款，必须给年长者和残障者让座。""明白吗？"她点点头。"该怎么办？"白人老太太先向我点头致谢，再对女孩说："不要动，我不坐。"女孩果然没动。唉，你是中国裔，中国人最能领会暗示，就你悟性低！我只好挑明了——"请你站起来，让人家坐"（我不用"老人"这一敏感词汇）。终于，女孩站起来，白人老太太如释重负地落座。

上来的老人更多，除了我"摆平"的一位，别的小学生压根儿没让的想头。我只好向老师求援。大嗓门的领队在巴士后部。我从人缝里找到她，向她打了几次手势，她终于挪到近前。

我先尽可能礼貌地问好，再指着车的前半部。"请看，有什么不对劲呢！"我微笑着，但不满是抑制不了的。"怎么了？"她反问。"你的学生把老人座位全占了！"我指着车上的贴纸和座位。老师终于看清，一排老人可怜巴巴地被罚站。

她如梦初醒，连说"对不起"，直起脖子吆喝："孩子们，站起来，快！到后面去！"学生们齐刷刷地离开座位。老人们坐下。车厢回归宁静。我的邻座，从头到尾，没发一声。所有乘客亦然，愤世嫉俗的，只我一人。

四

一件现实事件，尽管小之又小，但有正面作用——我不复纠缠于形而上的伤感，而专注于眼前。不错，眼前是败兴的。当然，不能就此指美国的年青一代没有敬老的观念。我坐了这么多年巴士，所见的学生，让座的和不让的，比例约为二比一。中学生放学时，巴士上常常发生怪现象，空座位尽管多，但学生们宁愿站着。后来我才琢磨出，他们不想频繁地起立，所以预先放弃。

那么，为什么我的儿女的校友们成为例外呢？我越往下想，越觉得不宜作轻率的判断。并非说他们不让有理，而是情有可原。可能出于以下原因：一、年纪太小，伸手够不着横杠。站立时遇到车子急刹会摔倒，为安全计，老师要他们"不站"；二、他们上学放学，都坐校车。校车上没有老人，他们的意识中，还未建立"让"的观念。老师方面，认为为时太早，没有教"敬老课"；三、外出是特例，带队的老师如临大敌，要求学生服从指挥。而座位，是老师上车时分配的，老师没吩咐站起来，他们只能乖乖地不动。

思维一旦细化，我的大咧咧的"道理"便给颠覆了。也许，较为理性的做法，出自白人老太太，她和颜悦色，让孩子坐着，这里面充满的是理解，爱护。而我，太粗糙，太没风度了。

这么一来，我也部分地化解了由伤逝而来的沮丧情绪。在"一天不如一天"的岁月，既然"好"不可挽回，那么，就加强反省，努力建立一个"今天比昨天好，明天比今天好"的人格，自我完成是没有止境的，如此，我的晚年有得忙，庶几可甩掉徒然增加负能量的思绪，直到最后，平静、满足地翘辫子。

2013.7

一杯喝了十年的咖啡

我在住宅区徜徉。站在日落大道，往西看，太平洋的浪，远的如大青鱼的鳞片，近的呢，像老在沸腾的清水汤，似乎在咫尺间，只要有一轩窗，水花说不定会把帘子溅湿，其实在一公里之外。此刻是午后三点，已走了三十分钟，看到的人不到一打：给车库大门油漆的亚裔女子，跪着莳弄长满马蹄莲的前院的白种女子一，在院子前摆摊出卖扩音器、碗碟、葡萄酒架、旧衣服的白种男子一，在人行道上出售自烤曲奇小饼子的小女孩二，站在车子前谈笑的青年三……作为主宰者的"人"既寥落如此，"物"便当仁不让地成为主角。

在大街上走，一门心思是把视野内的"物"组合起来。在故土，一弯新月，一丛修竹，一两座村舍，户外一张八仙桌，两个持杯的饮者，一只蹲着的狗，一个破庙，一支牙旗，一块被练武者踩得凹凹凸凸的方场，这些景致，摄进照片，意境高低姑勿论，浑然一体是没有疑问的。然而这里，广漠而纯粹的蓝天下，移动或停着的车子，颜色五花八门的屋子，零零星星的芍药、波斯菊、薰衣草、门牌、垃圾桶、蓝色邮筒、搁在院子角落的工具，无不各自为政。不管你如何换角度，调焦距，站到第14街的高坡动用广角镜头也好，匍匐在足球场的绿草上捕捉搬家的蚂蚁也好，都难以获得教人产生整体感的画面。从前，读不懂前卫新诗的雅人，讥笑分行的玩意是"打翻的铅字架"；眼前的实物，可算"打翻的调色盘"。

我带着如此之类的无聊想头，走进一个大商场。在"联邦快递"寄一件包裹，然后走过无一不冷清，不协调的体育用品店、大型超市、邮局、成衣店、墨西哥餐馆、改衣店、果汁店……在"皮特"咖啡店前驻足。从玻璃门看进去，格局一点也没变。大柜台前三张小圆桌，靠窗一排高脚凳。三个比我老的男人，在悄悄地喝，说话。

我的口腔充满某种咖啡的味道。它的原产地，该是南美洲的哥伦比亚吧？味蕾保存着对它的鲜明记忆——电动螺丝批一般，一边旋转一边突进的力。"皮特"和"星巴克"类似，是全球连锁企业，每日供应的招牌咖啡，必须符合两个条件，一为多数人所接受，二为独一无二。二者的矛盾，一如阳春白雪和下里巴人。兼得不易，只能折中。即使努力偏向中庸，对我这样的非"瘾士"来说，它的冲击力仍嫌太大，好在那时不忌糖分，加进三包粗砂糖，以及奶精，才没有像喝极苦涩的双份意大利浓缩咖啡"爱思巴苏"一样，进口即成轻度"电击"。

说到品咖啡，如果是"咖啡精品协会"的会员，便须紧扣干香、湿香、酸度、醇厚度、余味、特别风味这六个指标，一一评鉴。至于我等普通消费者，对不起，咖啡永远是配角。在哪里喝，和谁喝，喝时聊什么，看到什么，感觉如何，从来比杯中味道重要。这一杯之所以教我记了十年，是因为有同喝的人。那一次，也是春天，外面下雨，三个男人都没带雨具，只好躲在这里。专画抽象画的画家，写连续剧的剧作家和我，具体话题全忘记了，只记得满心的欣幸，在社交圈子狭窄的海外，能听内行者谈论抽象画流派、大师，电视剧制作流程、审批程序，着实难得。还记得，雨停后，檐溜滴答，应和着咖啡机以蒸汽管制造奶泡沫的噪音。而画家要等候进下城买菜的太太。三人坐得更久。把续杯三次到五次的纸杯子扔进垃圾桶时，已是落座三个小时以后。走进停车场，雨后的阳光，被橡树的叶子筛成丝缕。简单的一杯，放在以叱咤风云为志业的大人物身上，无关紧要。我记住一杯不可能和历史有丝毫关联的咖啡，是幸运还是自嘲？

为了纪念，不，为了延续十年前的味道，我推门进去，向瘦高的店员买一杯小号咖啡。上一次给我倒咖啡的，是年方二十的女子，如今该早已从当年半工半读的旧金山加州大学毕业，当上白领，也许有了两个孩子。这一杯1.8美元，上一次是1.35美元。没人和我对坐，只好算外卖。一边缓缓地走，一边喝。味蕾依然识别出，这一回的味道和上一回近似。这就是老字号的聪明处，总有"旧"让回头客低回。

　　为了向凶猛的车流表现不羁，从马路中间穿过。在一棵尤加利树下稍停，看这一带的云和树。十年前有一消遣方式——买下咖啡以后，驾车到海边，在靠涛声最近处停下，读叔本华或者萨特。让飞溅的浪花稀释过的咖啡，味道似乎不伦不类。此刻只有双脚，且沿大街走回去，兴许能从车库前的旧物摊档淘到什么。

　　风吹着不少的衣服和很少的头发。咖啡从口腔细水长流地进入，一般的苦味与香味。说来你不信，此刻从高坡下望，景致井井有条，一切都可以被归纳，成为秩序里的"统一"。刚才不是一盘散沙吗？哦，是因为——皮特咖啡在手，在口，"吹皱一池春水"，却不存在"干卿底事"的疑问。

　　不错，物都不曾互相依赖，然而，所有个体的独立，都服从至高无上的意志，加入庞大而无声的交响乐，它的主题是安宁。一辆劳斯莱斯古董车，被蓝色布覆盖着，停在车道上。这可是富豪的象征，却毫无霸气，风掀开三分之一的蓝布，露出车头前端的"飞翔女神"，女神的嘴巴玲珑地突出，有如鹰喙。它的邻居，是零星的三色堇。

　　刚才在车库前流连所见的一幕，没来得及体味，此刻悟出，它蕴藏着人间社交的密码。我随意地看摆在车道上的旧物，抚摸一张边角破损的三斗柜。小女孩向我打招呼："先生，有什么喜欢的吗？""正在看。""珍妮！我叫你呢！"老太太在楼上吆喝。"听到了！""我不早跟你说，有人来，你就按门铃吗？""我知道，可是人家光看，没打算买，所以我不打扰你。""那就好，谢谢。"老太太声音像破锣，好在够温柔。

呷一口走一段。每一步都带上沧桑感怀。咖啡，不但能够喝成生猛的爱情（尤其是"一见钟情"型的前奏），喝成恒久的友谊，而且可以喝成编年史，喝成自传。看，我的人生被咖啡标上里程。蓝天坦荡，地上没有云影。此外，所有的物都带上影子，如此清晰，意义被置于焦点，边缘炫目，有如焊条在延烧。就这样，走了10年，手里的一杯，依然是上一次斟出来的。是它，把我的观照提炼，纯化。

西哲谓：生命的意义，无人能予以昭示，你只能在"不知怎么一来"的状态下获致。今天，偶然性来自咖啡。

2014.4

我和流动的天堂

    午后，刚满16个月的外孙女在家里老是闹别扭。我把她抱下楼，放进婴儿车，拴好安全带，推到街对面的绿化带去。惯于扰人雅兴的雾气没来，大风没来，海懒洋洋地卧在远处。和气的太阳公公，以从花旗松针叶间漏下的柔光安抚爷孙俩。

    我压根儿没想到，林荫道下的缓步，竟然带上一个天堂——被我的两手推着的，移动的天堂。抱着泰迪熊的小宝贝，很快进入状态。迎面走来一位遛狗的邻居时，我对她说，向公公问好。小宝贝向他招手。公公停下，一只身躯庞大的圣伯纳犬规矩地站在他身后，宝贝并不怕它。狗狗十四岁，老得差点挪不动腿了。公公问我，是你的孙女吗？我点头。公公又指着全身雪一般的狗狗，对着婴儿车说："它比你大。"宝贝蛮有领袖风度地挥手，向公公，向蹒跚而行的老狗狗。

    接着，小宝贝一发不可收，实行可爱的泛神主义——向各个方向挥手，即向整个世界问好。我弯下腰，眼睛和宝贝的视线平齐，望过去，她的世界如此广阔而美丽！狗尾巴草和她一般高，纹丝不动，似乎在做梦。开红花的扶桑，像戴上围裙的老婆婆。白色和黄色的金星菊，矮小，单调，然而善于表现自己，在突然刮起的微风里招摇。蒲公英好奇地凑近婴儿车，雪白的花球，她伸手能采到，可是她只是好奇地和花对视。在她的视角，她被比她高的波斯菊、打破碗花花、满天星以及高高矮矮的林木遮住，不算广大的植被，无异于热带雨林的神秘之地。她的眼睛骨溜溜地转，咿咿呀呀地说话。一只老鹰扑地从松梢飞起，翅膀的弧线以对面的屋顶为终点。我指给小宝贝看。她的小手指向屋脊上的老鹰。一对白人夫妇推着婴儿车迎面而来，我和他们交换亲切的问候，彼此的笑容，自然是全世界最爽朗的，两个孩子该也交换了眼神，哪怕只是一瞬。小风如此狡猾，在衣服的缝隙里钻，我停下，把她的粉红外套掖好。

就在这一刻，我差点向着蓝天下跪！终于明白，今天从早上起，愈来愈浓郁的惶恐来自何处。事缘刚才我和文友们驾车到五十英里外的玫瑰园，拜祭去年辞世的文学前辈。前辈的墓碑是只有三分之一个巴掌大的木牌子，竖立在盛开的玫瑰丛中。骨灰撒在园圃上，是生命饶有诗意的归宿。回来以后，我对周遭花草的观感起了化学变化。原来，它们和人是一而二、二而一的。人归于尘土，和欣欣向荣的万紫千红一起，迎迓新的生命。我推着婴儿车时，极清晰地感到：我此刻拥有的幸福，接近峰巅了。这教我起了危机感，怕圆满的下一步是缺失。我不由自主地问自己：凭什么我拥有这么好的当下，从阳光、远处的海到两手推动的婴儿车？是啊，这就是灵魂的天堂。一路走来，天真伴我，好奇心伴我，迎面而来的，都是友爱、宽容和悲悯。我的灵魂被提升到云端。下蹲时看，婴儿亮晶晶的眼睛给缺陷叠加的尘寰施了魔术，使它变为开花的草原；跳高时，让小宝贝的手指指挥着，我飞升到柠檬桉的最高枝，爱抚老鸭漆黑的羽毛。

我想痛痛快快地哭一场，把久久地憋着的幸福倒出一些来。往回走，远处有一个毛茸茸的褐色玩具，那是从宝贝手里掉下的泰迪熊。迎面走来的老太太本可以捡起，但她蓄意把发现的快乐让给我们。我把小熊交给我的司令，她从小熊身上找到一根松针，兀自玩起来。我怕刺伤她，把松针从她掌中拔出，扔掉，她不高兴了，要哭。我蹲下来赔不是。这也好，极乐世界如久待，我又得分神去对付莫名其妙的恐惧了。

2013.6

等你，在雨中

14号，千万个不见诸经传的日子中的一个，若硬要记下这天的独特处，勉强搜得出三点：一是我休息，暂时得以优游林下；二是下雨，旧金山的初夏5月，在闻名天下的雾与阴冷之外，居然有雨，颇算突兀，早上临窗一望，街道湿了，是江南常见的"细雨鱼儿出"那一种，滋润，优容；三呢，是每月给外州一贷款公司付房屋"抵押贷款"期限的前一天。"抵押"二字，可不只含着"阴险的暗示"，明天15号下午二时前，如果那公司收不到我的支票，我就得额外付滞纳金。再耽搁下去，房子会给它收回去，那就重新变为"无壳蜗牛"了。意外得雨，本是美事，我可以精心调制一杯哥伦比亚的浓咖啡，坐在书房的沙发上，静静地看后院。小草该青翠些了；灯笼花该剔透地点亮了；塔似的枞树，梢头绿星星般的新芽，该各自擎起轻盈的雨珠，还没想得准该怎样炫耀，便不胜重负，坠到鹅卵石铺的小路去了；如果够幽静的话，我能听到雨滴触地时的叹息。也可以看被房屋、电线杆和树割得七零八落的天，那片单调的灰色，没有飞机和喷射云，也是可爱的空白，让人寄托遐思。悔不该，尘心未断，竟忍不住给贷款公司拨了个800排头的免费咨询电话，查查我的支票已如期到达否。录音响过，是电脑自动据我报的贷款账号查账户，然后，响起天知道是真人还是电脑模拟的答话："没有收到。"我紧张起来，不放下话筒，等来一个接线生，才找到延误的原因——我把支票寄到这公司的旧地址去了。接线生说，还来得及补救，可在两法中择一：要么到"联邦快递"公司去邮寄支票，明天上午可寄达，要么到"西联银行"电汇，十分钟内可办妥，不过要现款云。

我驾车出门，一头栽进雨网中。楼头看雨是超逸的境界，雨中走路是幽微的境界。雨中驾车呢，倘是无所事事，光为看雨，那凄清便带着动感了：小小的"本田"牌轿车，何不看作一条奇特的"雨巷"？看，一个人，局促在铁皮围成的，阔不过五尺的空间里，雨拨例行公事似的，把车窗上黏着的雨珠抹掉；车顶，权当是一把湖南出产的特大号油纸伞吧；从两旁滴答而下的雨，权当是来自江南小巷，一长溜青砖壁顶端，那些长了绿苔的瓦檐。车子，是随你走遍天涯的巷子啊——"便携式"的，有如无所不包的手提电脑一般，你不必劳动脚步便可吃遍风景的处所。就那么默默地行驶着，收音机没有开，紧闭的车窗使市声和雨声变得遥远。一个人，左手把着方向盘，适性任情的姿势。热气在里头慢慢地漫开，四侧玻璃罩上了雾气，可别把排气扇开动，那点朦胧，正可虚拟为雨的氛围哟！只是，我是有事要办的，丝毫不惊天动地的事，即便对自家，也不见得如何急迫和重大——赶在期限之前去汇一张支票或现款，免得受罚。然而，我遵照虽未载入《颜氏家训》或《朱子治家格言》，但约定俗成的"好家长""好丈夫"守则，郑重其事地去办了，据说这就是现代人不可缺少的"责任感"。忽然之间，在正儿八经的"责任"之旁，幽幽地冒出戴望舒的名诗《雨巷》："撑着油纸伞，独自／彷徨在悠长，悠长／又寂寥的雨巷／我希望逢着／一个丁香一样地／结着愁怨的姑娘"。我结婚多年，早已在柴米夫妻的格局中安居乐业，路上的姑娘丁香不丁香，与我无关。而且，这诗只是早年的爱物，它的滥情，如今已不惯，何况平白用上那么多形容词，"冷漠"啦，"凄清"啦，"惆怅"啦，除却以音韵缠绵见长，也犯了现代诗之忌。只是，那种少年的愁滋味，甜甜地在心头滴答不停，很像初恋了。

初恋不能没有雨啊！二十一岁，在乡里当着又穷又苦的知青，每到墟期，游魂似的踱到小镇去，就为了在巷子里，见见在七八里路外，也是当着知青的小情人。她款款地来了，雨帘中，就她一件碎格子的红衣裳！有时候，她失约了，我痴痴地站在小镇大路口，那一株老也长不大的榕树下，望着雨网，听任疏叶间漏下的雨，从被柴担压肿了的，搭着披肩布的瘦削肩头，淋到被山上荆棘刺得伤痕处处的腿肚上，光脚上。那是饥饿的年代，被禁锢的青春，自然不晓得，在遥远的海峡对岸，余光中作了一首诗《等你，在雨中》："等你，在雨中，在造虹的雨中／蝉声沉落，蛙声升起／一池的红莲如红焰，在雨中"。是的，"等"，是永恒的诱惑。只是，我能等来什么呢？小情人早已消逝，哀乐中年，妻子在下城的时装公司里上着班，熟习的爱，不是等不等的问题，而是如何使细水长流变为波澜起伏，如何常爱常新的问题。可是，我仍旧向往等候的情调啊！不等一个具体的人也好，就让我从太实际、太琐屑的庸常日子中造一些幻景吧，让我等一个飘忽如雨的梦吧，不必马上付诸现实，只要使我煞有介事地等就行。不要预测。等谁，等到什么时候，都不是非弄清不可的。一如小草在雨前的沉默，一如云在风起前的宁静，一如没有约会的处女黄昏对窗前小花的低语。天下之至美，乃是没有了结的期待，尤其是以雨为背景的期待。可是，我正在行动，渺小的。"等待"中那种蕴藉的诗意，丝毫也没有。我先去银行，凭私人支票提了一千两百美元。因了天雨，顾客稀少，脸孔古典的柜台小姐，用与我一般不地道的英语，耐心到近乎唠叨地解释：由银行直接电汇给我的贷款公司，如何简便快捷。我一问手续费，竟要三十美元，连忙婉谢。她见为银行拉生意不成，垂下头叹气。看着她涂了睫毛膏的眼睛布上乌云，我居然不合时宜地想到戴望舒诗里的姑娘："太息般的目光，丁香般的惆怅"。唉，对不起了，姑娘。"等"是诗，你的银行却是平实如白描的散文。我给罚款的话，也就五十来块罢了，你扣掉三十，外加十块钱做取消原来支票的手续费，那我在雨中奔走半天，才值十块钱多一点？太不值了。看来，如果我不等什么，还相当精明呢。

我走进雨中。从夹克口袋深处，搜出几个硬币。在街旁电话亭，先拨411查号，查到"西联银行"的电话，又拨了一个800排头的免费电话，问附近有没有该银行的分行，好去电汇现款。答曰有，不过不是支行，而是代理处。驾车前去，原来是一家阿拉伯人开的杂货店。进去，店主问我："汇多少？""一千两百美元。""汇费八十美元，干不干？"居然超出罚款近三十美元，当然不干。马上溜回雨中。午后的大街寂寥，大而无当地摆着空架子。路面滚过车子黏滞的轮胎。车子，这活动的雨巷，倒是干爽的。何其想念家乡的雨啊，穿一双雨靴，在村路上缓缓走着，和友人有一搭没一搭地说话。那里有布谷鸟，有蛙，有雷电，有红蹼的鹅操着叽里咕噜的外语，一窝蜂地开进被雨水搅浑的池塘。我们也许会期待天晴，为了看彩虹。这里，只有雨，没有雨中的等待。哦，如果，如果，"步雨后的红莲，翩翩，你走来／像一首小令／从一则爱情的典故里走来"……那该是什么景象？"你"是谁？初恋的那位？妻子？梦中的那位？在巴士站惊鸿一瞥的那位？在书中风情万种的那位？在银幕的那位？在卡拉OK激光影碟里搔首的那位？在相书的那位？在照相馆橱窗的那位？终竟是子虚乌有的那位。唯其空，才耐得住我的等待，才和我在雨中的等待相称啊！不过，我必须履行我的责任。

如今，只有一个办法：到"联邦快递"公司去寄快邮。又是电话亭，又是拨411查号。再打800的咨询电话，找附近的代办处，接线生说，要到下城去才行，我记下地址，驱车前去。雨小了，居然透出几线暖昧的阳光。"联邦快递"位于哈里逊街，一找就找到了，就是没有地方停车。转了一圈，又一圈，街旁停着的车子，没一辆有挪动的意思。我敢冒个险，把车停在货车装卸的专用地段吗？甚至在禁止停车的红线区吗？不，罚单动辄是百儿八十块，加上拖车费120块，太划不来。忽然之间，福至心灵地，一个念头闪电般照亮了心间：管他娘去，由贷款公司罚吧，我不行动了！随即，我决然地打道回家。雨细而匀，使人想起秦观的名句："无边丝雨细如愁"。我居然生起残忍的快感，为了即将损失一笔钱：数目不惊人，却是明知故犯，迹近烧钞票的愚行！然而我解脱了，从"行动""责任"中解脱，从过分精细和准确的算计中解脱，我可以全身心地进到雨中，去等候。在雨拨例行公事地擦拭着的车窗前，在滔滔的汽车的流水旁，隐隐地，也分明地——"从姜白石的词里，有韵地，你走来"。

"你"是谁？我不管，反正不是贷款公司所扣的滞纳金，据说数额为52块6毛6分。

1996.7

书中纽约

早上近九时，在金山下城的金融区，这上班族最密集的所在，要领略都市人的生命力，最佳观察点莫如遍布闹市的咖啡店。我在地铁站内新开的"星巴克"前，远看，重重叠叠的人，衣着光鲜的专业人士群，面对柜台后大型咖啡机上方冒出热气，一似赈济站前的饥民看粥锅。近看，秩序井然，一条条长队缓缓蠕动。在盈溢咖啡香的街上走，我并没拿着有点烫手的纸杯子，因为我已成为不必以咖啡因来激发拼搏能量的退休者。

然而需要读物。要搭地铁到郊外去，车程近一个小时，必须读点什么。手头只拿了一份在家吃早餐前上街买的中文日报，搭巴士进下城的路上已读完。拐角处有一报纸档，教我眼睛一亮。摊档是帆布加铁条搭的，位于莫迪逊大厦外的人行道。人的激流旁边，一个小小的岛屿。本来打算买一份英文日报，却意外地发现，摊子不但有旧金山湾区几个城市的当天报纸，还有中文日报，更有旧书籍。精装平装的大部头，在长条桌上一字儿排开，分外大气。标价让人吃惊———律五毛。草草浏览一遍，看中一本素白封面的语录体小册子，它和斯蒂文·金的大部头并排，更显单薄。问多少钱，摊主抬头看了我一眼，说，也是五毛。我掏出一张五美元钞票。他从西装上衣口袋拔出钱包，打开，把四张一元钞数了三次，加上两个二十五分硬币，礼貌地递给我。互道感谢。摊主至少七十五岁，是典型的高加索种白人，偏胖，面团团，无须，除了动作缓慢，并无触目的老态。三十年来，我对下城一带的报纸零售档主人，留下强烈的印象——至少八位，清一色的老白人，戴鸭舌帽，一团和气，豁达，做小本生意，却没有市侩气。该是纸媒称霸时代就干这一行，以后难以退出的。进入新世纪以后，他们都已凋零，此公恐怕是硕果仅存。

坐上开往都柏林的地铁，打开新买的书时，车刚刚进入海湾的海床下，外面是隧道的拱壁，灯光昏黄，轰隆之声益发沉雄。书名叫《神侃纽约》（Quotable New York），收入众多名人谈论纽约的警句、谐语乃至谑语。别看封面不起眼，这可是全球著名的企鹅出版社的产品。出版于上世纪90年代初，第一次从旧金山现代艺术展览馆内的书店卖出，其时为1993年。二十年间，辗转于多少人手中？

乘搭公共交通工具，干扰多，难以长期集中精神，语录体读物，短短数行，读罢咀嚼片刻，味道格外隽永。纪伯伦的书如《先知》，以及几本袖珍语录本，常常被我出门乘车前放进口袋。手头的小书，由威廉·寇尔（William Cole）选编，他在纽约的中心地带住了大半辈子，谈纽约，具有无可争议的资格。前言开门见山："要问正牌纽约人和别处的人是否两样？正牌纽约人的回答将是：否。不过，一个正牌纽约佬确乎不同，他知道猫腻和捷径在哪里，为了活得轻松点，可以干什么不可以干什么。"且摘引数例，看地道纽约人"知道"些什么："在写字楼地下进入电梯，按'关门'按钮于事无补""在巴士上永不和陌生人搭讪。同时，正牌纽约人会通过这样那样的途径，为游客（特别是外国来的）作出变通。""不要注视街上的疯子——不管是大喊大叫的还是自言自语的，如果他发现你看他，可能对你暴跳如雷。""租一辆车的开销，总比你预先估计的要多上很多，雇请搬家工人亦然。""交通灯上的'勿通过'字样，通常会闪十到十四次，在闪头五次期间漫步过街，或者在闪过5次以后快步走过，是安全的。注意：有若干例外，在第五大道，只闪五次。""去餐馆用餐，结账时把税金加倍，就是你要付的小费。""搭计程车，司机不晓得你说的目的地在何处，走哪条路，比率为50%。司机听不懂英语，比率为25%至75%。""夜晚，在建筑物前，女郎独自凭壁而立，并不一定是等候特定的人。""唐人街的餐馆，哪一家是顶尖的，纯是各花入各眼，且谁也不会向偶遇的熟人披露其名字。""买报，不要拿面上那一份，要拿下面的第三或第四份。还要带上纸巾什么的，把手上沾的《纽约时报》抹掉。""说某人在'下城'做事，指的是'华尔街'。"……够了，再引下去，文抄公这帽子戴定了。

掩卷望窗外，列车正飞驰在三谷地带的平阳，气团在仓库群上空飘浮，提醒你，这是温度在华氏95度以上的盛夏。我的思路依然萦绕着纽约。所谓百闻不如一见，过去二十年间，我去了纽约五次，"一日看尽长安花"式的行旅，不可能具有深度和代表性。书中的纽约语录，许多也适用在旧金山，比如，同为移民聚居的城市，许多服务业中人英语差劲，"向餐馆里的练习生（busboy）要水和面包可以，要别的不一定行，因为没几个能说英语。"在中餐馆，干脆是这样："有问题，别问侍应生，要问懂英语的领班。"嫌太夸张，但玩幽默不走偏锋怎么引起哄笑？

接下来，读正文。这一段："纽约形如公寓式旅馆，供所有人入住，但谁也不把它当作家。"读罢发会心之笑。在美国，这一条普适性甚广。只此一家，别的美国城市难以比肩的，是罪案高发时代的纽约："这里没有非专业人士的用武之地，连步行过街都是。""有一件事我说不清，计程车彼此避让，是出于害怕还是尊敬？"（一位纽约警察所言）"一个男子入夜以后在海德公园玩滑板，第二天早上可能在警察局里找到他（在很大程度上，此事取决于昨晚他遇到的女士是怎样的人，以及他冒了多大的险）。但是，一个男子入夜以后在中央公园玩滑板，差不多可以肯定，明天可以在墓地找到他。""有一天，四位无辜者遭到枪击。在这个城市，这可算是迄今为止最好的开枪事件。因为在纽约，找到四个清清白白的人，真不容易。"

进而想，我好歹算"老金山"，有没有能耐仿效这一本，编写《旧金山段子》？回答是干脆的：没有。我和这本书的编选者寇尔先生，至少差着五个层次：他自出生起是美国人，我是半路归化的；他接受过完整的美式教育，我却是在中国上的学，且学历有限；他属于主流社会，是文化领域的中坚，我基本上是边缘人；英语是他的母语，且他以文学为专业，我的英语停留在"刚够谋生"的低层次；他为编写此书，阅读有关英语著作，范围广且深入，我读的书，主要是中文的。中文书写者在非汉语区域，无论调侃，一本正经还是别有用心，都难以"议论"出"语录"来。一如洋鬼子对中国任何城市指手画脚时，幽默感明显受制。

　　好在，没有哪个出版社约这方面的稿，我藏拙好了。列车披着闪烁的阳光驰驱，比地面高出两三米的站台，肤色各异的人上上下下。我心里安静，而且欣慰。一个没资格编辑《旧金山段子》的异乡人，也有权利生活，发言。而况，我有寇尔先生未必拥有的珍宝——另外一个国度，和乡愁。我的手抚摸着书上这一条语录时，泪花在闪：

　　　　这个地方，被我的心揣着，走遍世界。但有时候，我在梦里要甩掉它。

2014.5

造句操练

一

二十一年前，在旧金山一位诗友的家里，老诗人纪弦先生，从德国路过，与即将转机回新西兰的年轻诗人顾城和我三人一块聊天。年交八十的纪老兴致勃勃地宣告："我最近有一重大发现：世界上的人就分两种，一种是爱诗的，一种是不爱诗的，你们同意吗？"顾城庄严地站直，一个劲地点头，说："对对，我们属于爱诗的！"他那以牛仔裤裤筒裁成的"峨冠"摇了几下，露出极得意的神色，不屑地盯着墙角一点，似乎那里麇集着全世界的"不爱诗"群体，然后，他们俩骄傲地大笑。我陪着打哈哈。

事过多年，爱诗爱得发了疯的"顾不老"和纪老，一先一后归了道山。这一有趣的"铁口直断"我时时想起，感到拿它来给天下众生分类，虽失诸天真，但做造句练习，却颇为好玩。好就好在简单明了。英国大散文家兰姆，不也把世人分为两类——借债的和讨债的吗？且依这格式随手造些句子，人可以分为：穿鞋的，不穿鞋的；戴绿帽的，不戴绿帽的；穿高跟鞋的，不穿高跟鞋的；骂人的，不骂人的；偷东西的，不偷东西的；会说谎的，不会说谎的；吃素的，不吃素的；上学的，不上学的；老的，不老的；病的，没病的；在去麦当劳的路上的，不在去麦当劳的路上的；迷信的，不迷信的；贪污的，不贪污的；知道的，不知道的……欲炫学问，可以把笛卡尔的名言稍作加工，把人分为"我思故我在"的，不我思故我在的。席勒有言："只有错误才是活的，知识却是死的。"可据之生发出：人分犯错误的，不犯错误的；有死知识的，没有死知识的。遗憾的是，这类句式未必能涵盖全部，纪弦老人那一句，没有触及这样一类：既不"爱诗"，也不"不爱诗"。因为，"不爱"近于仇恨，是需要消耗感情或者力气的。而和诗无关的人，恰在地球上占着多数。

做过以上的操练，犹感不过瘾，想做难度大些的。比如，鲁迅在名篇《坟》里，以比任何史家"更其直截了当"的方法，把中国历史分为：一、想做奴隶而不得的时代；二、暂时做稳了奴隶的时代。悠悠千载，无非是"做不得"和"暂时做稳"的循环，云云。我且来东施效颦。男人分两种：想做单身汉而不得的，暂时做稳了单身汉的；想跪搓衣板而不得的，暂时跪稳了搓衣板的；想当官而不得的，暂时当稳了官的；想出轨而不得的，暂时包定了小三的。赌徒分两种：想赢而不得的，暂时赢了的。女人分两种：想漂亮而不得的，暂时当上美人的；想浪漫而不得的，暂时成为墙外红杏的。已婚者分两种：想走出（或走进）围城而不得的，暂时在围城内（外）安身立命的。土豪分两种：欲炫富而不得的，暂时能够豪华给人看的。欲成就功名的：欲拍马而不得的，暂时拍对马屁的。洋洋洒洒写开去，难度似乎也不大。

然而，问题来了。鲁迅的名言中，既然有奴隶，自当有奴隶主。鲁迅的判断貌似全称，但故意漏掉奴隶的对立面，即主子。针对彼时的统治者，可以这样划分历史：一、想做奴隶主而不得的时代；二、暂时做稳了奴隶主的时代。然而还是不工稳，在"奴隶"和"奴隶主"之外，至少漏掉一类——鲁迅讥刺为"以鸣鞭为唯一业绩"的"奴隶总管"，此外，还要加上一类，不但"鸣鞭"，而且挥动鞭子和刀枪，实施折磨与杀戮的奴才（主要地，他们对付奴隶，但有时也对主子动手，以取而代之），奴才才是才，这一类，在中国的数量，可不能小觑。

我细读鲁迅的原文，又有新发现。原来，教中国奴隶"想做而不得"，或者"暂时做稳"的，不但有本国的统治者，还有外国人。这就复杂了。只好再造句以补充，外国人分两类：一、教中国人做奴隶而不得的，二、让中国人暂时做稳了奴隶的。不过，漏洞还是不小——无法涵盖全部。有烧圆明园的英法联军，也有办教育，救济贫苦中国人的传教士；有抢掠中国文物的，也有把庚款转为培养中国留学生的基金的。然而——又是然而，我们不能忽略鲁迅对洋鬼子们的呼吁——万万不可赞颂中国文明，因为"所谓中国的文明者，其实不过是安排给阔人享用的人肉的筵宴。所谓中国者，其实不过是安排这人肉的筵宴的厨房。不知道而赞颂者是可恕的，否则，此辈当得永远的诅咒！"鲁迅所憎恶的外国人之中，有一种是："愿世间人各不相同以增自己旅行的兴趣，到中国看辫子，到日本看木屐，到高丽看笠子，倘若服饰一样，便索然无味了，因而来反对亚洲的欧化。"犹有甚者，洋哲学家罗素在西湖见轿夫含笑，便赞美中国人，也遭鲁迅的冷嘲——"轿夫如果能对坐轿的人不含笑，中国也早不是现在似的中国了。"想及此，造句的兴味全失。

　　最后，悄悄希望，作为中国的服务业中人，千万别通过对被服务者"不含笑"，来表明我们已从"想做而不得"以及"暂时做稳"这两个时代的循环中脱身。

二

　　上文刊登以后，王鼎钧先生续写一篇，题为《爱诗还是不爱》。接龙式的书写，是至为有趣的互动，而况来自睿智的散文大家。它有这样含义深刻的两段：

　　　　经过一再延伸扩充，这个句式的缺陷慢慢露出来。人分两类（只有两类），一类是以自己为中心，另一类是异己者，自己这一边人数极少，然而是可以自负的，对方那一边人数非常多，然而是可以藐视的，因此理直气壮以小搏大，少数否定多数。革命家一看，这个句式很管用，语言是有声的思想，思想是无声的语言，革命运动需要引导群众作二分法的思考。

我不是革命家，我想说，人岂止有两种？宦海中有人做官，有人等机会做官，还有人根本不想做官。严寒袭来，有人冻死，有人没冻死，还有人死于车祸，死于疾病，死于枪击，还有人吃甜甜圈噎死。冻死仅为百种死因之一，挑出来独立成为一类，好像其他人都长命富贵，都亏欠了冻死的人。有人爱诗，不爱诗人；有人爱诗人，不爱诗。有人爱民权运动，不爱黑人；爱护动物，不爱邻居的狗，爱红字会，不爱捐款，"二分法"怎么够用？

也许有好事者马上找茬，质问我：你说纪弦和鲁迅的分类法，尽管省力而醒目，但无补于实际，那么，你老另辟蹊径，稍作示范如何？

老实招供，我一句也想不出。好在世间有的是能人。我权且当文抄公：

*印度前总理甘地夫人说，有一次，祖父告诉我，世间有两类人：埋头苦干的，把功劳归于自己的。他要我当前一类，因为这一类人中的竞争少一些。

*在所有书店，最畅销的书，总是这两类：烹饪和减肥。前一类告诉你怎样去料理食物，后一类却对你说，哪一种都不要吃。

*有一次，丘吉尔去参加宴会，伴随一位年轻的女士入席。心直口快的女士一落座，就对他说："关于你，有两样东西我不喜欢。""哪两样？""权术和胡子。""亲爱的，你不必过虑，这两样东

西，你都不可能沾边。"

*以下两类人不可混为一谈：有钱人和富人。

*萧伯纳说，人生有两种悲剧，一种是你打心底里想要的，追求不到；另外一种是你追求到了。

*有一次，英国大散文家查尔斯·兰姆在台上演说，有人发出嘘声。听众都属于一个声望很高的团体，这一反响自然引起震动。在短暂的停顿之后，兰姆说，能够发出嘘声的，有以下三类：鹅，蛇，傻瓜，请发声者上前，道明身份。

2014.5

这一刻，我们一起走

～～～～～～～～～～～～～～～～～～～～～～～～～

八十九岁的母亲，六十一岁的三弟，六十六岁的我，六十三岁的妻子，在茶楼上，在普洱茶缭绕的水汽里，携起手来走。走向童年——你的童年，我的童年，儿女的童年，孙儿女的童年，姐姐的童年，外甥的童年，外甥的儿子的童年……细节涵盖了许多年代，标签只有一个——生命的黎明期。

话题是不经意间走向统一的。刚刚落座，我看着三弟，笑着说，你两岁多，又壮实又顽皮，你二哥四五岁，又瘦又多病。那次，在铺子里头，妈妈坐一边，祖母坐另外一边，我坐在母亲旁边。你和你二哥赛跑，你从妈妈的怀抱跑到奶奶的膝下，看谁最快到达。忽然，扑通一声，你二哥摔倒了，大哭。哭闹过，睡着了。大人都以为没事。不料第二天，他老是哭，叫疼。妈妈看了他全身，没有地方摔破。第三天，第四天，哭得更凶，手肘不让碰。爸爸慌忙把他带到医院，原来小臂断了。三弟眨巴眼，微笑不语。当然，他对此并无记忆。

母亲发挥下去："小时候，谁没麻烦？养大了就忘记罢了。"养大6个儿女的母亲，这几年老抱怨耳朵不好，耳鼓老有轰隆轰隆的噪音，听电话更难。想不到此刻耳朵尖起来，谁低声说话她都听得清楚。我说，妈，耳朵不聋了？她说，有时候好些。我明白了，好不好，取决于"中听"与否。

"你才顽皮。你爷爷带你去祠堂领烧猪肉，回家路上，你嘴馋，向爷爷要吃一块，塞进嘴里才走一段。吃完，赖着不走，要爷爷再给一块。爷爷给了多次，烦了，不给了，说回到家再吃。你躺在大路上打滚，叫你爷爷的绰号'肥仔康'。爷爷气红了脸，路人多，他爱面子，忍下来。你知道爷爷舍不得打，叫得更响。爷爷只好低头，给你更多烧猪肉。到家了，爷爷拿起藤条，要教训你，却下不了手，便来向我告状，要我打……"母亲说。这一幕我是记得的，那年，我该是四岁上下。"你打了没有？"我问。母亲摇头，说记不得了。

我的儿子和女儿都是母亲带大的。说起儿子在村里的糗事，母亲成了当然的主讲者。"大头仔最容易受骗，读耕读班，下午四点开始上课。在禾堂晒谷子的婶母骗他，现在快四点了，怎么还不上学？他跑回家看挂钟，才两点多嘛。婶母又骗他，你嫲嫲把挂钟往回拨。他信了，回家，拿起石块往里扔，指名骂新桂（母亲的名字）不做饭给他吃。我哄了好久他才安静下来。"我说，两代人都直叫家长的名，真不像话。母亲的脸成了一朵大菊花。父亲去世以后，很少看到这样舒展的笑容了。

当上了祖母的妻子，滔滔不绝地谈的，是孙子和外孙女。祖孙乃是普天下的绝配。洋鬼子干脆宣告："不要儿女，直接给我孙儿女！"幸亏老妻是对自家人说自家血肉，不然，会被讥笑为肉麻当有趣。母亲和妻子唱和，围绕着我们的孙子。"他爸爸和他一起来看我，临走他爸爸抱抱我，小家伙跑过来，抱我的腿。""会跟着我念数目字，三十一，多响亮！"还有外孙女。"人小鬼大呢！通向院子的门，有两重，纱门和玻璃门，她要出去，怎样开一道，用脚把住，不让门滑动，再开另外一道，会动脑筋，成功了，得意地拍手！""她看到我的手指贴了胶布，我教她说'婆婆疼疼'。不一会，她流鼻涕多了，流一次大人用纸巾揩一次，她指着人中说'婆婆疼疼'。"

童年这话题，涵盖了所有亲人。妹妹的儿子，出国前最后一次骑单车。姐姐的孙子，过年时写了春联贴在家门前。姐姐的小儿子，"五六岁时常常来外婆家，一住就是十多天。个子瘦小，特精灵，晚上他从窗子往外望，指着蓝幽幽的天空叫嚷：'月给啃去一口啦！'——指的是下弦月。"如今，这小子已四十开外。

　　童年，分布于岁月处处，今天，两代人一起向它走去。无论是在故土，爬上荔枝树掏鸟蛋，生怕"黄泥鹤"发现，用长喙戳瞎眼睛而伏在草丛里久久不敢动，还是在异国，以积木、熊娃娃和拼字板为伴；不论是属于十四岁便为了"冲喜"而提前出嫁的母亲，还是属于三十七岁才当父亲的儿子。在因多次冲泡而变得了无滋味的普洱茶的氤氲中，谈得乐不可支，母亲的听觉完全恢复正常。平时和我们来往不多的三弟，反复说，要多多一起上茶楼。

2014.6

没有"第一次"的日子

　　散步，如果死抠"散"，说它乃是散步的精髓，则未必走出气候，看康德就知道。老先生那差不多和他的哲学一般出名的散步，在时间上就不"散"。每天下午三时，他必然出现在哥尼斯贝格小城的路上，精准到众邻居拿来校正手表的程度。我却相反，今天比昨天提早十五分钟。所谓"太阳底下无新事"，这几天没有太阳，也无新事。黄昏，太阳不是落了山，而是早早被浓雾吃掉。昨天的翻版而已——灰蒙蒙的视野，老成持重的花旗松，懒洋洋地在草坪上洒水的自动喷灌器，穿风衣的遛狗女子，一对华裔老夫妇和一对俄国老夫妇，是每天必碰面但不打招呼的。沿圣伊格立预科学校的外围走，栅栏内外的紫藤不改其紫，美人蕉不改其红。都没多少看头，专心听脚步声好了。

　　为什么风景和感觉都可以"腻"来涵盖？原由在不是"第一次"。且看中国人的"四乐"——久旱逢甘雨，他乡遇故知，洞房花烛夜，金榜题名时。不是"渴望已久"就是"史无前例"。甘雨下多了，便成淫雨；他乡的故知，若不恪守洋谚"朋友如鱼，在家里待上三天，就会腐烂"，天天缠着你叙旧，你迟早编造借口溜号；新婚，除非是结婚六次的好莱坞影星伊丽莎白·泰勒，一辈子只能有个把"第一次"；至于金榜题名一条，早已过时。

　　但凡"第一次"，都值得纪念，网上有人以"抵达美国以后做的第一件事"为题目，请网友发言。请看帖子："给家乡的亲朋好友打电话报平安。""吃了一碗越南粉。""出机场点了根烟。""在法拉盛停车场旁边的馆子点了锅贴和豆浆。""逛红灯区,买枪,赌钱……""去阿拉巴马州政府办理社会安全卡。""逛了纽约唐人街后大失所望,比香港差太远了。""打电话让我哥来接。""进赌场,未出示身份证(不够年龄),玩老虎机输了三百美元。""买正版《花花公子》杂志。""找赎金。""打电话回家说到美国了,把钱付了,然后让他们放了我。"网上多游戏文字,罗列出来的"第一桩",不一定是事实,但说是"印象最深刻的",该不会错。

问题在于,人不可能每天都有新鲜之至的"第一次"。其后,渐渐加浓的,是"好曲不厌三天唱",陈旧、乏味、麻木,这才是谁也难以身免的续篇。有人提出一个方子,患上老年痴呆症,以"健忘"换来众多崭新的"第一",貌似可行。可惜,这等不治之症,你有患上的勇气,也不知去哪里申领。

以上,是我裹紧十年前为抵挡日本北海道海滨强大冷风而买的夹克,闲散地走路时所想的,当然,形诸文字前,仅仅是碎片。怎么办?莫非所有没有"第一次"的日子,都可以"无事"二字敷衍?

办法不是没有。比如,提升进取心。规定每天都读书。但凡好书,都值得读多次。王鼎钧先生的《葡萄熟了》,昨天晚间,单是两段,临睡前就琢磨好久:"自古以来,'才'和'用'两者有差距分歧,'果'和'报'也往往失之交臂。""古人说不要用千里马驾车,今人说用千里马驾车才可以为财势添一佳话。'用'要有'遇','遇'是前世的缘,来生的债。""我想,张先生(指台湾音乐评论家张继高)虽然多年来光芒四射,毕竟未尽其才。我总觉得他心中有未流的泉,未放的蕾,未化蝶的蛹。我总觉得他欲行又止,欲言又止,欲取欲予又止。古人说'君子放之则成川,聚之则成渊',我总觉得张先生成川时少一分澎湃,成渊时少一分宁静。"这不就是白话文的《史记》,现代散文的韩潮苏海吗?我满足地进入黑甜乡，一如儿时抱着滴露的荔枝走出果园。

　　还有吗？该是提升好奇心。人和万物都有许多层，你剥得越多越接近真相。今天路过第43街，细细看了一人家门前的堆积物。昨天从对街看过来，以为是待送上垃圾车的，孰料这高高低低的雪白一片，是精心布置的园林。主调是海滩，堆垒的礁石上，布满贝壳。各色各样的"海的耳朵"，贴在大地上，美得纯粹。我惊叹连连，抚摸着贝壳，不愿离开。临走前抬头，二楼没有射出灯光，可见主人不在。他或者她运用灵感排列的贝壳阵，难道只给阴云密布的老天看？美总在等待发现者，美的创造者总在等待欣赏者。昨晚，在影子被暮色全部吞没前，我踱进一块少有的广大的草坪，有如行进在草原上。只有两个和狗嬉戏的男女。今天，我隔着栅栏看进去，多了五六个玩棒球的少年。昨晚的冷清教我的背脊发凉，此刻我有在上面打滚的冲动。

　　只要你对揭开奥秘怀着童稚般的热忱，便发现并不起眼的人间，有的是新奇。黄色的满天星上，栖息着的黄莺儿，个体差异很大，是一公一母吗？掠过松树顶的巨大翅膀，是老鹰的还是乌鸦的？浣熊从树洞里跃出来，把我吓了一跳，我停步注视它，它晃了晃大花脸般的头部，对我"尿也不尿"，从它的眼看我，我是什么呢？路过奥特街，公共图书馆的灯还亮，走进去，翻了一会中文书，有这么多本我没读过的。好极了！我的退休生涯，须以"求知"为招牌。尚未领略的哲学，尚未解读的诗篇，就是灵魂的美食。

　　最后，是要从事一点创造性的活计。创造，并非买菜、做饭，而是此前和此后均没有的事情。倘文思沉滞，哪就作日记吧。不愿记流水账吗？可以远望太平洋，蹙额苦想，从事明显或隐蔽的构思。

　　"苟日新，日日新，又日新。"这就是在没有"第一次"的日子的指南。没有自新，灵魂被剥去许多层之后，可能是"空城计"。

2013.7

谁在我的肩膀上沉沉睡去

女儿在产院，生下第二个女儿，比预产期提前几天。我们闻讯，尽快赶到女儿的家，照顾她的大女儿。妻子要料理全部家务，我负责看管两岁七个月的外孙女。这个年龄的孩子，好动，顽皮，一个不留神就爬到高处，摔下来大哭，声音足以惊天地泣鬼神。"含饴弄孙"这一成语移用到这里，须改为"孙弄"，我被小家伙"弄"了一个上午，筋疲力尽。午饭后，按时间表她要睡觉。我抱着她，哼了一会自造的催眠曲，她胡闹了一会，入睡了。

头枕在我的右肩膀上，黑发披散四周，热气轻轻呼在脖颈。我抱起小宝贝，缓缓地在客厅绕圈子。窗外是旧金山郊外的午后。住宅之间的距离超宽，大白天上班的上班，上学的上学。偌大居民区，不变的基调是静。树木茂密绵延，屋宇反而成了绿色的陪衬。静被碧绿包裹着，张力甚大，仿佛有什么随时像蓓蕾一般爆开。我这一迹近诡异的想象，容易获得印证——捅破寂静的，要么是狗叫，要么是婴儿的啼哭。深秋以后，氛围稍变，静被红虽不如北方同类的炽烈，但胜在浑厚的枫叶烛穿少许，秋气坦然弥漫，别具成熟的爽利。院子内的草地，因连年大旱，自动喷灌器被关，好在晨露丰沛，足以滋养，依然扬扬得意地绿着。早上带外孙女去溜草地上的滑梯，她站在草地边沿，用中英双语说"湿湿"，只好撤退，把地盘让回给麻雀和尾巴大而无当的松鼠。

外孙女睡得多甜。我不敢乱动，惊醒她可没好果子吃，发脾气，闹别扭。若然，"孺子牛"的辛苦不下于拉犁耙的。只是，肩膀上的分量，愈来愈有点儿那个。

难怪，肩膀没负重有些年了。在故国，肩膀可是货真价实的"如牛负重"。磨破多少层披肩布和包裹肩胛的皮肤，肩膀的肿痛消长多少回，才练就挑一百三十斤柴担走二十里崎岖山路的功夫。三十多年前离开故国，一百一十多斤的移民行李，是肩膀最后一次和扁担的因缘。

以后，肩膀之为用，似乎仅仅是供女儿和女儿的女儿搁上熟睡的头颅。第一次，以逃难的急切离开国门，乘坐从香港飞往旧金山的越洋飞机。不满两岁的女儿，非要我抱着。我让她坐在怀里，半夜，她伏在我的肩膀上入睡。舷窗外，是十万米高空上静穆的云絮。三十二岁的新移民，被向后的乡愁和向前的梦同时拽扯、绞扭，好在，肩膀上的分量在不断提醒我，作为父亲的责任。为后代争好一些的前程，无疑是此行最重要的宗旨之一。

在旧金山定居十二年，才有了余钱和闲暇，了却一个心愿：把孩子带回故乡，让他们拜祭祖先的坟墓，告诉他们，矗立着碉楼的村庄，就是他们出生，学步的人生出发地。让憨憨的牵牛，这最普通也最美丽的篱上花，和乡愁一起栽在他们的心田。那一年，儿子十八岁，女儿十四岁。机上，女儿坐在旁边的座位，深夜，又一次，靠在我的肩膀上沉沉睡去。我从行李袋拿出笔记本，写下一首诗。其中有句："少女的梦境升上数万英尺的/高空，可是宇宙中一颗新星/是在中学的礼堂朗诵诗吗/是在电话中和伙伴说悄悄话/约定在耳垂锥上更大的孔/好戴上更巨大的耳坠吗/看，她在梦中笑了，迷人的笑纹/漾至我的肩头，我的心头"。

岁月并非一味流水落花似的冷酷，它偶尔也眷顾马不停蹄地老去的人父，此刻不就是多情的回放？我回到负重而倔强的青春，我又回到拖家拉口而兴致勃勃的壮年。从我的肩膀上醒来的女儿，揉揉眼睛，她面对着人生，不论在异乡还是故土，只要有父亲的肩膀（哪怕并不宽厚）在，有无所不在的母爱在，她就有底气，有勇气。

如今，三十六岁的女儿光荣地成为两个女儿的母亲。我无非极为普通的男人，唯一庆幸的，是从来没有逃避责任，和妻子一起，在另外一个国度，以"一世祖"的卑微和勤俭，履行家族传承的义务。一年年，抱着，背着，牵着儿女，从上幼儿园的路，到上学的路。然后，他们学会独立，离巢，完成大学教育，进入职场，建立家庭。我们顺理成章地变为云淡风轻的老人。

小外孙依然酣睡，微汗从额头沁出。老妻怕我惊醒她，把手巾抢过来，替她轻轻地擦，一边像赞美出自自家之手的最美艺术品一般，说着："啧啧，看这眉毛，小嘴撅起，多像她妈妈小时候……"然后，怀着喜悦和些微醋意问："干吗靠着你的肩膀，睡得这么久？"

二十二年前还乡时，在越洋飞机上为在我肩膀上入睡的女儿写的诗，最后是这样的："故乡近了，亲爱的女儿/你说得颇笨拙的家乡话/该派上用场了。你还在/沉睡？好吧，且把你的梦境，移到故乡的溪畔/在捻子花的香气中睡吧/做第一个带蜜味的乡梦吧……"同是睡着我的肩头，女儿这一代属于移民"二世祖"；至于第三代，"乡愁"进一步淡化，不复成为话题。再想，脚下的新大陆就是她的家乡，"无中生有"再造一个并无必要。这么说来，如果非要注入诗意，那么，我的肩膀要努力变为"爱的支撑"。

2014.10

观"老忠实"喷泉记

~~~~~~~~~~~~~~~~~~~~~~~~~

　　这一天，旅行团一行五十多人，起个绝早。四点钟，大巴开出旅馆的大门，披星戴月，为的是看它。领队查理，是我平生打过交道的导游之中，最富激情，最有经验的一位，他的安排无疑是最佳选择。果然，大半天下来，各个景点看过，赶到黄石公园内的指定地点时，是五点钟。"五时二十四分前务必到场！"这是导游在路上用来励志和督促大家严格守时的口号。

　　游美国西部最著名的黄石国家公园而不看"老忠实"喷泉，一如到华盛顿不看白宫，进纽约不逛时报广场。1870年，"沃什伯恩—兰福德—多恩"探险队进入这个区域，为这个喷泉起了这样的名字。old和faithful两个形容词，一曰"老"，二曰"忠实"，难免教人联想到人间有关年龄及诚信的事体。人是到"老"了才"忠实"，还是一路"老"下去一路坚持"忠实"？如果说的是婚姻，那么，前者较为保险，由于荷尔蒙退化，欲不忠而不可得。这个喷泉的年资以"万年"为单位。造就如今地貌的大地震，最近的一次也在两百万年以前。至于它的"老实"，即准时，从它被冠名到21世纪这一百多年间，都是每隔三十三至一百二十五分钟喷发一次。更新的资料显示，间隔为九十三分钟。张爱玲盛赞昔年上海滩"足够老实"的电影广告：宣布放映什么就放映什么。和说话往往不算数的人类比，这喷泉的了不起，在气势，更在诚信。没有这个作支撑，成千上万的游客岂不白来了?

"老忠实"喷泉的配套设施十分完善。一座庞大的服务中心内,有满足游客需要的餐厅、咖啡店、礼品店和洗手间,处处人头攒动。提前十五分钟走到观景处。这是一个直径为一百多米的圆形沙池,数个相连的小丘为圆心,丘上冒白烟的是"老忠实"喷泉。它是主角,池内还有两个白烟缭绕的小型喷泉,距离颇远,和"老忠实"成三角形。沙池比观景平台矮一米多。我们穿过占据了排排长凳的先来者,在边沿落座。其时,西斜的日头威力未减,绝大多数人没帽子没伞,但都没退到室内或荫下。

"对不起,请挪挪。"有人轻拍我的肩膀。我扭头,是一位坐在长凳上的白人女士,她指了指坐在我背后的小孩。小孩因为个子小,被我挡住视线。我马上道歉,挪了位置。女士向我道谢。交谈中知道,他们一家子趁孩子放暑假,从加拿大开旅游车来这里,看喷泉是最紧要的节目。我扫视全场,看客人数在五百至一千之间,一半在沙池边围成半圆,另外一半散布在远处的高地。许多人手拿汽水罐,更多的拿着照相机,等候着必然到来的伟大时刻。

五时二十分。没有动静。三处喷泉,例行公事地冒白烟。我旁边的空隙冒出一个中年中国人,敦实个子,一脸被日头晒出来的新鲜黑红。他向我提出一个荒谬的问题:"怎么落座?"我差点笑出来,有什么比在池边"坐下去"更简单吗?他这么严肃,我不好开玩笑,便答:"你可以跳进池里,再稍稍一蹦。"我刚才也是这样做的,往后跳,屁股就挨上石头砌的边缘。"可是,我不能跳,膝盖摔伤了,没复原。""那只好就地下蹲,再把腿伸下去。""好的。"他照办,虽然艰难,但人坐稳了。他所坐的就是我刚才挪开的位置,白人女士倒没抗议,因为他比我矮的缘故。

蓦地,全体静默。轰隆之声骤起,白烟不再招摇,禅定于一瞬,再笔直喷射。众人骇然,喧哗,照相机的咔嚓声不绝。可是,很快停了。谁在惋惜:"这么快完了?"但没有人离开。"老忠实"不骗人,是坚定的共识。两分钟以后，动真格的。雪白的烟气和水喷涌，一波比一波猛烈，这一股升起，从它的核心冒出另一股飙得更高，形成水柱的接力赛。一束束单色烟花，一朵朵迅猛盛开的白莲，一匹匹倒挂的奔腾之瀑！大家屏息。烟雾滚滚，趁大风向我们扑来，浓重的硫黄味。水柱喷出时，温度为华氏93度，化为高空的粉末，再落到人们的脸上，依然热辣辣。有人惊恐地后缩。难怪，做过功课的游客都知道，脚下就是"超级火山"，它若爆发，单是从空中降落的碎屑，就能埋没半个美国。它的喷发间隔约为六十万年，而上一次爆发，发生在六十四万年之前，早已"到期"。据地质学家勘测，目前它进入喷发活跃期。万一遇上，岂不是天大的"中彩"？眼前的半空，十二级浪般的白烟，被瓦蓝的天空托着，闪转腾挪。如果角度恰当，该看到彩虹。喷水处的石头，反射着阳光，有如多棱镜。

在万众仰望中，喷泉落力喷射，头二十秒是高潮，高度约三十米。据说最高纪录为四十米。总喷水量为一万加仑。今天它的表演不在巅峰状态，但好歹让每个人都下得"不虚此行"的结语。我一边看一边手拿iPad拍摄，事后回放录像，才知道放歪了，没拍到高潮的瞬间，恨死自己。

大家纷纷离开，旁边的中国汉子还在发呆。"要不要帮忙？"我问。他说不用，勉力把脚抽回，站起来了。我真想对他说，刚才你和我都不该坐下，要跪着，向着号称"世界第一"的自然力。

围观的人潮退下以后，看台的长凳下，躺着一只空的饮料盒，"杨协成芒果汁"的中文格外抢眼。

2014.8

别有用心的散步

～～～～～～～～～～～～～

"原来是这样，不过是这样——把自己的事当作别人的，把别人的事当作自己的。"

"托尔斯泰平生最喜欢那种不含恶意的愚蠢，然后，做了许多不含恶意的愚蠢的事，让我们喜欢。"

——木心《即兴判断》

　　散步类似作多变的散文，可以衍为闲行、健步、竞走等散法。而且，一路散来，眼睛和头脑也需要安顿。看景是一法，可散出陆游"为怜一径新苔绿，别就墙阴取路行"的多情；动脑筋又是一法，可散出思考的动态——老康德在路上肯定无数次地推究存在论、自由和真理的关系。我则要另辟蹊径，效电影界悬疑大师希区柯克，制造一个悬念，使平淡无奇的散步尽可能地带上戏剧性，然后以散步来破解。

　　知易行难，路就是一些街道而已。往西走到海滨，风太大；往北走到犹太街，房屋太单调；往东沿"那里哎嘎"街走，餐馆众多，生意都不怎么样。后来我选定往南，抵达他拉威尔街，转左，走五个街区，然后回头，耗时三十至四十分钟。这一段长约3公里的路，大半为林荫道，旁边是伟岸的花旗松，以及从针叶间漏下的时而蔚蓝时而雾气笼罩的老天，末尾一段是长街。他拉威尔街是住宅区内的半拉子商业区，在我以脚步圈定的范围内，除了餐馆、酒吧、洗衣店、律师事务所、牙医诊所、理发店、宠物医院、加油站、补习学校、柔道班和教堂之外，有三家按摩店，都是中国人开的。

我经过几天筛选之后，给自己布置课题：查出这些按摩院的底细。这念头在脚步声中渐渐清晰之后，我对着电线杆和电线交叉切割的蓝天，搔头苦笑：无聊到家了！是的，即使弄清楚是做什么生意，状况如何，又怎样呢？难道向国税局或警局举报？其实易如反掌，走进去接受"服务"，一次不行，三次以上，升为备受信任的"恩客"，状况便能摸个八九不离十。可是，我独沽散步一味，并非心疼钱。店面所标的价钱（自然，这是为招徕用的，并非都不贵）：沐足，一个小时19.99元，加上购物税和小费，不超过二十五元。我是要坚持"让散步变为看剧"的初衷。

为窥探方便，我为这些按摩店起了代号，位于日落大道旁的一家为1号。位于32街街角，有中英文招牌"蓝天"，号称囊括美容、美白、抽脂、刮痧、拔火罐、踩背、足浴和全身按摩的，为2号。位于30街附近，店名叫"快乐"的，为3号，它是足浴连锁店，门上告示所罗列的本市加盟店不下十家。

根据从国内和本市所收集到的资讯，按摩也好，沐足也好，连同没在招牌上标出和"按摩"有关的项目，以"发廊"蒙混的也好，粗分为两类，一为不涉及色情，一为有色情交易。前者多半用上"健康"的前置词，颇为滑稽，教爱去这些香港人称为"架步"的场所放松身心的人暗笑，问一句："难道涉及情色就不'健康'，即生病乎？"再细分，一部分色情与非色情兼收并蓄，净桑和"全套""半套"服务通杀；一部分只做皮肉生意，即地下妓院。那里的"技师"对穴位、经络、推拿手法半通不通，号称"马杀鸡"却只养不杀。

凭常识也该明白，单靠"路过"，如何能摸清人家的运作？可是，趣味就在这里。以1号店为例，它的玻璃门上只有英文，大号字为"健康中心"，小字是"欢迎男女宾客，每星期七天营业，每天上午十时至下午九时"。玻璃门窗上"营业中"的红色霓虹灯，不论阳光多猛都扎眼。我从它门前经过，透过玻璃门后所挂的百叶窗，看到一张办公桌，一台电脑，有时坐着一个女郎，该是接待员，有时没人。当然，我的"看"，只能是东张西望时的随兴停驻，不然，店主会把我看作联邦调查局的密探。窥探它，只用一分钟；一个客人到来，开门进内，回身关门或门自动关闭，这过程满打满算也就是这么久。一天营业十一个小时，合六百六十分钟。如果我午后和傍晚共经过两次，有所发现的概率小到1∶330。因此，这种作业最忌讳急功近利，好在我抱着"成固可喜，败亦无妨"的宗旨，一百天如一天地"看"下去。

散步的第十天，午后三点，一个穿连帽运动衫、牛仔裤的白人男子推开1号的门。他每一个动作都不迟疑，可见不是熟客，就是以电话预约过的。我对他矫健的背影扫了一眼，自然而然地发生疑问，诸如：他进去，先洗桑拿，再按摩还是开门见山地"败火"？要花多少钱？英语词汇有限的技师怎么和他交谈？门在他身后关上，此后再无动静。我只能肯定一点，这位走路带起一阵风的年富力强者，患风湿或者坐骨神经痛的可能性甚微，不会为拔火罐而去。

往后，看到一个中国男子，把小客车停在路旁，匆匆闪进装潢颇为豪华的2号店。那是一个多雾的黄昏，我裹紧棉夹克，想象着，房间暧昧的灯光下，将是什么交易？3号店相当神秘，它标榜"健康足浴"，又是连锁店，老板一定较为谨慎，以"洗脚就是洗脚"为方针，不让技师靠皮肉赚外快。这里的同胞，以吃苦为天职，脚板没有国内有钱人那么娇贵，所以，它的生意也许不怎么样。

第二个月，我在松林下的小路上急行，对面是他拉威尔街，人行道上有两个女子散步"散"得别致——只在一个街区以内兜圈子，绝不走远。并肩，边走边议论。姿态相当有看头，挺胸，快步，爽利中别具袅娜的风韵。我马上猜测，她们是1号店的雇员，此刻无活可干，出来活动干活时不大用得上的腿脚。为了证实，我走过街，故作庄严地和她们面对面地走。不敢细看，目光潦草地扫过两张脸，有点年资了，都化浓妆，以胭脂染出桃颊，可惜鱼尾纹太抢眼。她们不可能注意到我这个糟老头，更不理会我的"居心叵测"。几步以外，听到几句带四川口音的普通话。我由此假定，她们以出卖色相为副业，如果是规矩的洗脚妹，淡妆或不化妆均可，可以省下开销。我"视察"过毫无动静的3号店门前，往回走时，看到她们走进1号店。可能客人已到或将到。

接下来的一个月，差不多没有故事，我散步如故。不是没有零碎的发现。某个黄昏，3号店走出一个姑娘，站在门口打手机。她该是接待员。一天晚上九时，2号店匆忙走出一个穿风衣的女子，我想探测她的身份，假装慢跑追上，在一棵橡树下停步，她穿过日落大道，在巴士站里坐下，我从她冷漠的脸孔前跑过。她没化妆，从脸相看，是来自广东四邑乡村的移民。我猜她是清洁工，管清理房间和烧沐足用的药汤，此刻下班，她赶着回家，给做功课的孩子做嫌晚的晚饭。还有，1号店的女郎，外出散步更加频密，差点教我自我感觉好到把她们当作步后尘者。她们走了几圈之后，打开店门探头进内，该是问接待员有没有人来电预约，然后和同伴继续走，她们一路很注意步伐一致，甩手整齐，会不会是同一所中学毕业的？若然，当年肯定在操场上参加过军训。也可能一起进过模特训练班，在伸展台走过猫步。

一个星期天下午，1号店的高个子女郎，红色风衣分外触目。她站在门口。我在对面放慢步子。一个小个子老先生在门前试图把车停下，车是老式的雪佛兰客货两用车，女子让他停在车房前。老先生的技术不坏，但手脚不灵便，老停不好。我隔岸观火，太久了，怕被发现，走开又不甘心，便效仿女子，在附近转圈。老先生终于把车子停好，女子打开门，请他进去。他摆手，也许是"稍等"的意思，打开后舱，捧出一箱物件。他们两人进去，门前又恢复安静。下一个问题，老先生是顾客还是别种人物？是顾客，为何带着箱子？箱子的表层放着纺织品，要么是毛巾、被单，要么是衣服，据此推测，可能他有洁癖，要求按摩用的和穿的都必须是自家的。看他步履蹒跚，虽然德高望重人物应有的矜持没改，但我猜，他除了僵卧在铺着家里带来的被单的按摩床上，接受一双温柔的手抚慰，不可能有别的戏。我推理推到这里，兀自大笑起来，笑自己的滑稽。其实，老先生也可能不是光顾，而是以房东的身份，进去修理水龙头或热水炉什么的。中国的老人，活力不可低估。

终于，一个星期五午后，我的偷窥有了小小的高潮。走近2号店时，一个男人迎面走来，四十岁上下，若有所思地抽着烟，在2号店前停步，有点鬼祟地看看左右，推开带百叶窗的玻璃门。碰巧，门旁的一排落地窗中，有一扇的布帘拉开少许，我清楚地看到整个接待室。女接待员面对着男士说话，一年轻女子从工作间出迎。男士跟着她向里面走去。能收集的信息就这么多。往下，由想象接力。

想象什么呢？二十五年前在斯皮尔电影院看的悬疑片专场，那是专为向大导演希区柯克致敬而举办的，大半天看了三个片子，最具张力的自然是《后窗》。此刻，我成了坐轮椅的摄影记者。我的"后窗"就是这些店面。腿部裹石膏的主人公的偷窥欲，通过主观镜头加长镜头肆意发泄。我却只有还管用的老花眼。

且虚构一个惊悚版：刚刚进去的男人是市警察局风化组的便衣探员，职责是取缔色情服务。他身上拴着窃听器，进按摩室后，和拿商务签证、居留期限为半年的川妹子过招。川妹子是老手，从国内干到海外，受过反侦查训练。她严守两个规条：一、客人脱光她才脱光；二、绝不开口，只用手语。探员没有针孔摄影器，难以取证。探员原先的计划是：进门以后问价钱，一旦对方说出性服务要多少钱，马上按身上报话器的按键，埋伏在附近的警察包围店面，入内逮人。这次难施其技，享受足浴一个小时之后溜之大吉。

来一个奇情版：按摩女郎和客人一见钟情，先做爱后谈爱，一曲异国恋歌，以男士迎娶风尘女，让后者取得临时绿卡告一段落。

还有日常版：客人患腰疼，要试试"热石烫背"，石头太热，烫去一层皮。他为人厚道，不好意思骂人，以扣掉大半小费，只给象征性的一块钱作为抗议。

《后窗》一片的高潮，是谋杀案。即使按摩业涉及色情，有时教人联想到暴力、雏妓、毒品、黑社会、屈蛇集团之类，但在这个祥和的居民区，武装绑架、非法禁锢等罪案发生的概率极低。

那天我从3号经过，一个穿装花哨的女孩从里头推门出来，看模样十五岁不到，她跟着一个又高又瘦的小伙子离开了。我对着两个背影出神，想了许多可能，最黑暗的一个：这是被黑道以毒品控制的妓女，她下班时前来迎接的青年，既是"姑爷仔"，也是老大派来监视她的狠角。至于较近情理的设想，便是哥哥来接妹妹。要明白，3号是"健康"的沐足店。前天是星期天，午后一位妙龄女子，迈着和我一般闲散的步子，进2号店去。从衣着和姿态看，她不可能是来上班的技师。那么，是客人了。她将要哪种服务呢？我无法揣测，唯一能肯定的，是不会要"刮痧"服务。哪怕在隐私部位，制造一道道黄褐色的痧斑，搞不好会被男友报警，说她受到虐待。

1号店的红衣女郎，外出散步的频率最近大大提高，有时独行，可见生意不怎么样。它的隔壁是车库，从前是紧闭的，入夏以来，每天打开一半或三分之一，视温度而定。车库里面，放着沙发、电冰箱、水槽、杂物、衣架，总有人在走动。这该是技师们的休息室和厨房。有一次，看到一位老太太，以中国式背带背着婴孩，在里面包饺子。我心里被触动了，散步以来所累积的、和"色"有关的想象，散落一地。

2012.9

在星巴克写星巴克

〜〜〜〜〜〜〜〜〜〜〜〜〜〜〜〜〜〜〜〜〜〜〜

　　手拿iPad走进星巴克时，是上午八点三十分。不知因为早餐期已过，还是人气一直不旺，走近柜台时，因无所事事而殷勤过度的3位店员，盯着我的一举一动，其中一个抢先问我要什么，我说等等。看过价目牌，我要了一杯小号咖啡和一块核桃蛋糕，迷你的玩意，要美元5块半。

　　在料理台打开盖子，给咖啡加进奶精。站在中央，扫视四周，选了靠近门口的小方桌。落座，把iPad放下，把纸杯和蛋糕放下，把自己放下。把桌子稍加调整，地板不平，导致细微的震动，咖啡溅出少许，把iPad和蛋糕都弄湿了。连忙起身，拿些纸巾来擦拭，这么一动，桌子更不安分，咖啡再次溅出，我不能不恼火了。我可以去找因无所事事而殷勤过度的店员来，直陈地板之弊。他们一定会一个劲地说"少来"（sorry），揩干桌面，并补回溅出的咖啡。可是，我没有行动，干吗难为这些上高中或者大一的年轻人？地板不平，他们是摆不平的。星巴克这样的大企业，一切都有规章，小至每一次炮制咖啡的程序，大至处理顾客的投诉，一如电脑，但凡能抽绎为"一般性"的玩意，都可以置入普适方案。然而，具体到某一个分店某处地板某块瓷砖，那是程式无法涵盖的"特殊性"。而况，即使店员拿来一沓纸巾或者一块纸板，垫在桌脚，一挪还是变了位置。张潮有言："世间小不平，可以酒消之；大不平，非剑不能消也。"我只消举起咖啡杯。

不过，坐在星巴克用iPad写中文，于我具有莫大的诱惑力，开始吧！虽然美国出售的iPad，内存的中文输入软件比不上台式的顺当，但桌面既然动不动就发抖，顺也没大用，将就好了。按照新闻写作程式，须有三个带W和一个带H的元素：When，Where，Who和How。When（何时）：2012年7月23日，星期一。Where（何地）：加州核桃溪市靠近地铁站的"文托多"建筑群内。Who（何人）：一个退休的中国糟老头。

　　然而，这样交代太粗糙，光是"何地"，便可作点深层发挥。这张可供两个人面对面就座的小桌，隐藏至关重要的"背景"问题，如果我选了面窗的椅子，背后便是星巴克内部。我没有，是稍稍迟疑的结果——我不是要写星巴克吗？为什么飨对象以冷屁股呢？

　　此刻的坐法，"背景"便是核桃溪的市容。一条叫"崔立特"（Treat）的大马路，驰驱的车辆。稍偏一些，是一个十字路口，它的上空是形状如银色巨鸟羽翼的铁架，辐射形铁条组成的骨架，远望是类似悉尼大剧院的庞大建筑，掉头看不过是横跨马路的人行道，这现代气派无疑给城市加了分。左后方是在建楼盘。再远一些，林木葱茏，连成一片，叶丛间漏出招牌和灯柱，该是公园。如果我待长久些，便会去探幽索微。连带地，摸清这个小城的前途和钱途。我不看好这里的房地产，我所在的大楼，临街的底层都是商铺，七成依然空置，开业的只有健身房、保险公司和号称"喝咖啡，使用电脑和吃饭"三合一的新潮店面。

　　上面说的属表层，一如"核桃溪"不必有核桃和溪一般。我和这块土地眼下并无纠葛，却不等于没有记忆。二十年前，我来这里访友，至少五次。受到的款待自然是极为美好的，可惜细节无存，只记得一种大如小龙虾的海虾，那格外红彤彤的色地；此外，和主人路过公用游泳池时，他骄傲地展示腰间的钥匙，表示他是有免费戏水的特权的主人翁，我羡慕他在池边晒出的与海虾相仿的火红皮肤。此外，一位洋朋友，在这城市密林深处的家请我全家吃晚饭，罐头蚬汤为前菜，牛排为主食，这些印象还清晰，其他的都被岁月洗刷净尽，怪不得，那是二十五年前了。如今和这城市重新结缘，是因为女儿一家住在星巴克上面一个单位。笼统说来，这背景对我没有意义。一如游客，即使背后是自由女神像、艾菲尔铁塔，也只为"到此一游"充当注脚。如果背景是山岭，主体该是参天大树；如果背景是老屋，前面该是你耕耘的田地，身边最好有篱竹，上面爬着红艳艳的三角梅，伴你雪白的鬓发。

好在，欠缺景深，并不妨碍我揩干屏幕上的咖啡渍，开始码字。该写星巴克的内部。首先吸引我的，是咖啡的分量，在价目牌上分三种：Tall，Grande，Venti，分别为十二盎司，十六盎司和二十盎司。通俗的说法，无非是小、中、大。价钱由左到右递增。别小看这排列。有一黄色笑话，讥笑某一群体（例如A国）男人"那话儿"的尺码，只消这样排列：大码，中码，小码，A国码。三个别扭的名词，害得我每次进星巴克都发三秒钟呆。细考来列，它们正好说明星巴克创立者的初始理念：另辟蹊径。星巴克崛起之初，以面包连锁企业Dunkin' Donuts为假想敌，务必标新立异。对手卖咖啡，分小、中、大，星巴克岂能照抄？从英语拿来Tall（高杯），此"高"在价目牌的序列本来是老二，前面有Short（矮杯），比高杯更便宜，然后从意大利文借来Grande，意为"大"，至于Venti，意大利语的原意为二十，引申义为"超大"。可是，喝咖啡特别凶的美国人，不喜欢小号，Short遂被淘汰。

研究了一阵子价目牌，想到冷落了眼前的咖啡，马上喝。啊！何其美妙的巴西货，劲道醇厚，且香味老到。喝它一如和一位道行高深的道人周旋。星巴克普遍供应这种咖啡，绝非即兴为之，是咖啡专家品尝、比较以及市场调查之后的结果。我曾在诗人纪弦戏译为"蜜儿不来"的Mil\brae市的星巴克，参加一个临时拉夫的品尝会，专家端来七八只纸杯，每一只盛着不同的咖啡，有夏威夷的、法国的、哥伦比亚的、印尼的和埃塞俄比亚的，要我们这些毫无专业知识、连"发烧友"也不够格当的顾客逐一品呃，再选出前三名。专家特别推荐埃塞俄比亚产的"卡发"，说用的是传统的"包壳曝晒法"，味道特别香浓。我却品不出来。慢悠悠地喝，放下杯子，码一行字。

往下，该就"Who"（谁）做文章。先说顾客，从此角落数到彼角落，共十一名。五位在闲谈，一位在用电脑，两位独坐发呆。青年才俊占多。一位比我还老的白人，坐在双人沙发上，和同伴高声月旦两位总统候选人。老人说："奥巴马害得我每月多花药费20多块，我向上帝祷告他只干一任。"看来他是资深共和党。还看到，他眼前的桌子上，只有一个铁做的水杯，是他散步时随身带的，这就意味着，他并没在这里消费一毛钱，然而大咧咧地坐着骂人。再细看，不止老先生，两位年轻人，面前也只有笔记本电脑，凝神于虚拟世界，不知人间何世。我敢保证，谁这般"占着茅坑不拉屎"，不论多久，嚼口香糖的店员也不会走近，请他出去。站在店家的立场，顾客盈门之际，揩座位的油当然会遭冷眼；可是，里面若冷冷清清，老板情愿非消费者来充门面。而且，"和社区居民建立良好关系"一条，已列于这个跨国企业的规章，一如从前中国某一国营商店《服务公约》上一条"不打骂顾客"。

看腻了坐的，便看站的。断断续续有人进来，出去。趿着拖鞋的少妇，眼神迷离，带来慵懒的气息；一身名牌西装的青年，想必是春风得意的企业高管，在柜台前顾盼雄飞，墨西哥裔的性感女店员光顾看他，忘记找零钱；白领丽人的香奈尔5号香水没随匆忙的脚步飘散，她的高声大笑却把三位大汉的话题打乱——昨天在AT&T体育馆的棒球赛，谁打出至关紧要的全垒打。两个警察先后进来，我盯紧他们的举动，纯然为了好奇——他们享受免费待遇否？结果是：都乖乖付钱。

一位女士推门进入之前，先抱起通体雪白的贵妃狗。三位同事模样的青年男女在料理桌前，往纸杯子倒进牛奶或脱脂牛奶，倒进白糖或粗砂糖，再加搅拌。网上摩登哲人尝言，三种咖啡涵盖整个人生：加进牛奶

（或巧克力）和糖的咖啡，代表附加繁多花样的花季少年；单加牛奶的咖啡，代表不复甜腻的稳重中年；什么也不加的黑咖啡，代表原汁原味的落寞晚年。天晓得它道中的比率若干？眼前的男女，同在青年和中年之交，各人加的糖和牛奶，分量就大为异趣。一位地产经纪模样的男士一手拿杯，一手拿搅拌棒，用嘴巴咬住盖子，我疑心这是新潮流。

杯子里的咖啡继续冷下去。我坐了一个多小时，码了一千来字，写生一般，不移步而换形。离我不远的广告牌，牌子上推销的，该是星巴克最近主打的品牌：一种叫"奥胡"（Oahu）的夏威夷咖啡。广告的大意是：产自海拔七百英尺的卡阿达山谷地，那里，年降雨量为二十英寸，平均温度为华氏80度。手摘，湿制，是它的两大特色。和多数咖啡的"干制"不同，"湿制"是放在水里洗净，浸泡，发酵，再放在高处的石头上晾晒。我对面的墙壁上挂着巨幅照片，咖啡豆填满画面，底部中点冒出一个裹粉红头巾的人头。画和广告牌遥相辉映，这俩，也许只有设在西雅图的星巴克总部里头的广告总监想得出。我忽然省及，所谓"三种咖啡道尽人生"的说法失诸牵强，这种"湿法"制作，倒见出晚年的真谛——泡水的咖啡豆，青的浮在表面，要捞出。剩下来的，都是老透了的，烘焙以后，自然能维持纯一不杂的苦涩。

四个店员是快活的，对任何人都微笑，为了能拿到最低工资。黑人小姐端出切得细碎的蓝莓甜糕，逐一插上牙签，在所有座位旁边绕行一次。我拿了一块。愤世嫉俗的老共和党拿了两块。一个白人小姐拿着抹布，把空桌子擦了一遍。我想和她说说桌子不稳的毛病，但忍住了。

门外的背景，忽然全动起来。起风了，银灰色的人行天桥振翼欲飞。夹竹桃和柠檬桉起劲地晃。视野中不存在的核桃树，在哪一处水湄？风里它摇不摇？我对这个城市发问。门外两把蓝士林布做的筒裙状太阳伞，一把在微微震动，一把做360度急速旋转，我差点站起来，问问进门时问我"要什么"的快乐妞儿：怎样才算遮阳伞的"规范动作"？转还是不转？

我猜她的反应是这样的：耸肩，摊手，表示不知道。若逼她表态，她便说要查《员工手册》。

　　我合上iPad，离开了。文件库里多了半篇潦草的文字。

2012.5

内华达三记

~~~~~~

春天的橡树

2012年初春，乘巴士从旧金山到数百英里外的雷诺赌城去。进入内华达州境内，沿途树木茂盛，并不见不毛的沙漠。在返青的枞树、高标的棕榈、柔媚的桉树中间，橡树格外触目。我们熟知惠特曼的名作《在路易斯安那我看见一株活着的橡树正在生长》所写的一棵，不但"没有一个同伴"，而且有青苔从树枝垂下，"发出许多苍绿黝碧的快乐的叶子"，它的同类，在眼前一片又一片地逶迤开去，光秃秃的，丝毫绿意也没有。

内华达的橡树，大咧咧地裸着，并不高大，和夏天结满树嘉果的苹果树、芒果树一般，每一棵的高度也近似，很少突出自我的鹤立鸡群之辈。树形都是扇一般的半圆，枝条斜着伸出，主干，次干，梗枝，依次变细，各司其职，交叉而不纠缠，参错却不突兀，一体的银灰色，稳稳地坐落在荒原上。巴士在车辆稀疏的高速路上驰驱，我的脸贴着车窗，橡树林一路旋转，一路跟随。看着看着，眼睛竟湿润了。

橡树林整体，呈现什么气势？它是冬天的孑遗，经历过冰天雪地，霜锋雨刃，表皮瘢痕累累，然而，眼下，春风要吹了，柳树要发芽了。我家门前那棵山茶，两个月前已结满蓓蕾，迟迟不开，到最近却知趣，从密闭的骨朵的顶端，拱出一点猩红，那是为春天唱颂歌的灵巧的唇。可是，内华达的橡树，对节令睬也不睬，维持其老成持重，大智若愚的样子。趋奉春天的人和万物，要鄙弃橡树的不识时务，我却要称颂它的傲气。不错，它们都矮小，可是，叔本华笔下的小橡树，"生命以世纪为单位来计算"，"凡是要经过几百年之久才发现其影响力的人，都是这样地立身于世"。

在柏克莱的森林公园，见过树龄百年以上的橡树，仰视它，差点喘不过气来，它太庞大了，密匝匝的树冠，浓成一团的墨绿，不胜其沉重地垂下，要把人裹进叶丛里头去。由此，我以为它是常绿乔木，不料，它也能如此谦卑，以裸体，和白雪联手制造荒原的洗练和辽阔。

黄昏，巴士爬上海拔超过一千英尺的斯叶拉山脉顶部，耳部约略有了高山反应。暝色从雪山俯冲下来，山峰的缺口，敞开最后的广漠幽冷的光明。这一刻，千万不要错过，橡树组成的林带，贴在天幕上，一如亿万只抗争者高举的手，亿万架沉寂在深海的珊瑚，亿万件皮影戏里的剑戟刀枪，现代派剪纸留出的空白。极黑，极沉重，纹丝不动，如果此刻下一场铺天盖地的雪，绵延的橡树群将为大地支撑出何等浩瀚的被盖！

组成集团军的每个个体，这样被惠特曼讴歌："这路易斯安那的活着的橡树/依然孤独地生长在那广阔的平地上/附近没有一个朋友，也没有一个情人/一生中却发出这么多的快乐的叶子"。如此推论，这个整体有怎样的底气！

一朵云

从赌城雷诺往旧金山湾区开的巴士，载着昨天来这里的大赌场看演出的中国人。50来位中年及以上的同胞并不快乐，一来，昨晚的表演教人失望，一场轰轰烈烈的宣传之后，是严重的言过其实；二来，进了赌场，哪有不试运气之理？通宵鏖战的结果不问可知。而况，都睡得很少，困得不行。而巴士又为了等候迟到的、迷路的、在牌九桌前舍不得离开的，耽误了半个小时。好在，巴士在埋怨声中，终于开动。

一路上，气氛和来时成了鲜明的对照。一位香港女子，也许是唯一神完气足的，放开嗓门，骂昨晚的演出，骂赌场，骂旅行社的老板，骂司机。附和的不多，好些人转过头去，盯她一眼，要她住嘴，但不敢说出来，怕招来更凶的骂，她输惨了，正在找出气筒。

下午的内华达高原，阳光被清新的空气过滤以后，闪烁得更起劲。我放眼于坦荡、宽厚、仁慈的大地，对自己说：光沿路的风景，这一趟已不止值回票价。"看，云！"坐在前排的高个子女士的声音不大，但语调充满略嫌夸张的惊奇，把多数人的视线吸引到窗外。果然，一朵形状像杀人鲸的巨型云在半空。"仔细看，镶上绿边呢！"女士似乎是看云专家，又有了新发现。不错，"鲸鱼"头部，淡淡的荷叶绿若隐若现。看久了，绿边折射出粉红，教人联想到虹。"是条大鱼，年年有余，它是我们的彩头嘛！"刚才起劲地抨击一切的香港女士，语气全变，为了从这朵云找到祥瑞的缘故。云淡然而执着地移动，和疾驰的巴士取相同的方向。"呵，鱼有了眼，有了嘴。"不少于五位的男人，刚才在打瞌睡，终于被"鱼"唤醒，把脖子伸长，啧啧称是。

我把视线从"鱼"移开，发现天空比高原的怪石和积雪更有看头，天空的蓝，淡中有穿透力，教人生出身在天空的幻觉。云絮如羊群，散在无际涯的穹隆上，偶尔，一粒黑影起落云间，那该是搏击的鹰。"再看，鱼长尾巴了。"一位老太太叫道，她一直心疼在百家乐桌上输掉的两百块，此刻终于甩掉坏心情，参与看云的盛举。"哎呀，这算什么尾巴！""你说是什么就是什么，别太较真。""倒也是。人家在天上闲逛，多写意，才不管我们怎么看。"听语气，我有理由推测发言者从前是留学生，主科是心理学或哲学。

云在变换形状，车里的人却没更换话题，从云谈到天空，谈到生之无常与有常，渐渐地，把百家乐的赔率，角子机前的失算，俄罗斯轮盘的狡猾，忘记了。

直

坐在巴士上，穿越内华达州的斯尔拉山脉。抬头，一道笔直的云，从东到西，把整个蔚蓝穹隆当成西瓜，一刀下去，利落得叫人吃惊。不用说，这是飞机的喷射云。就目力所及，天上的一切，没有一样是直的，你可以把云形容成绵羊、花朵、舢板、羽毛、山峦、大海，然而怎么也不会想到"直尺"。中国人惯于"看天做人"，每天仰赖的老天爷的老脸，固然不存在"直"；那么，老天之外的大千世界，有多少直线，是自然而非人工的产物呢？我靠着车窗这般胡思乱想。

从气象宏阔的数起，海平线该居第一位。从前我写了一首短诗，把它喻为跷跷板，一头是日，一头是月，宇宙凭它进行永恒的儿戏。这一类"直"，靠"远"来完成。靠得太近，直线便带上浪花的毛边。其次是地平线，但只存在于大平原上，依然靠"远"来删节细微处的曲，如小山坡、屋宇和树。

还有吗？巴士驶进一个休息站，下车，往洗手间走去，身上落下碎而淡的树影，仰头，是一种叫不出名字的松科乔木，高达数十尺，褐中带黄和青的树皮，龟裂成很艺术的图形，树干拔向高空，仿佛是随时冲天而发的火箭；它梢头徘徊的白云，相应成了爆炸所成的蘑菇状。不错，这一种树，以及杉，加州的千年红木，无论有风没风都一个劲地萧萧的白杨树，榕树的气根，深山悬垂的青藤，这些也是接近于直的，当然，不可苛求，都不可能拿来当直尺。

还有吗？肯定有，但更要肯定，不直的远远比直的多。这道理，也和天籁相同，林涛鸟叫水溅这类自然音响虽动听，但自然界无论如何不可能自发地出现音乐，哪怕是最简单的。换个说法，但凡本真、自然，基本上都以不直的形态存在。这里藏着什么奥秘呢？

回到家，读《庄子》的《养生主第三》，里面这样说："然则我内直而外曲……内直者，与天为徒……外曲者，与人之为徒也。"这是站在人的角度立论的，正直于内而委曲求全于外的人，内以老天爷为师，外则当"人"的徒弟。只有号称万物之灵、之主的人类，才那么多穷讲究；至于"物"，内外无别，一概是"与天为徒"，按照自然的法则生灭荣枯。自然的意志就是它们的意志，一朵并非喷射机"拉"出来的云，要它笔直地遨游，其难度不下于要日头从西边出。连流星雨也没有笔直地下，从天而降的物体，也就不能不听任风的摆布。

思绪绕了一大圈，从《庄子》抬头，门窗、百叶窗、后院的栅栏、阳台的扶手和地板、书边和笔杆，室内诸物，十之八九都是直的。无数的直，编织成牢笼。

2012.12

一封不寄的信

××：

那天，老同学老丙打电话，说你和先生一行从马里兰州来到旧金山湾区，要和校友们见面。我答应了，速度之快教他惊奇。这么多年来，校友聚会我极少参加，多半是因和上班的时间冲突，工资支票打倒了叙旧的渴望。有时候，是为了躲避，和故人见面，一张张老脸上的皱纹，线条无论怎样曼妙流畅，都无法牵引彼此进入上次聚首的岁月——"上次"是什么时候？离校的1968年？当知青的1970年？进大学的1977年？害得当时和别后伤感好久。可是，我这一回，宁可装病不上班，仅仅为了看看你。

为什么非要看你？你非朋友，非同班，"文革"时期同在一派但在不同的战斗队，顶多算半个"战友"，从来没通过片言只字的信，连纸条也没递过。离校以后各自沉入世界性的人海，从来没过交往，连托人捎口信问好也没有过。你不过是我在中学的八载寒暑（读书六年，造反两年）一起在校的上千名校友中的一个。

可是，你是女性，你是昔年县城无人不晓的"一中第一美女"，因此，你在一个半拉子文人心间的秘密角落占着神圣的位置，长达四十多年。我去看你，为了一个最简单的愿望：看你变成什么模样。仅止于看，我不会透露任何信息，即使属于青春时代的毫无杀伤力的韵事，也不会提起。

见面地点是东湾一家中餐馆，离旧金山三十多英里。由老丙安排，高佬当车夫，接载四位校友。午后，我开始坐卧不宁。车子到来前，我居然有过极为罕见的举措——选择衣服。幸亏老妻不在家，如果让她看到我在衣橱里盘桓，把衣裤脱了穿穿了脱，一定笑个半死——太阳从西边出来了！本来打算扮年轻，但一想，你是同龄人，末了还是回归"管他娘"的本色——牛仔裤、夹克、球鞋，并非名牌的休闲装。

在车上，但凡故旧聚会都当仁不让地充当搞手的老丙，拿我开玩笑："'文革'时，××（指你）有事没事进我们的总部睃来睃去，后来我才看出名堂，是对'才子'有那么点儿意思。"我哈哈大笑，拍拍司机高佬的肩膀，说："××对谁有意思我不晓得，但那年代，只你才有教女孩子暗恋的派头，记得吧？一米八三的个头，上下旧军装，腰束阔皮带，《红卫兵战歌》在礼堂演出时，你在门外维持秩序，防止老保砸场，皮带在手里晃两晃，那威风！""说来也是，怪不得××来电话，点名要你们两位，我的名字，她提也没提。"老丙失落地叹息。

路不长，过了海湾大桥遇上大塞车，通过瓶颈地段，天黑下来了。驾驶盘前放着卫星导航器，还是迷路，折腾了三个多小时。出发时大家将此行命名为"寻春"，一语成谶，青春早已成为地平线尽头一个小小光点，要找谈何容易？最后，五条汉子把车停在一家购物中心的停车场，请你的小姑子开车来，由她引路，才来到聚会的地点。

这是一家卖简易英国式"鱼与薯片"和中国菜的小店，你的小姑子夫妇经营的三家店中的一家。里头灯火亮堂堂的，人到得不多。我扫视四周，几位似曾相识的女子在门口谈天。我认定你不在这一摊里，尽管无法知道你变了多少，但肯定不会变成这样。我过去和大家握手，自我介绍，知道都是"老三届"的，有两位，"文革"时是替我们"兵团"撒传单的初中生。

我强作镇静，等待着此生之中极重要也极无聊的一刻。梦的呈现和破碎，青春的复活与陨灭，方生与垂死的对撞。

我要告诉你，你和我这辈子虽毫无瓜葛，你却是我最早的青春启蒙者。当然，完全是无意而为之。你是吹遍原野的春风，我呢，幸运地充当湖畔铁青色柳枝上爆开的万千新芽中一痕鹅黄。以下场景，我不知回味过多少次，写进作品不止三次。十七岁那年，我上高三，你上高二。早春二月，黄昏，我在校门外的橘子林旁边散步，肩上落着几星黄色花瓣。手里握着一本诗集。自从十六岁生日那天，不进"余湛记"餐馆买两碗净面（每碗八分钱）填塞辘辘饥肠而进新华书店买下浩然的短篇小说集起，我决心当作家。在暖洋洋的东风里，我的脑瓜子一定盘旋着贺敬之式"带硝烟和火焰"的诗句，不是"声援越南人民的抗美救国斗争"，就是"砌筑反修防修的铜墙铁壁"。你和同班的女同学从山指甲丛中飘然现身，一边走一边说笑。两位水灵水灵的少女，压根儿没想到爱情，完完全全地保有处女的青涩，自自然然地焕发出初醒的青春魅力。你们都穿着短袖子春衫，她拖两根长辫子，你短发齐耳，迎风而行，衣襟飘飘。我在一百米开外，暗暗叹息一声，诗集跌在地上。该怎样形容这一刻？我倏然发现：人世间竟有如此摄人魂魄的美！美得没有界限，没有概念，啊，这姿态，这色彩，不！这包裹在轻软浅淡衣裳里头的胴体，所蕴藏的雷与电！神性的圣洁和魔鬼的魅惑。我并没有一丝和性有关联的想头（虽有过不止一次的梦遗，但荷尔蒙只提供性幻想的框架却无法填入具体内容），只有美的陶醉与咏叹！什么形容词能固定这销魂蚀骨的画面！美在懒洋洋地行进，一如柳条有一搭没一搭地抚弄来不及长胡子的脸。我哭了，为了你忽然停下来，弯腰把裤腿上沾着的草梗拔掉之际，致命的婀娜。你又扬起头，快跑几步，追上同伴。我的脚步焊在地面。后来，在知青年代，在松明的光里，读《陌上桑》，老觉得诗里描写众男人对美女罗敷的反应不算到位。那一刻，我渴望倒在铺满落英的路上死去，为了吸引你回过头来。从那时开始，少年的躯体里奔突的欲望，一似洪水进了溢洪道，汹涌依旧，但纳入同一方向——爱慕女性，具体对象就是你。唯一的偶像，绝对的机密，连每天必写的日记也不透露。

从此，在繁重的功课和越来越成为刑罚的学毛著、争取入团一类为前途不得不做的虚伪"表现"之外，最为乐而忘返的事体，就是去看你。你在高二（1）班，课室在南院尾部，我在高三（1）班，位于前端，你在城里的家吃饭，不像我们寄宿生。所以，在食堂打饭的长队中看不到你。好在你是学习委员，我也是，学生会举办和上课有关的活动，我们一起参加。可是，我从来没勇气和你说一句话。你一视同仁地为所有暗暗爱慕你的男生们，提供了视觉的飨宴——你是代表全县参加全国联赛获得冠军的一中少年九人排球队的成员，担任"中堂"（现在称为"自由人"），差不多每天傍晚在大操场上练习。晚饭后，大家要么在课室用功，要么上街填充肚皮（一刻钟前食堂里以四两粮票、一毛三分换来的标准餐绝对不够半饱），要么坐在草地上瞎聊。我则在女排训练场旁边徘徊，不屑于仿效两三位公开宣告"将来报考北大中文系"的准才子的做派，手拿一卷正在写的剧本或者长篇小说，但肯定在不自觉地扮深沉，妄想引起你的注意。你当然没空理会。遛达到相思树后落下了通红的夕阳，天色渐暗，我才有胆量站到球场外，饥渴无比的目光追随着你，跳跃，移动，发球，救球，托球，垫球。你做鱼跃，摔倒了，流了血。你的脸蛋绯红，不是因为痛，而是因为"出丑"。场外的男生，都为你高喊加油，一个以"反潮流"著名的顽皮小子却喝倒彩，遭一大个子的呵斥，黑着脸走开。我也溜走了，不忍心看你受苦。高中最后一年，我一边轰轰烈烈地投入学毛著高潮，一边紧张地准备考大学。你则远赴北方，参加全国少年排球锦标赛。你当然不晓得，我像唐·吉诃德在讨伐魔鬼的寂寞长途中，思念虚拟的爱人杜尔西内娅，这位天真无邪的洋游侠声称，没心上人，他等于"不结果的葡萄树，不加盐的蛋，没有灵魂的身体"。我胆怯至极，从来没对你说过一句话。直到"文革"如火如荼的高潮，我们有了第一次机缘……

"看，××在那里呢！"老丙碰碰我的手肘，我从追忆中惊醒，定了定神。你正从厨房走出，搀着龙钟无比的老太太。老丙和我走过去，和你打招呼。你淡淡地看了我俩一眼，微微一笑，说："来了？"我自报姓名，你没有反应。你专注地照顾老人，待老人坐进卡位，你才把右手从她腋下抽出，和我们相握。我急迫地说："是你妈妈吧？上次我看见她，是在县城的灯光球场，你正在场上赛球，她坐在我旁边……"你轻柔地打断我，说："这是婆婆，九十一岁了。""啊。"我有点尴尬地走开。校友们和各自的配偶陆续来到，我初二那年的班主任进门，我加入各个谈话圈子，忙于怀旧，暂时把失望撂在一边。

七点多了，食物陆续摆上桌面，都盖上锡箔。我饿了，不好意思独吃，只好从大瓶倒出半杯啤酒，浅浅地酌，听坐在对面的高中同班阿超谈当年的偷渡、劳教和出国。我心头，冷的自嘲混合着热的伤逝，从前天接到老丙的电话开始，我至少设计过两个和你见面的情景：

现实式："啊，你是刘××！当然认得，当年的一中才子嘛，常常在报上读你的作品呢！说定了，送我一本书！"我谦虚地否认文事上任何的成功，最后表示一定寄上一本，敬请指教。

浪漫式："现在才见面，晚了！你干吗不找我？2001年干吗不来波士顿？读你的怀旧作品时，老想着，这刘××，什么时候能见到？这不，有缘千里会。"你凝视我。我搓着手，把你拉到无人处，轻声说：现在不妨告诉你，你是我此生第一个梦中情人。你偷偷拧我的手，骂一声"肉麻"。我放肆大笑，惊得众人回头，以为有人发疯。

想不到你给我的，是彻底的忘却。想起鲁迅的《风筝》，它在最后写到，成年后为了少时毁掉弟弟心爱的风筝而真诚道歉，弟弟却说："有过这样的事么？"他惊异地笑着说，"就像旁听着别人的故事一样。"唉，要命的空白，在生命的最后一站。

呵呵，我们的故事比它更为虚无。须知，"有"在前，"忘却"在后，"有"过吗，你，我？小人物的人生，是两条平行的河涌，从纱帽山下的校园到北美洲，朝全然相反的方向奔流，越离越远。

你是聚会的主人，要准备很多菜，要和陆续驾临的旧友新知打招呼，还要照顾都已过九十岁的公公和婆婆。我狠狠嘲弄了自己晚来的自作多情之后，专心和老同学们谈笑。两位来自旧金山一中同学会的新领袖，对我格外热情，夸张地声称对我的成就"景仰备至"，我的虚荣心却没工夫发酵。我今天最要紧的功课，还是看你。

于是，我瞅住任何空隙，听二十年前交往颇为热络的阿洪说大儿子在日本的发展也好，和新当选的同学会会长阿德谈一中百年校庆的筹办也好，哪怕是到柜台上去倒茶，眼睛也不安分地做着地毯式搜索。咳，找到了，你在人堆里谈笑自若。

你的十九岁，立在"美的巅峰"时，我没勇气仰视。如今，在你的六十岁，我以老成练达的老花眼，圆萦怀四十年的梦。因无关功利所以纯洁，因缥缈所以好玩的梦，一生有几个？

对不起，我不合时宜地想起了《茶花女》最教人撕心裂肺的章节——在一代美人消殒之后，肝肠寸断的情种阿芒，面对遗容"回放"她活时的容颜，以刻骨的思念铺陈的美，昔年在牵牛花缠绕的乡村，赚了我多少热泪。今天我何其幸运，从花甲之年倒溯你有过的国色天姿。1967年的你，是青春美的高潮，以活力为标记。我今天所从事的审美，是剥离还是添加？如果四十多个寒暑，故国风雨，异乡霜雪，把你润泽、饱满、明艳的外表一层层地销蚀，那么，我此刻以想象——补回；如果四十多年人事的跌宕，在也许纯真也许粗俗的内心叠加世故，那么，我此刻以推理——搬空。

角度真好！你站在门内过道的一侧，而我，聊天的对手转移了阵地，我独自喝没加糖的咖啡。你的个子依然超过一米六，比当年在球场扣球时矮了一点。头发不密，短短的，黑得不大自然，不消说是日本染发剂的成果，肤色白皙，隐然有老年斑。眼睛周围，斑点和皱纹残忍地围困着两汪清澈的秋水。这眼睛，大得不可思议，无意间的流眄依旧闪着十九岁的风韵。两道剑眉，在不失光洁的前额上，有如飞雁的翅膀。昔年在城里，若干老成人物怀疑你有西洋血统，就为了你的五官轮廓鲜明，美得直截了当。不高不矮的鼻子，近端处稍凹陷，使线条顿变柔和，具有东方的委婉。整齐的牙齿如贝，毫无赘肉的下颌，如果加上青春的胭脂红，我怎能不叹一句"芙蓉如面柳如眉"？你笑了，小心地笑，仍旧是"梨花一枝春带雨"。至于你的颈项，便是人间难得一见的奇迹，修长，洁白，象牙一般，一条皱纹也没有，这一完美部分，也有害处，使得眼角的老态更为昭彰。至于你的身段，在和同班女生跳集体舞不敢握手、只好各握小竹子一端的年代，我们这些男生是不敢直看的，即使被恩准"随便看"，也没有成年人欣赏女性体态的经验。今天才看出些许彼时城里人戏称你"混血"的端倪——性感。细腰，丰臀，长腿。岁月没有使你像绝大多数老年女性一般臃肿，你比从前瘦削，原先膨胀的部位瘪下去了，因之显出飘逸。遗憾的是，生命力随着"肉"的消减，也衰微了。你说话太细柔，少气没力的。"文革"中，两派对垒，你担任红旗派的联络员，在城里的各个单位中串联，策反"老保"，背着书包在街上疾走，何其英姿飒爽。

恕我直言，无与伦比的娇艳，元气淋漓的生机，一直对你呵护有加的老天爷已经收回去，你成了好看的老太婆，不复具有带摧毁性的诱惑力。这也好，这把年纪，需要的是皎洁的月亮而不需要虚张声势的伟哥。

丰盛的饭吃过了，知道蒸角子是你亲手做的，我吃了四五只，味道真好。你终于和我及老丙坐到一起来。刚才的见面连客套也算不上，现在补回来了。你沉吟一阵，正确地念出我的原名，手指头上下点着："记起来了，你是写文章不错的那位，'文革'时和伍老师他们在一起。"老丙说："那我，你认出来吗？"你摇摇头。老丙失望地说："造反最起劲那阵子，'人弹'（那时教师组成的"红核弹"战斗队和高三（1）班学生组成的"延安人"兵团并在一起，我和伍老师以这两个名字写了大批叫"老保"咬牙切齿的大字报，对方便把我们蔑称为"人弹"）的总部设在物理教研室，你不是常常来吗？"你摇摇头，低声说："一点印象也没有。"我狠狠白了老丙一眼，妈的刚才在车上，你说××那时对我"有意思"，原来是虚构的！

我紧接着提示："我上一次见到你，是1967年夏天，你当'一中红旗'的联络员，成功地策动汽车站的保守派倒戈，归顺旗派。记得那天傍晚，我独自在台西路闲逛，你背着书包兴冲冲跑过来，拉我赶到汽车站的办公室，让我替'全无敌兵团'写《反戈一击宣言》，我就那一次和你在一起，以后，似乎再也没见过面。"你又摇摇头，说，一点也记不起来了。我又陷进失望，悠悠四十年，我多少次回味这唯一的"亲密接触"。我靠高二时老师打上最高分九十六分的作文和"文革"中写大字报换来的文名，受到你突如其来的青睐，这一事实，点燃了我在沦落蓬蒿的年代多少狂妄的想头！你又说，武斗爆发后，便在家里躲着，没有回到学校。声调本来已过分柔和，毫无表情的陈述，更让人激昂不起来。

我喝着冰凉的咖啡，继续聊天。你简略告及这些年的经历。70年代结的婚，丈夫是大学毕业后到本县化肥厂任技术员的同乡男子（三十多年前我见过，英俊魁梧，这一搭配，教好些和我一样暗恋你的男人，松了口气，不会骂"鲜花插在牛粪上"）。80年代的移民潮中，你和丈夫远走南美，在委内瑞拉开杂货店，那国度治安不靖，谋生艰难。好在两年后，移居美国，在马里兰州安家。你的小姑子告诉我，你夫妻在那里开的是改衣店，你坐镇家里踏缝纫机，先生到各家购物中心的成衣店去，把顾客要求修改的衣服领回来。这种生意的运作我大略了解，靠一个人的手工活，应了家乡的土话："浅水养田螺"，刚够维持生活。粗粗看来，你三十多年的婚姻，平稳安宁，没有绯闻，没有高潮也没有低谷，东方传统中的天成佳偶。

也许，你从来没有过如火如荼的恋爱，此生唯一的婚姻，是主宰你一切的权威——你十八岁那年参加球赛时当啦啦队的母亲撮合的，维新型的盲婚，幸亏你下对了赌注。结婚后忙于谋生，养儿育女，感情之事并非当务之急。如此这般，就到了流速平缓的晚景，你可以放心地对自己和丈夫说：我们尽可放心地白头偕老。这包票，是命运打的，你再也没有生命力去折腾。我也没有。

我不能不趁这机会告诉你，我彼时一次精疲力竭的单思。1970年，我未满二十二岁，离开一中，"上山下乡"已一年多。我被抽调去当民办教师。这年开展教育革命，其中一项新花样，叫"乡村小学办高中"。由于我好歹有正规高中的学历，被选为高中班教师。开学前，在县"教革办"开的进修班受训半年。我进城去，入住师范学校的宿舍。报到后，去拜访恩师伍老师，闲谈时他说起你，说你也下放到老家去了。两人赞美了你的美丽以后，他以半玩笑的口吻说："要不要我来当媒人？她可能听我的话呢！"我正色道："她怎么会看上我？我连自己也养不活！"两人大笑一通，不了了之。可是，无心之言把我害惨了，一连几天失眠，老想着这桩事。待全班学员徒步40公里，到山区的联安农场支援春耕时，我的痴狂到了顶峰。那是二月。山里的地气早动，远近坡地的龙眼树林开花了，茸茸地黄着，枝头仿佛栖息着亿万只刚刚出壳的小鸡雏。布谷在葵棚不远处啼叫。我的少年心事啊，从来没这般急迫。

该不该追你？瘦高的同龄青年，单眼皮，小眼睛，背微驼，正曳尾于泥涂，和你一样是水深火热中的知青。家境一般，凭当年经商的底子，略强于一般农户，也远远比不上侨眷。什么值得你爱？死了心吧，呆子！可是，在唧唧的虫声中，透过葵叶的缝隙望着玲珑的星辰，我重复着《巴黎圣母院》那丑陋情种的经典情话："我爱你，与你何涉？"不接受是你的事，我有表示的权利！我一夜又一夜地打情书的腹稿，在心里写了一首又一首海涅体情诗。然而，满腹宏论，一腔诗意，不过是早晨的露水，次日满眼红丝地爬起床上工去，浪漫的憧憬——在阳光下蒸发。到从农场撤回城里时，妄念完全消失。就这样，70年代开始之际的"少年维特之烦恼"，被严酷的现实收拾干净。

对照我这因不可救药的诗人习性而来的荒唐，以你平和温婉的脾气，你不会有过这样害处远远多于益处的折腾。再说，以你的思维能力和学历，你不会陷进天人交战的困境。你是好心地的普通人，你没有以绝色为资本，在世间演出有如历代倾国倾城女子所参与的剧目，大起大落，瞬息荣枯，所谓"宛转蛾眉马前死"，所谓"冲冠一怒为红颜"，所谓"不许人间见白头"，种种荡气回肠的传奇，诚然流传千古，美人自己却把附丽于"平淡日子"的千般好处，如和谐，宁静，从容，团圆，白头相守的满足，儿女灯前的欣慰，都赔进去了。你并不富裕，数十年来夫妻联手拼搏，最伟大的成果是儿女已长大成材。你抱着儿子的儿子和女儿的女儿，让大家看时，脸上充满了慈祥。我从你的面庞，看到美的全部，从开始到尾声，终结之前的坚持。至此，我可以下迟来的结论："文革"期间，对立一派将你这位活跃在县城的许多机关和单位，做"革命串联"，策反了"老保"许多小组织的旗派联络员恨之入骨，不但把你个名字改为"王光美"（即所谓"中国赫鲁晓夫，头号走资派刘少奇"的"臭婆娘"），还散布谣言，说你和"一中红旗"的司令有一腿。传言虽毫无事实根据，但引起一批包括我在内的暗恋者的强烈反弹，矛头不是指向无辜的你，而是指向城府奇深的旗派司令。回首漫长的人生，你为人妇，为人母，如此循规蹈矩，在接吻成莫大禁忌的禁欲主义之下，怎么可能出轨？你太平凡，太老实，你有一副万中无一的好皮囊，却没有翻江倒海的手段。这，实在是上苍最大的眷顾啊！

一段一厢情愿的相思，一曲青春的虚无之歌，就是这般开始和结束。我写出来，不是向你献媚，而是给自己留下纪念。从诗出发，我以当过半拉子罗密欧为傲，尽管你不是朱丽叶。从生命的燃烧着眼，我庆幸有过

"人面桃花"的旖旎想象，尽管没有"人面不知何处去"的实情。

　　夜已深，众校友陆续握别。我再次握着你温软的小手。你说，我们明年在波士顿再来一次和2001年一样的联欢会。我说我会去，为了又一次看你。看岁月怎样改造你，看你怎样把这辈子平稳地过下去。

2010.2

旧金山人物

华尔特的"破折号"

华尔特死了,病死的。消息是2号工会即旧金山"餐馆和酒店业雇员工会"的人先传出来的。我所在宾馆宴会部的同事起初都不信,纷纷议论道,这家伙,说他横死,比如,半夜在下城的大街猎艳时给劫匪一刀捅死啦,让开车的醉汉撞死啦,吸毒过量死在急诊室啦,和人打架给摔在地上撞死啦,是可能的。这般的"正常死亡",反而不大正常。他才五十多一点,身体似乎一直可以。同一天下午,2号工会在宾馆的常驻代表正式宣布:大前天,工会会员华尔特夜里上床睡觉,因心脏坏死,再也没有起来。接着,一张信纸大小的讣告贴在宴会部办公室的公告栏,说的是:星期六在奥克兰市郊一个教堂开追悼会,然后下葬。同事们有的叹息,有的若无其事,有的恶作剧地拿来开玩笑,说这家伙终于偿了心愿,不用上缴他平生深恶痛绝的联邦所得税了。

追悼会很简陋,来了二三十个人,华尔特的独生女儿负责主持一切,幸亏她一直保持严肃,到关键时候能哭几声,算是报答了这位身份特殊的生父的养育之恩。穷社区教堂的牧师,在仪式中的敷衍是一目可见的,致辞特别简短,华尔特的生平毫无丰功伟绩固然是重要原因,此外,因为付给教堂的钱,无论是场地租金还是事后的"乐捐",都离常规很远。末了，还是旧日的同事和工会代表掏一次腰包，才凑够葬礼的开销，把他下葬在奥克兰郊外一个小墓园里。

墓园的新土上，华尔特墓上的碑石没竖起来，他走得太匆忙，没有谁能神速地替他作准备。棺木上方，零星的花瓣中，插了一个木牌，极其潦草地写着："Walter Hall 1950—2002"。美国是讲平等的国家，碑石的刻字，绝大多数也都这样简单：姓名之后，是生年和卒年。讲究一点的，是墓碑上端嵌一张瓷照片。都没有铭文，没有衔头。连接生卒两个年份的，是直接无比的一根短线，囊括一切的破折号，饶你有多伟大的事功，多显赫的名气，多雄厚的财富；也饶你多放浪形骸，多不要脸，犯过多少恶行，都被它摆平了。

华尔特，个子在黑人中属中等，约为一米七四，一直没发福，直直的腰板，一身黑得发亮的精肉，让他那些肥肉堆成众多小山包的女同胞们羡慕不已，在人少的场合对他动手动脚。毛孔粗大的蒜头鼻，肥厚但线条不错的嘴唇。从诸特征看，可以断定，美国虽然多的是黑白混血的"杂种"，但华尔特的血统极为纯正。不足处是邋遢，黑不溜秋的脸上，眼眶四周比皮肤还要黑，因为眼睛长年害过敏症，他有事没事爱往上面揉，便成这个怪诞的色地。胡子从来刮不干净，那是剃刀久久不换，变得太钝的缘故。作为制服的黑色裤子，老是不大合身。有一回裤子特别难看，一打听，是一位女同事过分发福以后，穿不下才送给他的，男裤女裤毕竟有差别，上了他的身，仿佛多了个屁帘儿。皮鞋太旧，也懒得上油。他为了自家这副尊容，常常挨宴会部经理的训，有时被勒令回家更换，他嘻嘻哈哈地打发过去。

关于吊儿郎当的华尔特，我想得最多的，不是他的死因，而是他的生前。"破折号"对于这个人，有着双重的象征意义。一是它的短促，把荣辱、升沉、悲喜、希冀和幻灭，一股脑儿聚集在直接的"一横"之内；二是它的无情，一辈子就这般干脆地"省略"掉了。别以为一个生命被"简化"是天大的遗憾。对于这位毕生默默无闻的中年黑人来说，简单如果不是美，至少给社会学家提供了研究的方便。无论人还是物，"可见的"都是让人感到踏实的。他这个人，性格也是这样简单。这不是纯情，不是天真，举凡正直、诚实、厚道一类作为"公民"的美德，或者义气、同情心、慷慨、相知相惜一类作为"朋友"的条件，他无一具备。几乎没有秘密，一眼到底的生命轨迹，一览无余的生活道路，几乎一无是处，可爱处仅在于：坦白。

饱经忧患的中国人如我，深深的城府见多了，阴谋和面具，皮里阳秋和袖里乾坤，检讨书和告密信，改革开放以前的岁月，从"向党交心"到"狠斗私字一闪念"，无所不在的阶级斗争，在所有人心中制造重重的藩篱，层层的警戒。中国人的内和外，言和行，知和行，动机和手段，是分裂的，有时候互相抵牾，有时候彼此引证。层次之多，关系之微妙，连我们自己也解不透。所以，我对于他的"坦白"的喜爱，往往压倒了对他品行的厌恶。此外，也出于写作人对于"人"的本能好奇心，我和华尔特成了谈话的对手。他也许把我当作推心置腹的朋友，但我从没接受过这份友谊。一些自命清高的同事，看到我和他侃得那般投入，难免投来鄙夷的眼光，有的扯扯我的制服的袖子，凑近耳朵说："当心，他和你套近乎，是为了借钱。"我微笑点头，没有搭腔。

不错，华尔特往往把和我的交往，当作借钱的铺垫。不是话音刚落就伸手，而是在当天下班后，他鹄候在宾馆侧门的员工通道前，拦住我，悄悄地问："借二十块应急，行不行？"语气并没有丝毫的纡尊降贵。开头几次，我借了。区区小数，不还也没损失什么。他并不赖债，说好一星期后还到时准还。这是他的狡猾处：取得信任，以便再借。后来，便拖欠。我没追讨，亏去二十块，他不好意思再把我当"金主"，也是好事。久了，他装作忘却，又来告贷，我不客气地说："上次的我还记着呢！"他搓搓酱黑的手，难为情地搔头，不敢借了。过几天，他乖乖地还掉宿债。

然后，开始另一轮借债作业。别的同事，他不敢招惹，怕人家甩过去一句："妈的你一年少说赚5万，脸皮干吗这样厚？"他就落荒而逃了，要借也是五块三块的。

和华尔特同事这么多年，根据次数数也数不清的谈话，我约略晓得他的身世。1950年夏天，他出生在美国田纳西州的大城市曼菲斯。那地方，我1990年冬天到密西西比州访友时路过，它并没有美国都会的气派，建筑物破旧矮小不说，街上弥漫着灰暗，让你不敢从任何方面看好它，即使在艳阳的春日。我在一家中餐馆吃过一客日本酱油挂帅的"扬州炒饭"，味道的恶劣，前所未见。不过，曼菲斯的名气不小，一代歌星"猫王"埃尔维斯的故乡就在这里。华尔特在贫民窟里长大，家境贫寒，能读完两年初级大学已算得奇迹。我问过他，童年有什么可恋的回忆。他耸了耸肩，什么也没说。这也是美国人的天性：不爱怀旧。他成年后回过一趟老家，和老父团聚了几天，在派对中喝醉了，再上高速公路飞车，给警察抓着，查验他的驾驶执照，他这才晓得执照早过了期，他为此坐了几天牢。事后，提起曼菲斯他就骂娘。后来父亲去世，也没回去奔丧。越南战争期间，他刚刚从学校出来，进了海军陆战队，在西德的基地驻扎了几年，和东南亚的战火无缘。70年代初退了伍，也就失了业。他漫无目的地踏上车站遍布整个美国的"灰狗"长途巴士，走到哪算哪。

二十啷当岁的家伙，糊里糊涂地到了旧金山。不是预先计划好的，巴士碰巧停在旧金山市场街的车站，他看钱用得差不多了，找个最便宜的客栈住下，打算找事干，赚点钱，再上路，到了东海岸的纽约再说。在旧金山各家宾馆和餐馆找工作，总是碰壁，他发誓，再找一天，如果还吃闭门羹，就卷铺盖走路。这天，他踱进纳山上一家五星级旅馆的人事部，胡乱填写了一张申请表。第二天，人事部主任打来电话，雇用他在宴会部当练习生。两年后，晋升为侍应生。这家酒店的宴会部，雇员共三四十位，如今只剩下他一个黑人。不是别的黑人不能干，不愿干，而是都干不长。有的中途给开除了，有的干了几年，辞掉工作到别的城市去了，有的死于艾滋病。他算得硕果仅存，一待就是二十多年。

他一辈子不曾结婚，也从无固定的同居女友，但有一个女儿。这孩子，每个月到宾馆来找爸爸，少则一次多则几次。我初认识她时，十五六岁的模样，黑黑的，瘦瘦的，脸孔和步履与爸爸相像，但在眉宇间更多一点迷糊，什么都漫不经心似的。每次女儿离开，华尔特久久地看她的背影，眼睛眯着，十分地陶醉。同事们都晓得，她是无事不登三宝殿——讨钱。月初来，是讨法庭早就判定华尔特每月非给不可的赡养费。其他日子来，是为个别的事要求额外的支援，比如交学费啦，野营费啦，给朋友买生日礼物啦，毕业晚会租借晚礼服和买餐券啦。说起他女儿，也是一笔糊涂账。十多年前，他和一位贫苦人家的黑人姑娘，一次在同一家超市买食物，他顺手帮她提东西上车，彼此认识了，互相留下电话号码。这以后，他所用的，无非是用过几十次的"玩女人"老招数：约会，吃饭，进迪斯科，上床。两人才好了一两个星期，他玩厌了，把人家甩了，另找新鲜。不料几个月后，姑娘挺着肚子找上门，说怀上了他的血肉。华尔特当场开骂："谁知道你他妈哪里弄来的？随便抓我当爸！"华尔特不是没道理，和这姑娘同时"玩玩儿"的，单算他偶然碰上的，至少还有三个。几个月以后，女儿出生了，姑娘没依没靠，向政府申请救济，社会工作者自然要了解生身父亲是谁。她咬定孩子是华尔特的。社工找上华尔特，威胁他说，如果不付赡养费，就得坐牢。华尔特不甘心，带上婴儿，到医生那里去做DNA血缘检验，医生宣布结果：女儿是他的，他才乖乖地认了。平心而论，华尔特不是不负责任的父亲，这么多年来，一直付足赡养费，孩子每月二百多，孩子的生母也是这个数。反正他干的差事，薪水很不错，每个月拿得出钱来。平时还给女儿买衣服，开学买书籍文具，圣诞节来了，不会忘记给孩子她妈送上一张签下姓名但不写金额的支票，随便她填多少钱。这对于一个和"信用"没多少缘分的人来说，不但极为罕见，在黑人堆中更是可歌可泣的"大度"。因为他晓得，这女人的老实近于傻，支票上的面额，饶她最大限度地发挥勇气和想象力，顶多填一百五十元，她知道写多了也兑现不了。

华尔特在四十五岁那年，突然旷工，不知去向。几天后他从市郊的监狱，给宴会部的经理打来对方付费的电话，说要告长假。经理问他为什么，他说正在服刑。坐牢的原因，他老实地交代了，这样的：十年前，他在一个派对上喝醉，踉踉跄跄地出门，开车回家，在高速公路上，巡警见他的车子如蛇行，鸣笛截停，经检查，他体内酒精含量超出法定限量好几倍。他随即被逮捕，关了一夜，次日办好了过庭手续，给放了。他揣着巡警开的告票回到家，却没有在指定日期去法庭接受审讯，反而偷偷把家搬进另一家廉价客栈去，肇事的破车，也以三百块钱的贱价脱了手。这以后，他不再开车，也就不再违规，所以，人还在旧金山，警察却无法捉拿归案。隔了这么多年，他以为逃过法网了，这一次得意忘形，手痒起来，驾驶朋友的车子去兜风，被巡警截下，一查他的驾驶执照，早已过期无效，接着，从电脑中查出案底，嗨，还是逃犯哪！马上把他抓进市立监狱。幸好那笔老账怎么也不能定个重罪。法官只判罚款，数目不大，可怕的是十年利息得算，驴打滚竟要上万元。他在法庭上说，没这个钱，坐牢抵偿好了。于是他自愿进牢去，坐足六个月才出来。那段日子，几个同事看他无亲无故太可怜，曾去探监。这时候，他的女儿已读大学三年级，父亲坐牢她并不晓得，月初照样到宾馆找他要钱，才知道始末。她往监狱里打电话，说要去看他，他坚决不让。他出狱后，我问起他，亲生女儿去探望本是好事，为什么拒绝呢？他说："让她看到父亲穿囚衣，自尊心受伤一辈子，我怎么忍心？"当时我大为感动，激愤地向取笑华尔特为"囚犯"的同事说："你们怎么不让人保有一点尊严，他好歹是个父亲啊！"

华尔特回来上班，宾馆也没对他怎样，都是过去的事了。自然，对落下案底的人，不是不作"区别对待"。极重要的宴会，比如中国的国家主席和美国总统一起亮相的场合，事前所有服务人员都要上报国家安全机关作背景审查，这一关华尔特就过不去。华尔特干活是"外甥打灯笼——照旧"，谁问起坐牢的事，他不但十分的乐天知命，还以"资深犯人"的资格，口沫横飞地说牢房的规矩，各种黑吃黑的骇人故事，对牢饭中浇上浆汁的马铃薯泥尤其赞不绝口。

　　牛事未了，马事又来。出狱才一个月，另一桩陈年旧案又缠上他。这家伙从来不向国税局寄上纳税表。交纳所得税，是联邦法律，美国人早就说，这国家有两样谁也躲不了：死和交税。他偏要冒天下之大不韪。自然，这并不意味着他一点税也没缴，宾馆在给他发工资前已经扣下了相当于总额30%的税金，上缴国税局。但这不够，个人还得自己填报，把一年的欠税缴清。4月15日是每年报税的截止期限，人们都怕迟了受罚，他却鼓吹歪理："宪法没有列上'公民纳税'的条款，凭什么政府强迫人破财？"他拒报了好些年以后，国税局终于采取断然措施，向法庭控告他抗税。他刚尝过铁窗风味，不敢再蹈覆辙，乖乖地和国税局达成和解：他分期缴纳欠税，国税局不予控告。从此，他每个月的工资给扣掉大半，偿还欠税，钱花光就到处告贷。

　　这么一来，他反政府的立场更加坚定，到处宣扬怪论。他不止一次地对我说过，白人都不是好东西，艾滋病毒就是白人为了灭绝黑人而发明的。我自然斥为无稽，说是种族偏见。稍有常识的人都知道，艾滋病毒起源于非洲。何况，美国白人同性恋者死于这种"世纪绝症"的，按总数而言，也比黑人多得多。华尔特坚持说，白人先在监狱下手，阴谋使HIV病毒在黑人囚犯中蔓延，让黑色人种慢慢死光，再解决社会上的其他有色人种。我批驳他，他就反问："坐牢的，黑人不是占了多数吗？"继而说，此论不是他的首创，而是有依据的———本书曾这般揭露过。我拍了拍他瘦削的肩膀，说："妈的亏得你没投错胎，你这般老和政府过不去，放在'四人帮'时期的中国，成分再好也得吃花生米！"他说："政府有什么了不起，还不是纳税人养着的？我偏要反！"我只好耸耸肩膀。不过，他的这些"反动"言论，都是私下与朋友、同事聊天时漏出来的，平时上工，侍候白人顾客，倒不敢太放肆。

有时他按捺不住火气，也捅点娄子。有一回，他侍候一群英国来的绅士吃午餐。先是沙拉，继而主菜，再是甜点，最后上咖啡。要咖啡的人不多，华特都满足了各位的要求。正待走开，一名绅士问："请问，有红茶吗？"华特答："有。"于是去给绅士泡上一壶茶。不料开了这个头，绅士们就先先后后要起"英吉利红茶"来，害得华特气喘吁吁跑了一趟又一趟，最后，他以为彬彬有礼的英国人好欺负，吆喝一声："你们一起叫，免得我跑这么多来回行不？"永远不怒形于色的绅士们，霎时全噤了声。事后，华尔特当然没好果子吃。全国有名的五星级宾馆，容得侍者要横吗？绅士们向经理投诉，华尔特受到停职两星期的处分。

华尔特就是这般，小错不断，每年总被领班们开上几张警告信。有时候是上班溜号，躲到某个角落睡十分钟懒觉；有时是人家在干活，他却在职工食堂看美式足球大赛现场直播；有时是因分内工作不干，推给同事干，遭搭档投诉；有时是迟到半小时。有一回，他把《花花公子》杂志掖在屁股上的口袋，在宾馆大堂里招摇，让总经理看到了，又给记了一过。

怪不怪，他在人事部的档案卷宗里，论警告信、投诉信之多，堪称"冠军"，二十多年下来，却没给炒鱿鱼。须知以高级宾馆的规矩之严，一错再错是免不了卷被盖走路的。同事们说，原因只有一个：他是黑人。按照加州的"平权法案"，少数民族受到保护。此说不无道理，华尔特在宴会部既是"唯一的"，又有多年经验，如果把他开除掉，酒店为了凑数，也得再行雇上个把黑人。既如此，不如把勉强算得规矩和卖力的华尔特保住。更重要的是，开除了他，代表工会权益的律师一定出面，控告宾馆"种族歧视"，无穷无尽的诉讼，够你烦了。不过，华尔特有的是自尊，谁要当面说他因是黑人而受袒护，占上便宜，他非扯直嗓门，和你争个水落石出不可。

以上所说的，基本上是我所目击的。所谓"眼见为实"，这些行迹当然可以视为组成"破折号"的"点"。不过，我对这个人永远不缺的是好奇心。他的坦率，为我观察全貌提供了绝佳的条件。我有事没事和他开玩笑，有时也严肃地探讨关乎人生和生命的题目。我渐渐得出这样的结论：华尔特是以"本能"生活的人。准确地说，他是对本能不加伪装的人。纯为满足本能而活，在婴儿时代，是生命的本色；成人以后还是这般，质量没有提升，一任原始欲望主宰，则只算低级的生命。然而，及时行乐，不是许多缺乏宗教情操的人的人生信条吗？华尔特因为独身，因为自由，走得更远，放纵得更彻底罢了。

孔子云："食色性也"。说到吃，华尔特住在下城"田德隆"区的廉价客栈，没有厨房，他也从来不开伙。上班时在宾馆的职工食堂吃，不费一个子儿。休息日在大街上逛，饿了随便进麦当劳买个"大麦"汉堡包。口味并不精致，塞饱肚子就行。

至于美国人最为注重的"色"，他倒是身体力行，乐此不倦。他并没有固定的性伴侣，女儿的生身母亲，他去探望女儿时总会见到，但自从女儿出生后，他没和她发生过关系。如果有机会，他也会勾引女人。他和宾馆里电话总机室当接线生的黑人小姐有过一腿，后来她断不了伸手要钱，他没法满足，才不敢溜进电话室去调情。他最大的兴趣是嫖妓。不过，他不是"约翰"——通常意义上的嫖客，而是敲竹杠专家，一些妓女恨他，又离不开他。

华尔特居住在"田德隆"区边沿的跑华街上，到了晚上，便浮现许多特别的身影，她们以尽量暴露的超短裙和低胸衣，随街做出性挑逗动作，勾引男人。可悲复可怜的"性工作者"中，除了少数无家可归者外，还有以下几类：和丈夫或男友吵了架，离家出走的；有家庭和儿女但穷得没办法，来干点"副业"的；也有瞒着家人，来街上挣外快好满足毒瘾的。她们，都可能是华尔特的猎物。

华尔特的日常作息十分奇特，如果不用上早班，每天凌晨早则两点多，迟则四点多钟，便爬起来，洗个淋浴，穿上厚厚的皮夹克，走进无论哪个季节都不算寒冷的大街。为了起早，他习惯了早睡，晚饭吃过，才七八点钟，夜幕未落，他已经把懒洋洋的身躯，放倒在嘎嘎作响的旧弹簧床上，反正除了看电视上的球赛，没有消遣。脑筋简单的家伙，从来不曾因心事失眠。一觉睡醒，才是半夜，街上有的是行人。他大模大样地在咖啡店附近游弋。他用不着和妓女套近乎，一成不变的策略是守株待兔。他装作漫无目的地东站站，西走走，口里叼一根万宝路，手里一杯冒热气的咖啡，白色的纸杯在夜色中颇为引人注目。这是他的道具。不要多久，妓女便趋前搭讪，首先是讨烟，他大方地送上一根，然后色眯眯地盯着她。那些兜客兜了一整夜，收获甚微或一无所获的娼妓，以最后的力气，把烦腻和疲倦收起来，向他献媚。随后的交谈总是开门见山的："早上好，就你一个人？""当然，你看不到吗？""能不能请我喝一杯咖啡，加两个甜炸圈？""可以是可以，你怎么报答我呢？我可不是慈善家。""知道知道。"华尔特把妓女带进店里，掏出一元六角，让妓女买了东西，然后把人带进客栈的房间，春风一度。他代垫的钱，比起一般百儿八十块地付的恩客来，几乎是"吃白食"。

娼妓之所以"不顾血本，清仓平卖"，不过是贪图华尔特有个房间。华尔特长住的廉价客栈，房租每月五百八十块，还是因了他是住了五年多的老房客才获得的优惠价。一个卧室，附厕所和浴缸。每星期有墨西哥来的清洁工清扫房间，换洗被单一次。于是，和他有过关系的妓女不时上门来，可怜的半夜游魂，央求进来洗个淋浴，在沙发上躺到天亮再离开，有时仅仅是抽他的一根香烟。除非华尔特心情特糟，她们大多如愿以偿。

"白嫖"，似乎是华尔特最为骄傲的"优胜记略"。哪一天上班时，如果华尔特一脸得意扬扬，看到我这唯一"谈得来"的人在，就招手，把我拉到一个角落，那一定是要夸张地描绘昨天的"风流韵事"。亏得他和盘托出，我得以洞察他隐私的一面，从而较完整地作出他的"灵魂拼图"来。我由此发现，他的内心深处，是这般的空洞，又极为急迫地填补这空洞。

"今儿个凌晨三点，我正要出门'打野食'，一个女子来敲门。我开门一看，却不认识，问她怎么知道我住这里，小妞儿才二十岁，却会说话：'哎哟，姐妹们都说华尔特待人最好嘛！'我问她想要什么，她声音抖索着说，外头太冷，这时辰做生意没指望了，只想找个地方歇到天亮，到地下铁头班车开了，便回对岸奥克兰市去。我说没关系，可是规矩你得懂。她连声说这是我的专业哩。我懒得动，就坐在沙发，拉开裤链，要她做。这妞儿是才下海的生手，一点技巧也没有。我一把推开她，骂她个狗血喷头，笨蛋，有这样干活的吗？纯粹是咬人！她可怜巴巴地说没经验哩，你教还不行吗？我教了，还是不会，我吼叫：不要了，笨到家了，怎么治？赶她出门。她乞求说让她再待一会，我不让，把她抓起来，扔到外面去，关上门，她的门外哭了一会，才走了。哼，活该。"他没说完，我指着他骂开了："华尔特，你他妈是天下第一号混蛋，怎么欺负弱女子？还是你的同胞呢！"我这才发现，为了本能的发泄去嫖妓，未必是最卑污的；毫无怜悯心地向比他倒霉的人施虐逞暴，才是下贱之尤。这样的灵魂，岂止荒芜，还是十分的黑暗啊！为了这事件，我好长时间失去听他显摆的兴趣。我进一步探究，他的出发点，是不是低级的心理补偿？在宾馆当侍应生，因了本身的劣根性，出错特别多，受头儿的训斥自然频繁，吃够了苦头，如果不凌辱孤苦无告的"性交机器"，哪里去找沦丧的尊严？怎么"高级"起来？

如果说华尔特在"性"上专捡便宜，也不全面，除了为"败火"而速战速决外，他也会慢工细活，享受他名之为"做爱"的乐趣，在那场合，他可舍得花钱。不过并非付"肉金"，而是买些毒品，和性伴侣一起吸食。我追问他，是什么毒品，他说是大麻，每一回顶多花个二十块（他每次借钱都是二十块，兴许是为了这笔开销）。不过，熟悉他的人说，这家伙，毒瘾才没这么小呢！大麻烟不管用，吸的是古柯碱，有时钱不够，就买"石头"，放进香烟里抽。"石头"（ROCK），是劣质的古柯碱制品，价廉，性烈，上瘾后更难戒掉。对此，我不置疑。这家伙的堕落，你怎样估计也不为过。他不作奸犯科，没抢劫杀人，在年轻时是胆量不够，中年以后有了不错的工作，才使沉沦不致带上侵略性。吸毒的开销奇大，这也恰恰说明了，他的经济状况何以从来没好过。

三年前，华尔特终于被宾馆炒了鱿鱼，这回，黑的肤色救不了他，年资救不了他，工会也无法施以援手，为的是，他栽在"自家人"手里。事情说来也平常：一个纯粹由黑人组成的慈善机构，在宾馆开午餐年会。华尔特这人，说到底脱不了老祖宗所遗传的奴性，侍候同一种族的客人，比对白人还差劲，一副老大不情愿的傲慢相，餐盘不是轻轻放在客人面前，而是重重地一"摔"，把人吓一跳。这协会，去年开同样的午餐会，已经吃了华尔特的苦头，这回忍无可忍，多位客人联名写信，向宾馆的总经理告华尔特的状。事后，华尔特被招进人事部，主任摊开投诉信，说："上次的警告信，你认了，签了名，当时你可是点了头，一旦再犯，甘愿给开革的。这回你看怎么办？"华尔特搔搔头，说："我认栽就是，算清工资吧，我走路。"

华尔特从此离开干了小半辈子的宾馆，好在工会没把他逼到绝路，让他到别家宾馆的宴会部打零工，亏这菲薄的收入，使他交得出房租，不必露宿街头。这光景，与过去没得比了，那时他一年收入五六万块，标准的中产阶级，在下层黑人中，简直算个"贵族"，怪不得他在同胞面前总是牛气哄哄。他离开以后，我遇到工会来干零活的伙计，问问华尔特的近况，他们都说：还活着呢。便没了下文。在人际关系如此疏离的社会，谁在乎这样一个潦倒的小人物呢！

去年我在下城街上，走下缆车，迎面碰上他。两年不见，他老得如此不堪。他过去邋遢是邋遢，精神还在，"白嫖"之后尤其趾高气扬，如今却蔫了，一下子老了十多岁，脸上的皮肤挂在颈下，牙齿掉了几只，抿嘴时颊间深陷。我跨上前去，和他握手，凭过去的交情，我想邀他进附近的星巴克咖啡店，喝一杯意大利拿铁咖啡，再从他肆无忌惮的大嘴中"掏"出一些故事来。不料他闪开我的手，连说有事有事。溜之乎也。人毕竟有起码的自尊在，他是不愿意我看到他的熊样，一如他不愿意女儿看到他穿囚衣的窝囊相。

我最后一次看到他，是今年1月，地点在2号工会专供招募临散工用的大厅，他百无聊赖地半躺在长椅上，看来是在等活干。这回他竟没回避我，反而主动打招呼。原来是闷得过分，急于找人聊天。然而，像我这样"谈得来的"，最是难找。为生计忙碌的社会，不是谁都有这般的闲情的。我和他，一站一坐，聊得很热络，话题是：我所在宴会部的主任，也就是他过去二十年间的顶头上司，为什么毫无预警地开枪自杀？他提供了若干内幕资料。

两个月以后，他过世了。没有遗嘱，没有遗产，几乎没有朋友和亲人。女儿从大学毕了业，有了工作，也结了婚，主持他的丧事，算是尽了最后的义务。默默无闻的人，满身毛病的人，靠本能生活、也最大限度地享受了本能和官能的人，溘然长逝。后来我听2号工会的人说，他心血管上的毛病，医生早已检查出，要他定期照心电图，戒烟，降低胆固醇，必要时做心脏搭桥手术，他却当耳边风，放浪的做派依旧。一次发生在半夜的心肌梗塞，因无人在旁及时发现送医，便把还在盛年的汉子收拾了。

对于他的死，我没有伤感，没有惋惜，只有轻微的感喟和沉重的思考。不错，生命仅仅是过程，像华尔特这般极端的享乐主义者，和他谈奋斗目标、终极意义，自是对牛弹琴。然而，认定他从来没有过理想吗？又不见得。

几年前，华尔特还和我一起干活，有一次同事们在工作之余，以"人生的追求"为话题，聊得很热烈。华尔特跃跃欲试，要加入"论坛"，话头却老被打断，因为同事们多半鄙薄华尔特，说他是混混，除了揩油，在电视机前为了他所效忠的旧金山"淘金者"足球队呐喊之外，没有思想，没有幽默感，没资格插嘴。谈下去，话题愈来愈严肃，一反过去嘻嘻哈哈的轻松气氛。吊儿郎当的华尔特，眼睛湿润了，更加起劲地揉，眼圈益发黑了。我力排众议，高声说："让华尔特说说嘛！"大家静了下来。

华尔特站起，激动地说："我读小学、中学那阵，都迷上足球，最伟大的梦想，就是当足球明星，在全国足联麾下的海豚队啦、牛仔队啦打边锋，每年的薪水不说多，一百五十万好了。黑人嘛，能有多少出路？最红火的，不是当歌星就是当球星。可惜个子不争气，六英尺不到，连校队也进不了。"大伙哈哈大笑，潜台词是：凭你这副德性，还想在体育界"名人堂"留大名哩！

华尔特正色道："慢着，我的梦，如今由女儿实现了。她在戴维斯加大念电脑专业，快毕业了，成绩上等，还当上加州大学生女排代表队的二传手，嗨，都是从二十多所大学选出来的好手哪，去年参加了全国大学生联赛，得了第二名。不赖吧？每次比赛，我都去当啦啦队，看她在场上那个灵巧劲，多痛快！憋了大半辈子的鸟气，女儿都给我出了。"

华尔特幸而言中，他的女儿，尽管也亏在身高上，没打进职业球队，但凭学士的学位，进了一家大型电脑企业，担任初级程式设计师，将来该比父亲有出息多。华尔特的赡养费没白付，这是可以告慰死者于地下的。

我想起最近在网上读到的一首英文诗，题目是"感谢，为了我'破折号'中的一切"，可惜译不出铿锵的音韵来，大意是这样的：

> 我读到一个人
>
> 在友人葬礼中的致词
>
> 他提及她的墓碑上

所刻下的日子：从开始到末日

他首先说起她的生辰
然后，含泪说起她的辞世之日
不过，他说，最要紧不是两个日子
而是数字之间的破折号

破折号代表
她在人世的一切
而今，只有爱她的人
晓得这渺小横线的价值

破折号，和我们占有多少无关：
那些车子，那些房子，那些纸币
它仅仅和以下事体相连：
怎样活，怎样爱，怎样使用这一横线？

对破折号，真该好好思量，苦苦探究
哪些方面你要作改变
你永远不晓得来日还有多少
所以，能重新规划的须赶紧动手

我们该不该把步子放慢
好思索什么是真诚，什么是真实
我们总该去努力理解
别人怎样感受

火气慢点上来

多一点表达感激

爱一起生活的人

尽管你从来没爱过

倘若我们互相尊敬

倘若我们常带微笑

记住吧，我们拥有的破折号

随时可能变为句号

那一天，当有人诵读对你的颂词

（它免不了改写你的生命章节）

你可会为他列数的往事自豪

你该怎样书写你的破折号？

2002.5

死亡假面
——我的顶头上司为什么自杀

一、死，不过是开端

2001年秋天，一个星期三，我的休息日，同事从上班的地方打来电话："荷西自杀了！"我惊呆了，他又说详情没法了解，你明天上班也许能知道一些。我手握话筒，在家里的客厅发呆。

　　Jose，荷西，是他的名字，姓Salasa，萨拉沙，南美洲尼加拉瓜国人氏，我所供职的酒店宴会部的第一把手——主任，今年五十八岁。我认识他已十七年。八年前，我从送餐部调到宴会部以后，他成了顶头上司。三个月前，他请了病假，到医院去做了更换左膝盖骨的手术，刚刚复原。前天星期一，是他恢复上班的头一天。早上，我进办公室签到，看到他有点紧张地坐在电脑桌前，无所事事似的，时而抬眼四看，一副渴望人家慰问的模样。我过去和他亲热地握手，寒暄，问手术的结果怎么样，他拉高左边的裤腿，让我看膝盖上长长的疤痕。我问："走路没问题吧？"他微笑着摇摇秃了顶的脑袋，晃动肥阔的身躯，故作轻松地站起来，做出跑的姿势，活像一个吹得圆嘟嘟的气球，快要往天花板飘去，逗得在办公室的签到器前刷工作卡的十多位同事们哄一声笑了。这就是最后一面。

　　次日我上班，急忙向同事打听荷西自杀的事。大伙不大愿意回答，说上头做了交代，不要乱说。我可不买账，对吞吞吐吐的南美洲裔伙计说："怕个鸟？别忘记这是美国，言论自由有的是，偏要打听个水落石出！"干活的间隙，和我关系好的同事悄悄把事情的经过说了。荷西在前天，即星期二中午，独自驾驶心爱的"福特"牌四轮驱动敞篷越野车，行驶在马林县市郊外山区的盘蛇路上，在下坡的急弯处，左手操盘，右手掏出藏在前方右侧暗格的手枪，往右太阳穴开了一枪。后头车子上的人听到闷闷的一声"砰"，没醒过神来，便看到越野车笔直地向前冲，越过矮矮的护栏，凌空飞到山谷下。紧跟着的一辆车子，死命刹车，在悬崖旁边停了下来，司机和乘客惊呆了，慌忙拿起手提电话，拨911的紧急求救号码。高速公路巡警飞车赶到，步下谷地，只见多处凹陷的越野车趴在草丛间，引擎还在响着，车门被颠开，一个冒血的头颅垂在座椅上，人早已没了气。当天下午出版的地方小报《马林县时报》，在简讯栏报道："一名拉丁裔男子，年近六十岁，在东行83号公路靠近林肯大道路段，因汽车失事身亡，死因正在调查中。"这位记者谨慎过了头，不敢披露细节。据警方的调查报告，荷西死后，手枪掉在座位下，右掌心留下了硫黄的痕迹，这是近距离开枪的证据——巡警当场在案情报告单上写下结论：自杀。

宴会部主任死于非命的消息，在大宾馆的五百名员工中，自是一石击起千重浪，却不是一个"悲"字可以涵盖。只拿宴会部来说，这个负责大小宴会的部门，每年的营业额近两千万元，是最能赚钱的"精锐部队"，编制为主任一人，领班三人，侍应生四十人，练习生十人。平均工龄为二十年以上。员工的构成，极其鲜明地显示旧金山这个文化多元城市的特色，来自十多个国家和地区：萨尔瓦多、尼加拉瓜、秘鲁、德国、法国、菲律宾、中国内地、中国香港、波多黎各、南斯拉夫、英国。绝大部分是第一代移民，这和本市各家宾馆宴会部相似。算得特殊的，是尼加拉瓜移民占了一半多，原因还是出自荷西——他在这里干了三十八年，从底层的洗碗工做起，然后是宴会部的练习生、侍应生、领班、经理，一步步地爬，在主任的位置，一坐就是二十年，一直紧握人事大权。他为了建立独立王国，侧重于招聘"自家人"，其中有他在老家的表兄弟、堂侄子、老朋友。老乡多，对他的直接好处是，可以支使他们干私事，比如，当练习生的堂叔，每天上班得代他到洗衣部拿洗烫好的西装；一位小时候叫荷西叔叔的小伙子，则把替主任大人找泊车位作为首要工作。好在，雇员有工会，宾馆有人事部，"自拉山头"犹可，"结党营私"却不能公开。一般地说，平时干活，极少发生抱团结伙，欺凌其他族裔的事件。我和各族裔的同事，一直合作愉快。

言归正传，因荷西的死，受到最大打击的，是荷西的孪生兄弟罗勃，他在宴会部当领班，也已二十多年，是荷西引来的。兄弟俩共事，虽不免摩擦，但"打断骨头连着筋"。另一位也是当领班的中国人，叫彼特，他最强烈的感受，乃是"对不起死者"。为什么？说来话长。彼特幼时从越南移民，在美国长大，接受教育，别看才四十出头，在宾馆工作的年资已

SELECTED
LIU HUANGTIAN
PROSES

超过二十年，五年前从侍应生晋升为领班，和荷西兄弟的关系相当微妙，一边，他以亚洲人的世故，暗暗和这些栽培过他的前辈套近乎；一边却公开指责这兄弟俩的懒惰、不负责任，目的在于：向对荷西兄弟心存不满的下属表明，他和他俩并非同穿一条裤子。以上是远因。近因是，星期一，荷西回来上班的第一天，才干了两个小时，就被顶头上司——餐饮部主任召到办公室去，关起门来训话，此后不见了踪影，撂下一大堆活计，害得彼特加班好几个小时，为他善后。彼特平时老被摆架子却不干实事的荷西揩油，早已积下一肚皮怨气，这次更是火上浇油，他一边替荷西在电脑上开账单，一边高声咒骂："你回来干吗？死掉不干净？省得拉屎老要人揩屁股！"荷西的死讯传回宴会部，他头一个接的电话，顿时目瞪口呆，喃喃自语："我的妈呀，我可没真的要你去死的呀！"他老认为荷西的死，和他的"诅咒"脱不了干系，他成了间接的凶手。彼特脸色泛白，忙不迭地向同事们解释："一时气话，不可当真。荷西的鬼魂可别来找我算账哟！"同事们呢，有的惋惜，有的悲伤，有的明里叹息，暗里欢天喜地。一位德国裔同事，作了这般的评论："这么个死法，我为他难过；可是，这家伙完蛋，我毫不难受。"一副咬牙切齿的模样，可见十年来在荷西手下干事，积怨何其深。

　　几天后是星期六。宴会部贴出布告，说今天下午在郊区一家天主教堂为荷西举行追思礼拜。我没有参加，一来因为路远且生，二来不巧有点家事，三来同事里头的中国人都没有参与的意愿。酒店总经理以及以下的许多头头脑脑，包括荷西的顶头上司，死前最后一个召见荷西，但对训话内容秘而不宣的白人餐饮部主任，都去了。宴会部的同事，大多数也在场。他们事后告诉我，参加葬礼的家属、亲戚、教友、朋友、酒店的新旧同事，共三百多人，场面隆重，气氛哀切。在这之前，荷西的遗体已经火化，骨灰瓮供在大厅前面，供着许多鲜花。也就是说，一般葬礼所不可缺少的仪式——瞻仰遗容，不得不被省略了。这是没办法的事，对非正常死亡，只好实行非正常仪式。一位同事说，这样做，原因在于，任是怎样出色的化妆师，也修补不好太阳穴中枪的脸，徒然让死者出丑。追思会上，荷西那已经迁到外州居住的儿子上台，作了感人至深的讲话，许多人低下头去，用纸巾擦泪。女人堆里传出低低的啜泣声。

一个颇为标准的中产阶级分子，一个在少年时代从战乱频繁的南美洲贫穷小国来到新大陆，终于混到年薪十万以上高职的成功人士，一个无论在酒店，在拉丁裔聚居的社区，还是天主教会教友中，都算得举足轻重的人物，竟然在行将退休的年岁，果断地结束了堪称优裕和风光的生命，为什么？一个向来被他的同胞立为楷模的人，瞬间变成了家里客厅壁炉上方的小小骨灰瓮，为什么？

一位哲人说："死所以如此可怖，仅仅因为过于寻常，无一不是司空见惯。"看来，荷西不在此列。死亡，是他一个人的终结，却是事件的开端。对我，是对生命重新展开思考的契机。

二、死亡，最后一张面具

这家高级酒店，在S市的纳山顶屹立了接近一百年，历史最为悠久，名气也最大。我在里头当普通不过的侍应生，多年来和荷西只是纯粹的上下级关系。我对他并无恶感，因为他从来没有刻意亏待我，几乎没有过恶言；彼此也没特别的交情，毕竟有语言、背景和志趣上的隔阂。除了在工作上，我得服从他的命令，完成任务，别无瓜葛。我曾经帮过他的小忙，他患了坐骨神经痛，我给他推荐了中药"抗骨增生丸"，还到唐人街中药店代他买来十来瓶成药。偶尔，也和他谈谈针灸，谈谈以鳄鱼肉治疗他的哮喘顽疾。他高兴起来，也拍拍我的肩膀，彼此开开无伤大雅的玩笑。

可是，他的死，老盘踞在我的心头。他去世后，我每次走进办公室，都躲不开他。如果他的弟弟罗勃在座，孪生兄弟酷似的相貌——脸孔上的差别仅在于他留上髭而弟弟没留，尤其使我产生"他没离开"的幻觉。我觉得，死亡，无非是他的一张面具。他戴的面具从来不少，这是最后的一张。他企图以砰的一下的枪声把生命之门关闭，从此，躲在血淋淋的死亡后面。空谷里，随着枪声在风中飘散的硝烟，在假面上成了迷迷蒙蒙的雾，让人难以审视。可是，怎么也阻挡不住人们的寻索：关于一个生命的旅程，以及面具的隐喻。

　　该怎样描述这个人物呢？荷西，亮晃晃的秃顶，脸膛偏黑，泛着养尊处优者才有的红光，面相不猥琐，也不英俊，显出与生俱来的精明和彪悍。一望而知是中南美洲人氏。平时穿戴，也是典型的拉丁裔生意人模样。谁都看得出，他是外国来的，不指望他说得纯正的英语。年轻时，这脸膛带着过分的自信，监督手下干活，挺胸凸肚，指手画脚，动辄骂人；在下属眼里，可畏也可憎。在上司和顾客面前，他的小心和谦卑却显得过分。为了和孪生弟弟有所区别而蓄下的上髭，总是修得很整齐，并且不忘染黑。托庇于胖所以不显露皱纹的五官上，论触目莫如这呈上弦月形状的胡子。脸部以下，则没有看头，肥胖到了无以复加的田地，个子才一米六八上下，肩膀不可思议的肥厚而宽，滚圆且前挺的大肚皮，活脱是早早完成长膘大业的超级巴克夏猪。肥胖而匀称，像乃弟还好；他不是，臀部以下，无论骨头还是肉，都很单薄，裤子松垮垮的。有时，调皮的同事偷偷拿他的体型开玩笑，打赌时下"赌注"："我输了，当荷西的大腿行不？"意思是得承受不成比例的重压。有时他担任豪华晚宴的总指挥，穿上特别裁制的黑色"踢死兔"（晚礼服），威风八面地踱来，远看如黑色方块；近看，又像麻秆支撑着的啤酒桶。他每次经过宴会厅的侧门，都下意识地斜过身子，生怕门太窄过不去。二百七十磅的体重，不可理喻的赘肉，挤逼着、镇压着全身的骨骼和神经，是他好几种病的根子，如膝盖磨损、骨节增生，还有鼻敏感和哮喘。年纪越大，病痛越多，请病假越多，上班时躲懒也越多，怪不得酒店高层对他早已很不满意，必欲去之而后快。迟迟没下手，只因为他在这里根基深厚，又善作假，不容易抓到把柄。

荷西死后一段日子，"他为什么自杀"成了酒店许许多多因族裔而划分的小圈子所争论的中心话题，莫衷一是，可是，在这样的结论上面，大家没有任何争议：这样的人，最不可能选择自杀。

荷西，可说是现代"拉丁精神"的负面代表。他一以贯之地实行的，是盛行于中南美洲西班牙语系民族的人生哲学：及时行乐。所有的感官享受都不放过。先说吃，他酷爱一切美食，三分熟、血淋淋的牛排，整只从鱼缸逮上来的龙虾，阿拉斯加空运来的"帝王螃蟹"，蘸上薄荷酱的羊排。上班不许喝酒，他就喝糖分最高的古典"可口可乐"。多亏他的职位带来绝大的便利，无论吃什么喝什么，一个子儿不花。因为酒店为了笼络中层干部，多年来都开放厨房，无偿供给，他们爱什么就点什么，每一顿都是厨师像侍候客人一般即时烹调的。他从来不理会，不间断的高热量高蛋白食物，怎样教体重叠加上去。近年来，他眼看裤子的腰围一直放宽，到一百英寸仍旧扣不上扣子，改穿吊带裤，隆起的肚皮还是差点挣破了大喇叭形的裤腰，有碍日常生活。也觉悟过，隔三岔五地嚷嚷"减肥"，早餐从熏肉改为脱脂奶加麦片，饮料从"古典可乐"改为"减肥百事"，可是，嘴馋无法忍受，节食最长也就是两三天。

再说色。十多年前，宾馆有过一档在本市成为街谈的"性骚扰案"，三个具相当姿色的拉丁裔小姐，年纪都在三十上下，在宴会部担任了几年练习生后，都被荷西以"违纪"或者"不适宜此项工作"的借口开革了。她们气不过，聘请律师提出控告，指荷西长期对她们性骚扰，以"升职"为饵，引诱她们上床，后来她们不甘受辱，拒绝荷西的性要求，这色鬼便给她们小鞋穿。80年代初期，"性骚扰"远不像如今这般风声鹤唳，雇员以这一罪名控告上司并不多见，所以开审时相当轰动。荷西多次上庭应讯，最后，宾馆与原告达成庭外和解，赔了每个受害者二十多万元了事。

荷西这始作俑者，酒店的董事长没要他走路，赔款也不是出自他的腰包。个中原由，据说是总经理不但和他的私交非同一般，而且一起贪污过，要乐过，把柄握在不乏阴险的荷西之手，总经理不得不手下留情。不过，这一"艳史"并不曾使他收敛，他一如许多拉丁男子一般，"有花堪折直须折"，视"偷腥"为平生最得意的事功，把握机会，嫖呀，勾引呀，只要不被老婆捉获，弄到手的愈多愈是光荣，在哥们中间愈受拥戴。有一次，在办公室里，一群常常一起喝啤酒的南美洲老乡聊大天，荷西抹抹小胡子，描述在拉斯维加斯一家赌场召妓的细节，说到金发碧眼的胖妞儿，怎样和他比赛胸部的尺码，淫邪的眼睛半眯着，乐呵呵地大笑。好在，他终于老了，到了哀叹"不中用"的时候。一位过去受过他欺负的练习生，常常幸灾乐祸地对别的同事说："这淫棍，如今全身除了脂肪，'一无长物'，连老婆也干不动，活该。"

比声色犬马更加要紧的，自然是钱。荷西抓钱，向来只问目的不问手段，"过得海就是神仙"。当上宴会部主任之初，他发财的野心膨胀，思量自己干，80年代初在北湾的旅游区撒沙里图镇盘下一家餐馆，专营南美洲菜式，生意一直上不去，亏空没法填补，就来个"拆东墙补西墙"，从酒店偷东西去抵注，举凡葡萄酒、肉类、蔬菜、调味料、桌布、餐巾、碗碟、食物加热器用的酒精盅、桌椅、屏风，能搬得动、拿得走的，都不放过。以他的权力，自然不必亲自动手，一个电话，一声吩咐，就有信得过的手下办好。有时候，他连酒店的雇员也挪用。一些和他私人关系好的搬运工，先在酒店的考勤表上签到，然后到他的餐馆去，活干完了再回宾馆签退。上得山多终遇虎，荷西跋扈惯了，挨过他臭骂的下属，暗里盯紧他的一言一行。有一次，他又用老法子，让酒店出工资，从当班的搬运工中调遣一位老乡，去他的餐馆洗碗碟，被仇人逮个正着。仇人把考勤表影印下来，作为假公济私的罪证，交给上头。这回，和荷西多年来称兄道弟的犹太裔总经理也差点保他不住，把他召去，拍桌子教训一顿，声明下次再犯，必炒鱿鱼。总经理这阵子，也晓得养虎为患，不能再手软，便着手搜集他盗窃的罪证。有线索说，荷西的家，已经成了酒店的"小仓库"，总经理打算亲自出马，以"造访"为名，上门去实地查看。不料走漏风声，荷西和妻子忙了一夜，把所有赃物搬上卡车，次日大早运到临时租赁的仓库存放。总经理莅临，扑了空，一道喝了两瓶上好的纳巴谷红葡萄酒，回去向董事长销案了事。

罗列他的劣迹，并不是指他"头上长疮，脚下流脓"，而是说，从一个道德规范远没有东方古老种族严谨的民族走出来的人，稍稍放纵，就难免荒淫和贪婪。此外，美国的中层经理人员，有一个共同的心理问题，他们不像下层雇员那样，有工会作为后盾，经理们普遍缺乏职业的安全感。这些企业的中坚，第一线的指挥员，处在上层、顾客与下属这三者的夹缝中，时常受气，却没有多少保障，犯一个错，遭客人一次投诉，也许就得卷铺盖。许多处于这一层次的经理人员，暗中所遵循的工作守则，不是企业规章所宣扬的"保证顾客满意，进而保证企业赢利"，而是：做错事做坏事，不能给逮着。不被抓获，刮到手算他有本领，露了馅算他倒霉。在这方面，荷西与相当部分流动性大的中层管理人，只有一百步和五十步的区别。他不过是因为在宾馆待得久，因公因私开罪的人多，底细被人收集得较为完整而已。旅馆业向来是经理层容易招惹麻烦的行业，荷西在几任总经理治下，屹立不倒，自然有他的优势在。他显著的长处，是大事不糊涂，善抓重点，在容易引起客人反感、被上级发现漏洞的关键所在，把关甚严，谁也难钻空子。在大问题上，从来不感情用事，遇事沉着，思考周到。尤其重要的，是他的经验极其丰富，再大的场面，从欢迎前苏联元首戈尔巴乔夫的数千人鸡尾酒会到美国总统出席的大型正式晚宴，都调度得井井有条，不出纰漏。而且，近年来，他的涵养比过去大有进步，不再那么骄横，对上级也好，同级也好，下级也好，多半友好随和，不逼人太甚，也不落井下石，一般来说，人缘还是不错的。参加他的葬礼的，数宾馆的人最多，就是证明。

这种残忍的死法，使我老觉得，生存和自杀，在他身上，必有一方违反了固有的逻辑，以致让人误会，他的生和死，必有一样是假的：要么他压根儿没活过，酒店不曾存在过一个体形如陀螺的宴会部头头，要么他的自杀是请人代庖，一声枪响，是上帝布下疑阵，他在硝烟的掩护下出逃。

三、死亡：众多的路径

我多方面搜集材料，试图进入荷西生命终结的真相。

荷西死后的第三天，白人同事班尼悄悄对我说："昨天我到理发店去，遇到了久违的洛佩斯先生。"洛佩斯，我也认识，原先是我们宾馆人事部的主任，当了近二十年，尽管上班时道貌岸然，私德却颇受物议，例如吸毒，冒领非法移民的工资支票之类。他蹿升的轨迹，和荷西的前期近似。他后来离开酒店，却不是因为品行问题，而是因为提拔他的犹太裔总经理退了下来，新来的总经理带来若干心腹，在人事部这要害部门，当然任用信得过的人，便把洛佩斯调到客房部，贬为电话员。洛佩斯不甘受辱，愤然离开。以后，在另一家大旅馆任人事部头头。荷西和他都是拉丁裔，从前狼狈为奸过，近年来还是酒肉朋友。洛佩斯对老相识班尼说："荷西走上死路，是因为老婆骗了他。"

同一天，一位和荷西同乡的同事告诉我，荷西死前向宾馆里一些拉丁裔女工借钱，后来还了，支票却都是空头的，债主们兑现不了，正在向他追讨呢！我问数目多大？他说，每人借上一百块两百块。我说，算什么嘛？荷西每月的工资加小费，超过一万块，是酒店高层人士眼红的高薪族，手头再紧也是暂时的，为了赖那几百块钱的债不要命，岂不笑死人？这同事熟知本族裔男人的脾性，反驳我说："小数目也还不起，正说明他的财产已见底。他呀，可能是被钱逼上死路的。"

荷西死后一个星期，他的孪生弟弟，在宴会部当领班的罗勃，上班来了。他的相貌虽然酷肖乃兄，但体形远没那般臃肿，行事也低调得多，人缘比荷西好。荷西去世，使他趴倒了好几天。我看到他面容憔悴，便好言安慰，"老好人"努力地堆出笑容来。我对他哥哥的去世表示哀悼。他茫然地抬头盯着走廊的尽头，客气地道谢，不想多谈，让人觉得，其中有难言之隐。

罗勃上班后，也许是他自己说出来的，也许是朋友传出去的，荷西自杀的细节，渐渐清晰了，是这样的。中午，荷西开车到罗勃的家，似乎是商量极其重要的事情。稍后，荷西离开，到天主教堂去找神父，要去告解，希望在最后关头，圣母玛丽亚拉他一把，不巧神父外出了。荷西万念俱灰，在回家路上，掏出手枪，消灭自己。罗勃是他最后所见到的人。按说，对哥哥的死，他最有发言权，他经不起人家的一再追问，才轻描淡写地说："荷西不小心，车子摔在山谷里，人受了重伤，痛得受不了，所以自我了断。"同事们当面没和他争辩，私下却都说，普通的驾车人，哪有带枪上路的？子弹上了膛，一如上战场，肯定事先已策划好，下了这样的决心：如果和弟弟谈出结果，就不死；谈不拢，希望破灭，便死定。看来，焦点在于：兄弟俩谈的是什么？对此，罗勃讳莫如深。

两个星期后，又传来一个说法：荷西手术后回来上班的头一天，中午时分，他的顶头上司——餐饮部主任把他召到办公室去，对他说，酒店业已掌握确凿证据，宴会部三个头头，包括他、他的弟弟和另一位拉丁裔男子，涉及几桩贪污案，荷西负主要责任，马上开革，其他两位，暂时留用，以观后效。这场生死攸关的对话的细节，除当事人外，谁也不知道。人死了，餐饮部主任更是守口如瓶。须知，涉及人命，代表荷西家人的律师，如果以"无理解雇，导致受害人精神崩溃"为由兴讼，少说也索赔几百万元。酒店岂会不防范？这天过了中午，也就是两人面谈之后，荷西一反早上轻松的神态，一脸愠怒，小胡子一耸一耸的，颊下的横肉挪了位置,巨大的身躯螃蟹一般,在走廊上缓缓移动,露出从来没出现过的、教熟人无比诧异的神情,那不是疲惫,也不是病带来的痛楚,而是极度的惊讶和沮丧的混合。然后,他甩掉手头必须完成的工作,没有督导正在进行的午餐会,连把数据输进电脑,开出账单,交给客人签名这样急逼的事也不干,不告而退。

可是,据常识判断,这一传闻有几处漏洞。首先,不符合大企业开除管理人员的程序。对付资深的经理层人员,上层极其慎重,尽量避免走进"雷区"。什么"地雷"?一是歧视,包括"年龄歧视""种族歧视""残障歧视",因为被开除者可以控告,说雇主嫌他年老而设局解雇他,进而索取巨额赔偿。说是三人"伙同贪污",证据呢?证人呢?为什么别的两位留用,单单除掉他?还有,这是荷西病后上班的第一天,上层人士前来慰问有之,了解情况有之,但断然宣布除名,则太冒失,太不顾及后果。如果餐饮部主任行事这般鲁莽,他自己倒要小心乌纱帽呢!可以断定的是,两人谈得并不愉快,也许餐饮部主任很凶地训他,提出严厉警告。反正不是头一次,前任餐饮部主任,早已不满意荷西的表现,说这大胖子不干事,光会捅娄子,薪金却高于他这位顶头上司。前任是白人,在酒店业混了半辈子的油子,堪称老奸巨猾,尚且无从下手,那么,上任才一年、还属于"青年才俊"的新主任怎么搬得动笨重的石头?

幸亏自杀已成不可更改的结论,否则,太多的线索定教警察局和联邦调查局的干探挠头。不过,即便警方调查死因,只要收集到的材料足够证实他是"并非他杀",便会结案。至于他"为什么死",那是社会学家、心理学家的专业。至于我这中文的业余作者,凭着工作的"近水楼台",倒非要查个水落石出不可。

到这境地,我可以归纳出荷西之死的四个可能:身体上的毛病,感情出问题,银钱上的纠葛,遭上司训斥。据好几位和荷西多年来关系密切的同事回忆,他死前几天,不断向人提出这样的问题:"如果老婆有外遇,你怎么办?"这群喜欢吊膀子的拉丁裔男子,给予他的回答,自然是够潇洒的:"离婚嘛!""让她寻快乐去,反正你自己也风流惯了。""你老婆五十好几啦,玩个鸟?"他听了,都以沉默了事。据说,荷西死后,他的太太一直没流泪,私下如释重负地微笑。看来,夫妻俩早已是陌路人。这些情节,印证了前人事部主任的"妻子出轨"说。不过,即便所有可能都成立,以他个性的顽强,平生所经历的风险(包括桃色风暴)之多,老婆怀异心教他寝食难安,是说得过去的,"逼他走上死路"一说却难以成立。姑且说,各种各样的不如意、不幸,是加在骆驼背上的重压吧,那么,最后压断腰部的那一根稻草是什么呢?

我走进了迷宫。自以为可以抽茧剥丝,理出一条主线,看一个享尽声色之娱、肉欲之乐的凡夫俗子,怎样走到绝路。可能吗,单单凭我的肉眼所见,凭与他共事长达三十年的同事们的描述,凭那些来无影去无踪的传闻?何止我,他的孪生弟弟,他那同床共枕接近四十年的发妻,能说他们深入荷西的真实生命吗?极端言之,人之间的沟通,亲人间的相知,友人间的推心置腹,都是浮面的、暂时的。在"面子""世故"一类外衣遮掩下,所掌握的,顶多介乎真假之间而已。而况,对荷西的研究,一般人包括我在内,致命伤在于,所遵循的只是僵硬、浅薄而笼统的"世俗常规"。实际上,这业已回归尘土的生命体,一如他生前为还债而开出的支票,支票是真的,签名是真的,却因无法兑现而成为悬案。

四、谜底,谜底

在荷西去世一个月后,一位同事以权威的口吻,对我说:"看来,我可以揭开谜底了:他患了艾滋病。他回来上班那天,刚刚接到验血报告,得悉自己是HIV病毒带原者。"

我的心中蓦地一亮,各种解释,都比不上这一个!与其说它是谜底,不如说它让我获得了"终于到头"的踏实感。我怀着拨云见日的快意，和报信的同事坐在宾馆内的职工食堂里，沿"艾滋病"的线索讨论下去。这位阿根廷佬，老是心不在焉，转过头去瞟背后的电视机，看屏幕上公牛队对海豚队足球联赛的比分，我得不时干咳一声，把他的心神拉回来。

我一本正经地推理："老兄，这该是确实无疑的了。想想吧，一个在社区教会出尽风头的人物，多少年来，备受教友的尊敬。每个星期天，以模范丈夫、标准父亲、慈爱祖父的姿态，从容不迫地踱进教堂做礼拜，男女老少都站起来，亲切地和打招呼。得到尊重，是人生追求的目标啊，然而，落到最为教友所不齿的结局……"

我的同事嘻嘻笑起来，笑声里含着讽刺。我纳闷地盯着他的脸，唇上那一把拉丁裔男子特有的浓密胡子，仿佛闪出亮光来。"说到教会，倒提醒了我。有一年圣诞节，教堂里举行晚会，荷西当主持人，带头捐出一部二十六寸大彩电，作抽奖的首奖奖品。怪不怪？偏是他女儿抽中了，把捐出去的电视机捧回自己的家。我在场看到，只觉得这家伙好运气。不料，几个月后他和我喝啤酒，醉醺醺地说漏嘴，原来他在宣读中奖号码时做了手脚，用女儿抽到的号码代替真正中奖的号码。当时大家光顾高兴，对他也太信任，竟没一个晓得。"

我沉默了一会，以荷西的德行，干出这等浑事，倒是顺理成章。然而，它也从侧面反映出，他极其在乎在社区经营出来的人望。一位哲人说："一个人如果丢失了好名声，那么，他生命在内部已经死去。"他的邻居、乡亲、朋友，要是知道这个"好男人"是艾滋病人还得了？这意味着，他要么曾经和同性恋者中的艾滋病患者有过一腿或者好几腿，要么嫖妓。极可能已受到传染的妻子，怎能原谅他？女儿、女婿和孙子们，怎么看他？何况，一旦他从带原者变为病人，那就进入比死还可怕的活地狱。这样的病例还少见吗？死前免疫系统完全失灵，形销骨立，活像一架骷髅。与其丢命丢得如此痛苦，不如早早自我了结。我把这个意思说给同事，他倒是专心倾听，没看电视，不料当即打断我兴奋的声调，说：

"得了吧，人去了，还说他干什么？我和他原来是仇敌，记得吗？他被人检举派酒店搬运工去替他干私活那次，他怀疑我是泄密的内奸，老给我穿小鞋。可是，他的葬礼，我全程参加了。尘归尘，土归土，别提了吧！"

我点点头，不再说话。看来，我可以把这案子封存，在卷宗面写下这样的结论：他因艾滋病而自杀。自然，并非没有疑窦，他是地地道道的异性恋者，和同性恋者发生性关系的可能极小。至于他召妓，倒不奇怪，不过机警如他，岂会不加防范？想着想着，我自己也动摇了，不是不相信同事的情报，而是对这么一个太过顺溜、太过合理的假设，抱着戒心。

荷西去世三个月后，酒店里没有人再提起。时光把他的痕迹冲刷着，他在任时给宴会部所定下的作业规程，已被新来的年轻有为的纽约人抛弃。他的亲弟弟罗勃，向酒店高层递交申请书，声明在年底前退休。他还不到六十岁，本来可以干到六十二或者六十五岁，好领取社会安全金。这是他的心机所在：自从哥哥去世，改朝换代已经开始，他作为前朝老臣，迟早会被淘汰，不如先发制人，凭着"触景伤情"的理由，体面地下台。

意想不到的是，一桩消息从外头传进酒店：荷西的死因，是股海翻船。提供者在另一家酒店当着酒吧经理，自称是"十足的权威"，所持的理由是：他不但是荷西最亲密的朋友，还是炒股的老搭档。他讲述的故事，倒是很有说服力。荷西在上世纪末开始炒股，那时股市长红，他赚了大钱。进入新世纪后，华尔街刮起一连串跌风，他的赢利全赔进去。到这一步，他还没完蛋。坏就坏在他做了换膝盖骨手术之后，三个多月的长假中，无事可干，这个在"找乐子"方面无所不能但内心世界污秽不堪的家伙憋坏了。放在过去，他会坐邮轮旅游去，加勒比海、波罗的海、黑海，哪里没留下他腆着硕大无朋的肚皮，躺在甲板上品香槟看海平线的镜头？如今腿脚不便，走路要挂拐杖，妻子对他早已冷落，在家谈话也不多，别说随他旅游，一路当仆人了。终于，他想到既解闷又来钱的消遣：

炒股。每天大早，他坐友人的车，进城里的股票交易所。可惜来得不是时候，道·琼斯指数惨跌，他向来所热衷、赚头的最高纪录达五十万元的"纳斯特"各股，也熊市连连，他一败涂地，手头除了几种每股才值几分钱的垃圾股票外，一无所有。他在家算账，出了一身冷汗，多少年来减肥，从来没成功过，这么一折腾，倒使他的胃口全败掉，体重破天荒地减掉二十英镑，人家难得看出来，但吊带裤子松了几寸，他自己感受到了。然后，他铤而走险，瞒着每晚总找借口到外面幽会的妻子，把已付清抵押贷款的房子押给银行，换来四十五万块现款，买了比一般股票更加危险的期货，指望一锤子买卖，赚一次，清还欠债，从此洗手不干。可是失手了，他丧魂失魄，夜里噩梦连连。须知，这栋附设游泳池，面积达六千平方英尺的豪宅，是他唯一的依傍啊！他十六岁，高中没上完，靠嫁了美国人的姐姐的关系，和兄弟们一起踏上美利坚的大地，然后进夜校学英文，进酒店，从洗碗工做起，履险如夷，到了波澜不惊的今天，竟然回到赤贫的当初。如果不让银行没收房子，他得每月付高额利息，直到死也还不清。他决定，做平生最大的一次冒险：借高利贷四百三十万元，在期货市场孤注一掷。高利贷业者都是拉丁裔黑社会的活跃人物，岂是省油的灯？放出这样巨大的数目，到时还不了，拿命来抵！几天之间，荷西又是全军尽没。

从这一故事，我们可以回到疑团：荷西临死前，找弟弟谈什么？谈借钱，他要弟弟解救燃眉之急。弟弟哪里能筹到四百三十万？荷西要弟弟像他一样，把房子押给银行，把所有股票、债券、首饰、家居，统统卖掉，能筹个一百万也好，至少能让他熬过眼前一关，以后再和高利贷主谈判，分期偿还。人命关天，岂可迟疑？可是，弟弟没有拉悬崖边沿的亲骨肉一把。能怪罗勃冷酷寡情吗？要援救，弟弟得付出"血本无归"的惨重代价，以后，他和哥哥一样，一无所有。即便他筹得一百万，剩下的三百多万，谁能提供？说四百二十万的巨款，是把骆驼的腰压断的最后一根稻草，太轻巧了些；以荷西教人羡慕的十万元以上的年薪，也得干四十二年才赚得来。近年来，栽在股市的人不知凡几，荷西比一般倒霉者走得稍远罢了。

对于这故事的可信程度，我没有把握，便找一位同事，深入地谈了一次。这位每天一起干活的墨西哥女士，当侍应生的年资已超过四分之一世纪，初来时苗条、性感，如今体形膨胀了一倍，几乎可以和上司荷西比美。她和荷西的关系非同一般，在第一次婚姻结束后，和荷西有过一段罗曼史。荷西曾经在酒后向别人大吹："那阵子啊，晚上我在办公室写报告，她跪在桌子下替我'服务'。"近年来，她和荷西两家人交往频繁，荷西平日的行踪和家事，多少知道一些。我向她复述过"股海溺毙"的故事后，她沉吟了一阵，点点头，说："数目有没有这么惊人，我说不上，但肯定他是给钱害死的。"接着，她描述了荷西奢侈的一面：自用车每年换不说，还买了一辆专供旅游用的豪华露营车；在老家，前几年一买就是上百英亩带果园的地皮，接着建了大房子，说是为养老预备的。"这家伙，花钱可凶，薪水花光，还欠了信用卡公司的债务。"教我惊讶的是，这位同事，谈得愈深入语气愈冷漠，到最后，竟露出妒忌来——她眼红老相好走得这么干脆。

这位女士的处境我是知道的，日子本来好好的，十六岁的儿子却在一次车祸中受了重伤，住院三个月，命保住了，神经却坏掉，疯疯癫癫的，见了女孩子就脱裤子，要和人家做爱，给少年法庭判了刑，如今还关在感化院。她忽然冒出一句："你说，人欠债太多，怎么办好？"我还在整理思路，她说了："死去，什么都了结！"她顿了顿，眨巴眨巴当年迷倒过多少男人的蓝眼睛，说："要不，'汉尼根'也行。"汉尼根，是美国最畅销的啤酒之一，产自荷兰，眼前这位"老娘"一气能喝一箱（二十四瓶）！我瞄瞄她的肚皮，其大足以把所有孕妇比下去不说，乳房和腹部也混成一团，这是女性的"啤酒肚"。

倒也是，不是有一说：人生的责任在于负债吗？荷西前半生借债，向社会借，向别人借，向自己的心和身体借。到后半生，账单陆续来了，他耍赖，到最后一次还清，以生命。到这里，似乎可以下这样的结论了——荷西是"黄金梦"的牺牲品。从各国涌来的移民，不都有以"发财"为核心的憧憬吗？发财为什么？享受。荷西就是沿着这约定俗成的路径走下去的。钱是一切——体面、地位、尊严，说形而下也够形而下了。他每年度假，独沽一味：坐邮轮周游世界各处风景胜地，因为搬动自己太艰难。"邮轮之旅"中，头等舱的华贵，帝王般的享受，是这梦的最佳诠释。后来他成为教会的中坚和领袖，虽然口口声声说要"救赎灵魂"，骨子里还是为了场面上、社交上的风光，远远不算虔诚的信徒。在最后关头，他去教会找神父，向圣母玛利亚求救，真诚是没有疑问的，可惜为时太晚。在接近中国人称为"耳顺"的六十岁时，荷西不曾意识到，"黄金梦"的背面，竟然是虚无的黑暗，黑暗的虚无。

如果说他和大多数同等遭际的人（包括来自同一娘胎的弟弟罗勃）有所不同，那就是他的个性。他比我们，道德的约束少些，勇气大些，脸皮厚些。为了自己的利益，敢冒险，敢出头。也正基于这点，加上"从来没给抓个正着"的好运气，使得他拥有教新移民又眼红又敬畏的一切：高薪，游艇，附带游泳池的大屋，车库和门外停着四辆供不同用途的自用车，包括野营专用的大车，钱包里夹着各种高级俱乐部的会员卡。生性粗豪和勤奋的美国人，蓬勃的生命力，攫取利益的狠劲和个人生活的自由奔放，好歹有基督教精神作为"刹车器"，但拉丁民族中的一部分男人，只把信仰当作"招牌"而并不实行，他们"享乐至上"的本性便无可节制地奔泻，其终点只有两个：要么醉乡要么死地。在一个过分关注物质占有而忽略精神超越的所有移民群体中，荷西如果不走最后一步，便仍旧是好多同乡和同胞眼里的"厉害角色""成功人士"。

六、也不是结论

时光流逝，对荷西的死，我的好奇心虽然没死透，但在获知颇可自圆其说的"因钱而死"说之后，淡了许多。连他的弟弟，也恢复了过去那稍嫌做作的玩世做派，谁提到哥哥的死，他嘴角就挂一个冷笑，平淡地说："谁到时候不走呢？就他性急。"说遗憾还是有的，我老觉得，荷西的性格如此顽强，活得如此坚韧，在押下"死"这最大赌注之前，如此深思熟虑，那么，不但有"非死不可"的道理，还有"非在那天死不可"的缘由，谜底在哪里？

今年1月，我因事到位于林肯街的"241号工会"去。"9·11"事件以后，作为本市命脉的旅游业，受到惨重的打击，我们所在的"旅馆与餐馆业雇员工会"的头头们，正忙于救济因企业裁员而陷入困境的会员。过去熙熙攘攘的"临时工招募厅"，这天静悄悄的。我路过时，意外地遇见一位过去的同事——黑人华尔特，吊儿郎当的家伙，在我们宾馆当侍应生当了二十六年，前年因为遭黑人宾客的投诉丢了饭碗。多时不见，如今又老又憔悴，可见到处打零工的日子不好过。他懒洋洋地坐着，看到我，却马上来了精神，略事寒暄后，他问：

"荷西为什么自杀，知道不？"

我不耐烦地骂他："妈的，老掉牙的话题，亏你现在才说起。"

"慢着，说点内幕消息，保证你不晓得。"

我站在他面前，有点不屑地撇撇下巴，意思是：说吧，你这狗嘴能吐象牙？

"这样的，大约70年代末到80年代初，荷西最红火的日子，得意忘形，跟着酒店几个也当着部门经理的白人，吸起海洛因来。不但一起躲进办公室尽头的暗室含云吐雾，还捎带做拆家，为的是赚回吸毒的开销。有一次，团伙里一个成员从夏威夷运毒品来这里，在机场失了手。他们几个慌了，怕他当上地检处的污点证人，供出同伙，便暗里和他说好条件：罪名全由他背，他们出一大笔钱作为补偿。运毒者坐了十五年牢，去年刑满出狱，生活无着，便去找旧日的搭档们讨债。几个白人，搬家的搬家，死的死，就荷西在老地方没动。这家伙想到替他们吃够了苦头，出了狱一无所有，死死吃定荷西，非要他马上交出几十万块现款来，不然用命来抵。什么人物嘛，要杀人就杀人，怕个鸟！荷西在股市亏了，病休几个月，工资拿不到，手头正紧，交钱的期限一天天逼近，亲兄弟又见死不救。路全绝了，他的太阳穴，自己不轰上一枪，明天人家会轰上好几枪。"

"哪里听来的？"我问，一边摇摇他的肩膀。

他没好气地说："不信拉倒，干吗把消息来源告诉你？"

我捶了一下他，挥手告别。一路想，这个故事，戏剧性比所有的故事都多，活像好莱坞的惊悚片。而且，它最周到，几乎把所有疑团解了。这么一来，反教我疑心，它要不是完全的杜撰，也是添油加醋。

死亡的假面后面，是性格的悲剧呢，是命运的戏码呢，是神秘的图腾呢，还是平庸俚俗的日常生活的一页呢？

我的思考没有完结，问题的症结也许在这里：死亡是瞬间的事，是他缺乏灵性精神生活的一生中，最突兀的"神来之笔"。我却蹈袭"结局必须从伏线产生"的老套路，要从他并不曾潜藏丝毫自杀必然性的生命纪录中，推导出一个"合情合理"的结论。然而，所谓"性格即命运"，所谓"悲剧和必然性具有本质上联系"这类立论，本身就值得怀疑。如果死亡偏偏不是生存状态这树上所结的"逻辑之果"，而是他某时某刻的冲动，是死神的即兴创造呢？

好在，我还在追寻。下一个课题：忧郁症。

2002.5

回头浪子朗尼

一

朗尼·阿塞罗，1960年出生在中美洲小国萨尔瓦多，十六岁那年全家移民美国。我在宴会部和他共事十六年，把他的底细摸得相当清楚。并非我有福尔摩斯的侦探长才，而是因为他找不到一个从头到尾听他说心里话的朋友，唯独我，抱着写作者特有的好奇心和耐性，当上"最佳听众"。

这家伙，仪表相当出众，浓黑的头发，浓黑的小胡子加上鹰嘴鼻，显出男子的凛凛英气。个子不高，顶多一百七十厘米，肩膀宽，连带屁股也超乎寻常的宽广。这类体形的人控制体重特别艰难；换个说法，他的精神状态直接投射到体形上，哪段日子上进，肚子就不隆起，走路虎虎生风。哪段日子自暴自弃，大吃大喝，便臃肿不堪，从后面看，活像屁股特别触目的老番鸭。正应了英文谚语："吃什么决定你是怎样的人"（You are what you eat）。在"决心做好人"时期，他一早起床长跑五英里，少吃肉，多吃蔬菜，看励志书籍，精研转世理论，下了班就回家陪老婆孩子。但做好人，特别是做好丈夫，他难以坚持三个月。

朗尼在老家时，家境属中产阶级，父亲担任美国"好年华"轮胎总代理公司的总经理，朗尼上高中以后，就常常靠献殷勤取得父亲的好感，把父亲的座驾——八缸雪佛兰开进学校来，作为泡妞的重要工具。可惜，他家和拉丁美洲的所有家庭类似，从来不节育，兄弟姐妹八个，父母难以一一精心栽培。从少年时代开始，他就自立，连带地，"女色"成为生命的重心。

"我读的是男校，高中毕业考试刚结束，我们班快散伙了。我和阿劳尔是正副班长，两人商量，得制造一个最有吸引力，让同学们一辈子记得的噱头。阿劳尔说，我们去省城弄两个妓女来怎么样？我想想，真不错。

阿劳尔又说，他堂哥是妓院的经理，一个电话就行。我负责布置临时妓院和卖票。毕业派对开过，我向全班宣布，有两个漂亮妞专程来这里，为哥们'献艺'，优惠价，每人二十披索。我把她们的照片亮出来，小公鸡们跃跃欲试，都买了票。我、阿劳尔作为经纪人，享受免费的特权，这是在电话中说好的。临时妓院设在校外一家俱乐部，凭票进场。我守住大门，一个完事，穿上裤子走出，再放一个进去。阿劳尔是急色鬼，挤进队伍里，说'要先解决自己'。这些小伙子，每个顶多五分钟，唯独阿劳尔在里面待了十五钟，不见人出来。我敲门，他不应。我急了，吼叫着：'阿劳尔，再不出来我踢门！'阿劳尔打开门，让我进去，又关上门。我问怎么了？他哭得一塌糊涂，原来他并没办事，见到大他十多岁的妓女，恋母情结发作，马上坠进情网，向妓女求婚，老于世故的妓女哪会动真？嚼着口香糖，笑眯眯地，爱抚他的脸。他急了，跪下，把口袋里的钱掏出来，说，都归你，你答应和我在一起就行。我知道原委以后，笑疼了肚皮，和妓女一起，架着阿劳尔的肩膀，把他挪到门外，吩咐大家看住他，毕业'演出'才继续下去。"

朗尼念完高中，被父亲送去军校，读不了多久，父亲的妹妹在美国申请，全家获得签证，来到旧金山。朗尼别的本领不怎么样，但英语流利，带点西班牙语口音，在任何场面都兜得转。由此，他获得的第一个好处，是娶了一位在美国出生的太太。太太是萨尔瓦多移民的后代，旧金山大学金融系毕业以后，在太平洋银行一家分行当经理。学历和收入，都比朗尼好得多，她愿意委身，一半是看朗尼一表人才，另一半是朗尼善体人意，把她捧上了天。结婚后，生了一子一女。连带的福利是，太太的西班牙语，终于被朗尼调教得顺溜。朗尼在旧金山几家大旅馆里当调酒师，虽然因为脾气冲，动不动和上司顶牛，多次被炒鱿鱼，但凭着经验和口才，很快在另外一家找到工作。

他在我供职的旅馆，开头是仓库管理员。两年以后转到工资最高的宴会部，成为我的同事，那是2000年。到2007年，他四十七岁，结婚二十二年，儿子在大学念三年级，女儿上高三。他一手把婚姻摧毁了，仅仅因为它"陈旧"的缘故。

我不是说，这天生以搞女人为最高娱乐的角色，到了中年才发"痒"，他婚后一直没断过偷腥，但讲分寸，一旦太太嗅出异常味道，马上缩回去。那一次，他大意从事，终于栽惨了。他头一回独自去墨西哥，太太没有疑心，就是那次，在墨西哥当地产经纪的朋友，和他在酒吧喝啤酒，介绍在酒吧当侍应生的艾米给他，"明天艾米休息，可以陪你到处逛逛。"朗尼看这女子，三十不到，很有姿色，心动了。第二天两个人玩了一天。芬妮是离婚的，有个八岁的女儿。朗尼为了玩得尽兴，骗她说他是单身。芬妮正在找门路嫁到美国去，好离开被毒贩搅得鸡犬不宁的鬼地方。她看朗尼出手豪爽，认定是金龟婿，当晚施展万种风情，让朗尼爽得死去活来。就此两人算是定了终身。芬妮没想到，朗尼搂抱着她时许的"结婚"诺言，用意不过是让她在床上侍候得更加卖力。一个月后，朗尼向太太撒个弥天大谎：旅馆举行大型会议，每天都是三班倒，他要抓紧空隙，在旅馆里面的员工休息室睡觉，不回家了。太太半信半疑，没说什么。在这三天里，他乘飞机到圣地亚哥，租了一辆轿车，开过边界检查站，到了墨西哥的奇湾尼小镇。抵达时已是傍晚，他抱着对"销魂"的向往，给女友打电话，却没人接，慌了，给另一个朋友打电话，弄到艾米的地址。赶到那里，敲门敲了好久，女友的姨妈从隔壁出来，对朗尼说，艾米病了，正发烧，在床上起不来。朗尼这一回表现了侠客风度，把艾米抱上车，送到诊所看急诊，医生说是急性盆腔炎，朗尼付钱，拿了药，回到艾米的家。这一夜，当然什么也不能干。第二天，朗尼给芬妮留下四百美元，吩咐她好好休养。朗尼在归途上，狠狠嘲弄自己偷鸡不成蚀把米。飞回旧金山机场，把停在停车场的车子开出来，一路上一项项检查这次偷情作业，没有发现漏洞，放心了。到了家，对太太说，天天干十六个小时，累死了，倒头就睡。

　　一个月后，他自认为"滴水不漏"的墨西哥之行，还是露了破绽，这要怪他堂弟的太太。朗尼网购机票，用的是信用卡，他知道信用卡公司每月要邮寄账单来，先把地址改为堂弟的家，吩咐堂弟收到以后，千万保密，代他保管。不料账单寄到时，堂弟开长途货车到洛杉矶去了。堂弟的太太看到这封信的收信人是朗尼，刚好要去朗尼家串门，便带去了。朗尼的太太是资深银行经理，这小伎俩哪能瞒过她？不声不响地打开，看了账单，再给航空公司客服部打电话，把朗尼坐墨西哥航空来回的登机卡也复制了。选一个深夜，待两个孩子入睡了，和朗尼摊牌。

　　铁证如山，朗尼哪能赖掉？他拧一拧浓眉，干咳几声，想好了口供，镇定地说："甜心，不要多心好不好？我确实去了一趟墨西哥，是老朋友维克多邀请的，他打算和我在布辣镇合股开装修公司。我去之前，他反复说做生意让娘们掺和，一定不成功，所以我不敢告诉你。可是，向天发誓，我不是去搞女人！不信你给维克多打电话查证。"太太哪里肯信，尽管没有证据。这事暂时冷藏，但不拌嘴则可，一拌太太一定拿来说事。有一回，朗尼的老妈八十大寿，全家大小二十多口聚齐，饱受精神折磨的太太再也忍不下去，当着全家老小的面，声色俱厉，一桩一桩地数落朗尼偷腥的劣迹。朗尼气炸了肺，连连摇头说她造谣，最后，狠狠地摔门，离开是非之地，到酒吧喝酒去。墨西哥的艾米，对这位有情有义的情郎当然不放过，天天打几次电话来，问什么时候能结婚，她女儿要来美国上学，吓得朗尼把手机换掉了。

　　二

　　2008年圣诞节临近，旅馆照例为全体员工举办晚会。盛装的男女喜气洋洋，互道节日的祝福。朗尼穿着全新的三件头西装，神清气爽地穿行在人群中，遇到我，往我手臂上捶了一拳，拉我走了十来步，得意地说："我的新女友，看看，打多少分。"我顺着他的目光看去，是一位南美洲裔的女子，个头比朗尼略高，骨感型，三十五岁左右，模样粗看不算出众，但多看几眼，从不张扬但极为用心的淡妆、上衣和裙子的配搭，看出是有备而来的。只有下决心招引男人的女子，才有这样的功架。我点点头，夸张地说："喔，美人耶！你他妈又交桃花运了！"他交叉着手臂，淡然说："床上功夫才厉害！"他告诉我，这女子叫莉莉，前台服务员，上班不到一个月。去年离的婚，有一个六岁的女孩。教我惊讶的是，为他们撮合的，居然是莉莉的母亲劳拉——客房部清洁工。她知道朗尼有家室，却怂恿女儿去献身，冲着现成的利益。朗尼为了俘虏莉莉，在劳拉身上花的钱不少，她最近戴的十字架银项链，就是朗尼从"梅西"百货公司买的。

2009年的4月，复活节将临，朗尼请了一个星期病假。那时，他和太太的婚姻已崩溃，起因是他和莉莉的奸情完全暴露，那是他故意的。这一回他并非单纯地以满足肉欲为出发点，而是经过仔细的权衡，下了"莉莉比原配好得多"的结论，因而制造矛盾，迫使太太下分手的决心。第一步是分居，但并不容易，太太在财产分割上的过分要求在其次，朗尼最疼爱的女儿为了父母走到这一步而精神分裂，住进医院，教朗尼失眠了好几天。不过，出于拉丁男人行乐的本能，美人到手，烦心事尽可抛开。

这不，他把工资支票兑现了，还不够，便去刷卡，凑齐六千美元。厚厚的钞票，全交给"准太太"莉莉："这回你当家，高兴怎么花就花，我不管。"一行四人——莉莉的女儿和老妈随行，本来，朗尼是要去度准蜜月的。莉莉说，一老一小撂在家里放心不下。为了表示出未来女婿的慷慨和未来继父的慈爱，朗尼把怒气吞回去，故作高兴地同意。他们去的是爵士乐重镇奥尔良市，不过不是出于对音乐的感情，而是因为那里有一家旅馆，和朗尼及莉莉供职的旅馆同属一个集团，按照集团的规定，所有员工入住都享受相当于原价30%的优惠。

到了奥尔良，在旅馆登记时，前台接待员抱歉地说，两个房间离得远一些，这几天有大型会议，差不多住满了。朗尼问，隔多远。回答是在不同的大厦，一个在南，一个在北。莉莉的职业就是前台接待，理解人家的苦处，马上表示谅解。四个人拿着电子钥匙往房间走去，教朗尼扫尽兴头的是，莉莉居然和老妈、女儿靠拢，三个女人占一个房间，让朗尼独自睡觉。朗尼当着劳拉的面，不敢发火。他这次费尽心机策划的假期，是以"性爱"为主题的啊！朗尼气鼓鼓地进了房间，躺了一会，越想越气，独自下楼，去酒吧灌下三瓶百威啤酒。回到房间，洗了个澡，正在思量今晚怎么说服莉莉来和他共寝。电话响了，是莉莉的女儿梅宝打来的。小丫头来到新鲜地方，只顾乐："朗尼，妈妈的洗面霜在你的行李箱里，妈妈让你拿来。我们的房间，看到一片树林，可美啦！""叫你妈妈来拿，我要睡觉。"莉莉以为朗尼开玩笑，拿过话筒，命令道："朗尼，怎么啦？拿过来吧！""你自己来拿！"朗尼发火了。莉莉听出朗尼真的动怒，不敢勉强。

莉莉走进朗尼的房间，朗尼不说话，躺在床上。莉莉看他胡子没刮，黑乎乎地长满一脸，忽然省悟，这男人，花这么多钱请一家人去游玩，不就图和自己做爱吗？马上放下身段，抱住朗尼的脸，不顾被胡子扎疼了，献上几个吻，心肝肉儿地叫。朗尼振作起来，和她缠绵了两个小时，兴尽以后，莉莉说要回去陪妈妈和女儿，朗尼不再在乎。

第二天一早，四个人在餐厅吃过早餐，正要上街去玩。前台经理找上门，说，知道明天是朗尼的生日，碰巧总统套房空下来，它有两个卧室，还有私人泳池，请朗尼他们全搬过去。朗尼喜出望外，偷偷往经理手里塞上五十元，作为感谢。在总统套房住下来，朗尼的抑郁一扫而空，他至为得意的，不是拥有全是法国波普王朝家具的豪华之地，而是被经理百般逢迎，让莉莉母女见识了他的"够派头"。这一天，四口人十分和乐地逛街，小梅宝一路吃冰淇淋，和朗尼打闹，玩癫了。回到套房，两人淋漓地做了三次爱。这一天，算是值回票价。

在总统套房睡醒不久，旅馆送餐部的侍应生敲门，送来一瓶冰镇加州香槟酒，附上经理写的贺卡。朗尼知道是昨天的小费起了作用，但不向莉莉挑明，以增加她对自己的崇拜。吃过早餐，临出门时，朗尼随口问了莉莉一句："还剩多少钱？"莉莉用心算了一下，平淡地回答："差不多三千吧？"朗尼从床上跳起来，吼叫："不到两天，花掉三千块了？""不，和我妈一起，买了些首饰……"朗尼暗暗叫苦，我的妈！一个月的薪水，税后不到六千块，这娘们，一眨眼工夫就能替你烧掉一大半！朗尼再也没心情去逛街，推说头疼。三个女人不管他，兴冲冲出门去。不久，朗尼的手机响了，是女儿从加州打来的，催朗尼替她付钱，买高中毕业舞会穿的裙子。朗尼正为钱心疼死了，没好气地说："我不在家，找你妈解决吧！"女儿哭了，说妈妈付不起每月的房贷，正愁被银行扫地出门，全家要当流浪人，哪有心情去陪她选裙子。"爸爸，你不是最爱我的吗？怎么这样啦？"女儿的哭声，把朗尼震醒了。他挂掉电话。思前想后，狠狠地敲太阳穴，混蛋混蛋！亲生骨肉穷成这样，你却让这两个贪婪女人尽情挥霍！他大哭。哭完了，便下楼，去酒吧喝酒去。在关键时刻，他和其他拉丁美洲人一般破罐破摔。

下午，莉莉她们提着一串购物袋，喜气洋洋地回来。半醉中的朗尼，脚步轻浮，嘴巴有点打结。莉莉知道，今天是朗尼的生日，不庆祝说不过去，但外出就餐不合适，朗尼的体重超过一百公斤，如果喝醉，两个女人搬不动，便自作主张，打电话给送餐部，点了一桌饭菜。末了特别说明，这是为庆祝男友生日点的。送餐部把食物桌推进来，两座银烛台，点上蜡烛。朗尼看到，激动起来，马上拨电话给送餐部，再要两瓶上好香槟。莉莉明知他已半醉，但怕搅坏好不容易才恢复的好气氛，不敢干涉。这个小规模的庆生派对，相当狼狈，牛排没吃上一半，朗尼已把两瓶香槟灌进圆鼓鼓的肚皮，然后，叉起腰发表演说，酒后吐真言，一条条数落莉莉，花光他的血汗钱，摆臭架子的婊子，居然想不和我睡！我睡了那么多美女，在乎你一个？滚回去！莉莉和母亲傻了眼，不知他是说心里话还是发酒疯。劳拉不敢招惹，拉孙女回房间去。朗尼趁莉莉进了洗手间，打电话给送餐部，再要两瓶香槟酒加一盘下酒的乳酪拼盘。那阵子，朗尼完全失控，把香槟倒进高脚杯时手发抖，一半洒在桌上，莉莉要把杯子抢过来，被朗尼挡住了。朗尼一边痛饮，一边胡闹，时而哈哈大笑，时而指着莉莉臭骂。莉莉冒着被打的危险，把剩余的酒拿到洗手间，倒进马桶。最后，酒精完全制服了这个身心备受煎熬的男人，他瘫在床上，死猪一般，打起呼噜来，活像喷射机起飞。莉莉把沾上他呕吐的秽物的被盖、衣服和浴巾归拢在一起，打电话给客房部，请他们派人来收拾，换上另外的床单。从这时起，莉莉认定这男人靠不住，嫁给他以后好好过日子的幻想破灭了。

　　这次度假，连机票，房费加上给莉莉的六千元，朗尼的一万两千元打了水漂，结果却毫无建设性。朗尼请病假，不在家治病，而去入住同一集团的旅馆，享受从住到吃的优惠，这是有悖于常理的。人事部主任请他去作解释。他承认所有作为，但不认为有错，"我请病假，是因为我没有能力上班；可是，这不等于我没能力去度假。两回事，明白吗？"人事部主任和"人"打交道二十年，没听过这样的理论，摇摇头。"比如，肩膀韧带受伤的人，托不了二三十公斤重的食物盘。可是，我度假并不用干体力活。"朗尼开导主任。主任问："那么你是什么病？""我对此保密，你没有权力问。"主任说，按照资方和工会签订的合约，我们当然可以问。"你信不信我去请律师控告你侵犯隐私权！"朗尼怒气冲冲地走了。主任无计可施，只好通知宴会部经理，给朗尼一张书面警告，放进档案。莉莉还在试用期，由于表现差劲，不到期满就被辞退了。失业以后的莉莉，和朗尼维持着利用与被利用的关系。朗尼需要她的肉体时，便大献殷勤。莉莉要钱付房租时，就向朗尼施展媚功。

朗尼和莉莉的孽缘，在一年五个月后彻底结束。导火线是朗尼发现莉莉和别的男人约会。开始时，朗尼通过劳拉劝说莉莉回头，展开多次鲜花攻势。后来看难以挽回，便实施报复，半夜里把莉莉的车子和她住处的窗户的玻璃都砸烂了。莉莉不是省油的灯，她和朗尼同居时偷偷打了一套后备钥匙，如今派上用场。一天趁朗尼上班，开车到朗尼的公寓，把抽屉的锁撬开，拿走朗尼的护照、信用卡、驾照，并把电脑搬走，只留下电视机，那是三手货，值不了二十块钱。

朗尼回到家，一看就知道是莉莉干的，打电话去质问，莉莉不正面回答，只说，你赔偿我的车子和窗玻璃，我就把这些还你。"为这个臭娘们，我负卡债四万五千元。"朗尼在感情的狂潮静息以后，对我说。不过，对这笔害得他每月支付五千元本息的债务，他并不痛悔，有的是夹着得意的自怜。

没有了莉莉，他改变了猎艳的方式，从网上找。有一次，他动情地告诉我，他和一位利比亚裔的美国女子陷进情网，她在东海岸的费城，干的是行销，可惜不愿意飞过来和他见面。两人在网上聊天室卿卿我我一个月，终于因为远水救不了近火，散了。"栗色头发，奶子很好看，可惜。"朗尼看过她的裸照，谈起时舌头不自觉地舔着嘴唇。

为了救近火，他浏览网上的广告，选那些头像中看的妓女，先打电话谈价钱，谈拢了再开车上门，两百至两百五十元一次。多数是欧洲来的，他说意大利的最浪。有一回，他找上一个埃及的，时间预先约好，他进了门，说要验货，吩咐女子脱光。女子照办，朗尼看到她的奶子差点触及肚脐，倒尽胃口，说不合适，不做了。妓女吐出口香糖，狠狠地说，这一个小时是留给你的，你不要我，也得付钱。他当然不肯。妓女拨了手机。他知道她是在找打手。他马上闪人，好在他没沿原路走，打手的车在前头的路口等着。

他又去了一次墨西哥，这一次没老婆监视，大摇大摆地过境，女子在海关那边迎接。这一位也是网上认识的，二十八岁，从来没结过婚。拉丁美洲人早婚成风，三十岁能当婆婆，这一位是有硕士学位的，高不成低不就，拖到现在。模样可以，但太胖，一百六十厘米身高，体重七十五公斤。朗尼找女人，相貌第一，莉莉这样的俏佳人才教他死心塌地，但怎么能空手而回？他在那个晚上全力以赴，教担任室内设计师的女子高潮连连。第二天，上午一起游玩。下午，朗尼开车回到圣地亚哥，乘机回旧金山。平心而论，这位花花公子还是有点男子汉的担当的，从来不骗女子的钱，和女人上餐馆、夜总会，都是他付账。这回，也以豪爽的风度迷倒对方。但朗尼回来以后，不再上网，和她的关系断了。

朗尼离婚以后，在欲海里沉浮了三年，停止支付抵押贷款的房子，退给银行。和母亲一起生活的子女，都已成年，对荒唐父亲极为反感，朗尼打电话来也不听，只差断绝关系。这段时间，朗尼获得彻底的自由，嫖妓不算，上过床的女友如莉莉一类，有八九位。结果是欠了一屁股债，加上感情一次次受创。

他终于回头了，让他惊醒的是这样一次艳遇。一位老乡带朗尼去参加烧烤派对。二十来人参加，其中一位女子，三十出头，身长一百八十五厘米，还加上高跟鞋，拿着"卡龙那"啤酒瓶在院子里鹤立鸡群地招摇。老乡介绍朗尼和她认识，她自称丽莎，对朗尼格外热情，握朗尼的手时伸出中指在朗尼的掌心画圈，这可是露骨的信号，意思是：我想睡你。平时只有花花公子敢冒这个险，弄不好是会吃对方一巴掌的。朗尼当时心猿意马，但人太多，不敢过分，拿一张餐巾，写上手机号码，在角落塞到丽莎的手上。丽莎以富于磁性的嗓门，对朗尼说："太喜欢你了，我的王子！"当晚，丽莎发来短信，算是谈情的开端。一个星期以后，朗尼到了丽莎的家。丽莎穿丝绸睡衣，给朗尼递上一杯红葡萄酒，边喝边说火热的情话。朗尼和丽莎碰杯时，看得仔细，丽莎有男人的喉结。朗尼轻轻把丽莎涂着红蔻丹的手指挡住，不让它碰自己的裤裆，掉过脸，长长地呼出一口气，把呕吐的感觉压下去，笑着说："丽莎，我可得坦白说，我不是同性恋。""哎呀，我也不是，我是女人，喜欢男人的女人。"朗尼大笑，一口酒喷了出来。丽莎知道朗尼看穿了，不好意思地说："不勉强你，替你口交，就这样，谁叫我喜欢你！"朗尼说，不不！狼狈逃出。这一回，他突然发现，单纯的性，是这般无聊。他想念家了，从前的家，在威利贺镇，一只叫"幸运"的狗，两个孩子，一个老婆。那房子，被银行贴上拍卖的告示，从前，举凡油漆，竖栅栏，装修厨房，哪一样不是他干的？

三

朗尼和前妻复合了，他为了取得她的谅解，买了多少玫瑰花，送了多少礼物，打了多少请求宽恕的电话，他记不起了。不过，起关键作用的，是儿子和女儿替他向妈妈求情。一句"这个家，没有爸爸就是不像样子"教她心软了。两口子去婚姻顾问的诊所，充分沟通，在获得博士学位和行医执照的医生指导下，就"什么该做""什么不该做"定下了许多条规矩，朗尼抄下来，贴在家里的电脑桌旁边。

浪子回头以后，和我谈的，不再是女人、性，而是家庭生活的幸福。他又读起《心灵鸡汤》一类书籍，和我交流东方和西方哲学的异同。

不过，我知道这个人，在性荷尔蒙的分泌量减少到可以控制之前，是不可能改掉偷腥的习性的，但他不再张扬，戒掉的是外遇，至于嫖妓一类纯然为疏解性苦闷的勾当，他还维持着，不留下痕迹就是了。

2012.5

登徒子奥兰多

旅馆的宴会部，顾名思义，是为大小宴会提供服务的，常常是团队作业，几十位侍应生一起摆位，准备饮料、食物，闹哄哄的。绝大多数是男性，一起干活十多年，乃至三十多年，熟得不得了，开玩笑在所难免。有一段时间，南希成为宴会部男人们的热门话题。南希是旅馆内唯一一家花店的老板。花店叫"毋忘我"，她在里头干了不止七年。从前，"毋忘我"的执行长是同性恋者安东尼，生意兴旺时雇两三个伙计，南希是其中之一。安东尼在旧金山住腻了，失恋以后干脆搬到纽约去，南希把花店接过来。花店位于旅馆大堂的一侧，前面是门市部，一块屏风隔开，后面是工作间。生意有两大项，一是卖给入住的客人，二是为宴会部的餐桌提供插花。金融海啸以后，宴会部生意变差，害得南希也没多少订单可做，只好辞退工人，自己包办一切。每天开门营业时，独自在屏风后摆弄花草，有客人进来便出去接待。

南希和我的同事奥兰多谈了一场流星式的爱，我是始作俑者。有一次，南希和往常一样，不声不响地推着小车走进宴会厅，把一盆盆插着郁金香、康乃馨、马蹄莲和衬叶的插花，放在每张餐桌中央。她的周围，宴会部的侍应生们把刀叉、碟子、酒杯、餐巾放在桌上，手在动，嘴也在动，没遮拦地开粗野的玩笑，因为无聊，也因为客人没进来，不存在顾忌。几乎谁也没有注意到南希，她的年龄很难揣度，属于很早出现老相，老来容貌固定，不再变化的一类，至多五十岁，典型的高加索种白人，浅蓝眼珠，头发先前是金色，中年以后由于过分节食导致营养不良，变为褐色，稀疏且欠润泽，脸蛋嫌过于苍白，额头散布浅浅的雀斑。可是，她放置插花，腰部微弯的刹那，我意外地有所发现。于是，走向奥兰多。

在近四十位每天混在一起干活、休息的同事中，我爱和这位萨尔瓦多出生的男子谈较有深度的内容。我佩服他的洞察力。比如，就在上星期，我们一起替一个五百人的鸡尾酒会服务，在捧着托盘，把盛上葡萄酒的高脚杯递给客人的间隙，他小声告诉我，看，那男子，又矮小又丑陋，却偏爱高谈阔论。他指出，一般而言，大凡外貌上和普通人相差颇远的男女，爱以古怪言行引起众人的注意。我细加观察，果然，小丑般的绅士正在手舞足蹈，竭尽出位之能事，十多位女宾被逗得乐不可支。

我对正为了缺乏聊天对手而发闷的奥兰多说，南希，其实是蛮性感的。何以见得？奥兰多反问，顺手抚摸每天极用心地修饰，且引为骄傲的络腮胡——他的骄傲是有理由的，无论近看还是远观，唇部被乌黑的矩形围住，为稍嫌发福的圆脸平添雄性的霸气。我详细说了理由，要点是：南希的身段婀娜，被衣服裹着，似乎偏瘦，但该有的还是有的；更要紧的，她是"纯天然材料"，全身没加任何修饰，脸部不化妆，也不穿稍为抢眼的衣服，拒绝以鲜艳、暴露的外在物陪衬自己。"这种女性，只要巧加发掘，美就出来了。"我刚说完，奥兰多闪身不见，原来和南希套近乎去了。我看他俩谈得兴高采烈，暗暗高兴。

几天以后，又是大型宴会，南希以及满载鲜花的手推车，出现在被专业公司布置的大厅里面。奥兰多在我旁边。我煞有介事地走近南希，故作神秘地说："甜心，告诉你一个秘密。"南希晓得我惯于开玩笑，并不当真。"干脆和你说了吧——一位绅士对我说，这里有一位女士，富于吸引力，他十分欣赏。"奥兰多知道我在演戏，投来神秘的微笑，表示鼓励。南希好奇地盯着我，意思是：你指的是谁？我把奥兰多拉到南希跟前，"我的朋友对你产生十分的好感，你们该好好谈谈。"南希的脸红了。奥兰多是情场老手，逢场作戏的全套本领娴熟之至，趁机和南希打起哈哈来。这是开头。

往后三个月里，我把撮合奥兰多和南希作为第一兴趣。每次见到南希，都大夸奥兰多。看到没？宴会部第一号美男子，风度没得说的。他确实对你有意思呢！南希对我的话，从来不反驳，只微微露出贝壳般整齐而小巧的牙齿，笑，然后是嘴仗："喜欢他的是你吧？""我当然喜欢他，兄弟嘛。"在旧金山，同性恋司空见惯，男子喜欢男子，不是见不得人的。这一点，我和南希都明白。

2010年夏天，奥兰多回老家萨尔瓦多去了，因为老爸摔断了大腿，要动手术。南希多天不见奥兰多，牵挂着，偷偷问我。我吓唬她："还好意思问！人家天天想你，想病了，在家躺着呢！""是吗？对不起。"南希转身走了，脸色有点异样。我注意到，她在穿衣上大有进步，以前天天不离的灰夹克，换成浅花衬衫，细腰和丰臀若隐若现。

奥兰多不在，和南希的罗曼史不得不中断，让我趁机回过头，说说奥兰多其人。奥兰多出生在故国一个大家庭，兄弟姐妹九个，只有他来了美国，其他的都在老家，多数当教师或公务员，一位哥哥一门心思求学，成了大学教授。奥兰多是祖母带大的，他常常对我谈起这位肥胖、快活、掌管全部家政的老人家，怎样以绝对权威的口吻教训他，那就是令他至今回味不已的童年记忆。"宝贝儿，你长大了不要娶屁股小的媳妇。""奶奶，为什么呢？""不为什么，我不高兴看。""在山上走路，迷路时要向左拐。""向右不行吗？""我怎么说你怎么听，问什么！""你摸过小鸡鸡的手，不要碰母鸡的羽毛。""为什么呢？""不生蛋。"奥兰多还说，祖母死前来过旧金山探亲，他载着胖得挪不动腿的老人，沿海岸缓缓行驶，让她见识蔚蓝的海面和无数白天鹅般的私人游艇。祖母拍着大腿，哈哈大笑，说："笨呀笨到家了！家里暖洋洋的，靠着壁炉打盹多舒服，他们居然在海上吃冷风，看嘛，他们在发抖！"我问，奶奶，这么远，你看到谁打寒战啦？她说，指的是帆。奥兰多出生于1960年。十六岁那年，被一位叔叔作为养子，带来美国，这是当中学校长的爸爸的主意，他要其中一个孩子拿到美国名校的学位，光耀门庭。奥兰多在旧金山上中学，以勉强合格的成绩拿到高中毕业证书。他死也不愿进任何大学的大门，嫌太枯燥。凭着一口顶呱呱的英语，他在旅游区渔人码头最有名气的西餐馆"蓝帽子"当侍应生。那时才二十岁出头，每天赚的小费，塞满了夹克的口袋。和一般连合法身份也拿不到，只能躲在厨房打下手的同胞比，他是阔气的天之骄子。二十一岁那年，他和一位墨西哥裔女孩谈恋爱，搞大了人家的肚子，只好娶回家。两年以后，难以忍受她的火暴脾气，把全部家当留给母女，从租赁的公寓出走。两年后，他第二次结婚，太太是在旧金山出生的萨尔瓦多裔，在大学读的是金融专业，毕业后进大名鼎鼎的摩根股票行担任交割员，矮胖，脸上有黑痣，她喜欢奥兰多的潇洒，奥兰多看中她的平庸——别看他年轻，但交的女友超过一打，知道"玩伴"和"老婆"有根本的差异，他要一个安稳的家，何况她的薪水比奥兰多多很多。结婚后，生下两个孩子，加上两只狗，家庭是幸福的。奥兰多最得意的，不是自家地道的西班牙语，"没有人知道我是在美国长大的！"而是在他调教下，原先只会说些西班牙语单字的太太，差不多可以被误会为"南美洲游客"。

和绝大多数拉丁裔男子一样，奥兰多栽在拈花惹草上。我见识了那个族裔的众多案例以后，不能不叹服美国著名谐星罗宾·威廉的惋叹："男人的血液一旦输送给阳具，使它勃起，脑袋就因缺血而停摆。"奥兰多彻底失手那次，发生在四十五岁那年，他被太太逐出，只好在廉价客栈租单房住了一个月。最后被姐姐押着，回家向老婆大人请罪。由姐姐作保，才获得最后一次机会。奥兰多蛰伏一年半载后，静极思动，但极为小心。明显的例证是，旅馆的男性员工更衣室前的公共电话，从前使用者不少，自从人人有了手机，这投币一次从二角五分涨到五角的玩意，一个月也没人碰一次。唯独奥兰多，天天用它。他不是没有手机，而是不愿在手机上留下任何可疑的记录。

不过，奥兰多和许多拉丁裔男子有一不同处，他把偷情的核心内容——性爱，当作一种"终极艺术"。有一次和我深谈，他说过这样一席话："我恨死了粗鲁男人的做爱方式，那简直是糟蹋生命！上个月一个黑妞和我分了手，不分不行，她男朋友在她身上嗅到另外一个男人的味道，追问她，她当然不说。她是梅西百货公司男装部的售货员，我去买衣服勾引上的，请她上酒吧喝三杯马丁尼，她便和我去时钟旅馆。上床第一回，她死鱼一般。我教她怎么刺激自己，迎合男子的进攻。当然，关键性技巧是我的技术。我的妈，她高潮一次又一次，最后瘫在床上，昏了过去，我以为出了人命。她缓过气来，眯着眼，亲我亲不够，'宝贝，我到今天才真正成为女人！'在床上，我的第一条原则是：女性没有高潮，是男子失职。我务必让她到达目的地，然后才轮到我。"说到这里，四十八岁的男人在原地跳起探戈来，对自己外表与魅力的自信，对操控自如的性能力、鞭辟入里的性技巧的得意，尽在轻快的舞步里。我在旁抱臂大笑，复杂的感受难以言表，我差点对他发问：性，难道是生命唯一须在乎的元素吗？

奥兰多度假回来了。这一趟，他以功成名就的金山客的身份，在出生和长大的城市里，为父亲奔走，由于给了主刀大夫三百美元的红包，还给护士长送了礼物，父亲的手术获得成功，留医期间受到类似政府部长级的超级照顾，因此，他被全家视为英雄。回来以后第二个星期，他在员工食堂喝咖啡，和我坐在一起，告诉我："知道不？我办了。"指的是他和南希。

经过是这样的：昨天我休息，没什么乐子，便开车回到旅馆，走进"毋忘我"。南希看到我，先是一惊，再是恨恨地白我一眼，说一句："你好。"便埋头修剪一束玫瑰花。我不迭地道歉，甜心，走得太急，没机会和你说一声，老爸的事，原谅我行不行？摆平女人，表白的作用有限，我从背后搂住她，在耳边吹热气，她就从心到身子都软下来了。我邀请她外出吃晚饭，作为赔礼。她答应了，锁上门，坐上我的车，经过金门大桥，在洒洒利托镇一家临海的意大利餐馆，美美地吃了一顿以一杯纳巴谷红葡萄酒打头、包括恺撒沙拉和烤小牛肉的全餐。饭后送她回家，她邀请我进去坐坐。求之不得！她一个人住在马林区公寓大厦的小单位，看家具，旧是旧，但干净，陈设清爽，一看就晓得她是认真过日子的，而且，没男人很久了。她倒了两杯梦露葡萄酒，和我并坐在起了毛的沙发上。起先是聊天，她告诉我，她三十年前从费城迁来时，是和男朋友一起的。后来男朋友和一个萨尔瓦多女孩好上了，把她撇掉（南希说到这里，轻轻捶了我的臂膀，说："我和你好，报了这个仇，哈哈！"她在玩幽默，腔调却像哭）。打这以后，她就没能耐和任何一个男人维持长久关系，和好几个约会过，多则一两年，少则几个星期，不明不白地断了交往。我和她越靠越近，我拿着她的手，看了看，小小的，莳弄花草多了，有点粗糙，可是白得像玉。我把她的手放在唇上，她没反对，我把她的手指放进嘴里，舔了舔，她用身体顶了我一下，讨厌！把手缩回去。我笑着，盯紧她的浅蓝眸子，她的脸开始泛红，眼神迷乱，喃喃地说，没做五六年了。我说，宝贝，我会小心的。她闭上眼。我和她接吻，显然，她并非内行，笨拙地应付着。我的手放在娇小的乳房上，继而，把手伸进奶罩里面，她慌乱地抗拒，把我的手抽出来（后来我才省悟，她不是不让我爱抚，而是难以接受这个速度。这株紫罗兰，受不了稍为急骤的风雨）。我的兴致顿时冷下来，装作没事，说，时间到了，我得回家。站起来，穿上外衣。她急了，说，这么快，干吗？我说，赖在这里有用吗？你不愿，我硬来不成？她说，你慢点行不行？我说，听你的。把外衣挂回衣架上。她牵着我的手，走进卧室。往下的细节，奥兰多不想说，千篇一律的"活塞运动"，谁都听腻了。他对第一次的结论是：她床上功夫一般，但久旷之后的疯狂教他吃惊。他这个惯于操控全局的高手，这次取的是守势。

接下来的两个月，在公开场合，比如南希给宴会厅放插花时，奥兰多和南希之间，不再打情骂俏，差点没话说。不明就里的同事像过去那样起哄，我暗暗制止了。我知道，他们已经进入性爱频密期。南希陶醉在奥兰多的甜言蜜语中，点破会使女士尴尬。

奥兰多这一场艳遇，在距离第一次上床一百天的日子宣告了结。奥兰多怒气冲冲地对我说，这女人不识好歹，居然动真的！她和我谈判，要和我去纽约度假，连机票和旅馆都订了。我对她说，一开始我不就说清楚了吗？我是有家庭的，老婆儿女不能丢，能给你的是性，让你快活，我做到了。让你每次都满意，就这么多！她说不能这样下去，她需要归宿，爱她，就得和她在一起！我说，那就算了！

不过，我很快从不止一位拉丁裔男同事口中，听到另外的版本。原来，奥兰多每次和女性约会，都有相同的大段开场白，内容是抱怨现任太太，说她的种种不是，丑陋啦，抠门啦，啰嗦啦，声言结束婚姻是迟早的事。然后才是"爱死你，你是我全心全意地迷恋着，疼着的情人"之类的肉麻话。他知道，有了"将来可能结婚"的暗示，女性容易产生幻想，去掉顾忌。对南希，他也实施这一个屡试屡验的程式。不料，奥兰多的太太，这被丈夫无数次偷腥训练得机警无比的股票行交割员，这次还是察觉到蛛丝马迹，凭的是奥兰多从家里打出去的电话。那天是奥兰多的休息日，他趁太太在厨房里做菜，给情人打个电话问候，太太看他举动有异，趁他上厕所，查看他手机上的号码记录（奥兰多上班时常常花钱用公共电话，原因在这里），把唯一的陌生电话记下来。她回到办公室，回拨这个号码，知道是旅馆内"毋忘我"花店的座机，接听的是南希。她以亲戚的身份，订购一束玫瑰花，要送给某房间，信用卡号码给了，一切办妥帖了。一个小时后，再打一个电话，把订单取消。往下发生了什么，无论消息灵通的同事还是奥兰多本人，都没细说。一个传闻是：奥兰多的太太走进"毋忘我"，和南希面对面谈了一个小时，最后南希哭了。

这么多年，奥兰多对我坦白的艳遇，少说有十宗，都是故作平淡地描述追求人家或被人家追求的种种，但从来没有透露，他以最高的效率把对方弄上床，秘诀是：开头必表示"即将离婚"。其实，他何曾想过抛弃太太？她是年薪十五万元的高级白领，模样抱歉一点而已。他知道这种虚伪的"衷情告白"，虽然次次得逞，但后患无穷，不但收尾时格外吃力，而且有失男子汉的尊严。在这方面，我无意厚责，多数名人传记不也这样？再高贵、伟大、纯洁的记录，损招、阴招是没有的。打这以后，南希和往常一样，给宴会厅送花，衣着又回复从前的土气，见到奥兰多，两个人都扭过头去。我可不敢乱开玩笑了。

奥兰多每天轻松地回家，看来太太没有把这当作"最后一次"，她自欺欺人地认为，奥兰多和南希之间，没有"偷"的确凿证据。

2012.6

唯钱是问的詹姆斯

2012年的5月，旧金山可爱的太阳照耀着日落区的街道。一个在这里消耗了整个中年的垂老者，在第25街独行。他何其钟爱温煦的天然光线和蓝天。寂静的柏油路，偶尔有斧斤的响声，坚定而锐利，似金门公园里的啄木鸟在橡树的主干工作。他走过犹太街，电车隆隆向他开来。他走上人行道，一户人家，车库门洞开，他在不经意间瞥了一下车库里头，一个老头低着头往外走，人中上的一撮胡子，白得触目。老头背后，是一片耀眼的橙红色。他顿了顿脚，要往这个车库走去，大叫一声："詹姆斯！"但克制住冲动，继续往前。

他不愿在这个时间见老朋友，没有任何理由。若非要找一个不可，那就是"想不到"——想不到他住在这里，想不到这个时间见到他，想不到自己没有心理准备，想不到事前事后都找不到不见的理由。走过半个街区，脑际那团橙红色清晰起来，那是詹姆斯的心肝宝贝——1960年出厂的八缸老爷车"卡米罗"。只是，连招呼也不打，说不过去呢！这房子，詹姆斯住了四十年，三十一年前他已来过许多次。可惜太迟了，身后，车库的大门隆隆响着落下，周遭又进入安宁。

......

写下以上一段时，感觉是相当幸福的。为的是一篇记人散文有了轮廓。这几个月，我在断断续续地写的《旧金山人物》系列，最近遭遇瓶颈。并非没有题材，而是找不到一根把凌乱的材料串起来的线。和詹姆斯打的这个照面，教思绪打个激灵，意思出来了。

一

人对"第一次"的印象总是特别深刻的，第一封情书，第一次上班，第一次见面，第一次热吻。对于记忆来说，"好的开始是成功的一半"这一西洋谚语可以改为"任何一个新的开始都可能成为全部记忆的一半"。我想起詹姆斯，一个画面必然插入，栩栩如昨。那是1981年的春天，在旧金山蒙哥马利街44号富国银行大厦地下室的"马车餐馆"。我是被唐人街职业培训中心派来实习的，平生第一次在人人说英语的地方上班，干的又是从来没干过的活计，说不紧张是假的。这地方，上星期五下午来过一次，被当调酒师的中国人带去见老板。这位调酒师待人极好，可是他在酒吧忙着。我先进办公室见了老板杜贝先生。喜怒无常的杜贝先生此刻心情不错，他把我领到餐厅，高声叫："詹姆斯，过来！"詹姆斯正在厨房里搬运银器，听不到，老板提高嗓门吆喝："你躲哪啦？给我出来！"待在餐厅的，只有一个侍应生——南斯拉夫移民巴比，他刚刚侍候完吃早餐的客人，看老板急了，赶紧跑进厨房，把詹姆斯叫出来。

詹姆斯愣头愣脑地走来。老板的怒气还没涌上脸，便被詹姆斯压下去："杜贝，别嚷，我忙着呢！你知道，我这阵子事情最多，你雇我，可不是要我站在这里等你吩咐的。""就你多嘴。"老板笑了，看出来，詹姆斯并不怕老板。老板拍拍我的肩膀，对詹姆斯交代一句："你负责教他。"回身走了。詹姆斯追过去，要贴在老板的耳边说私己话，可是太矮，踮起脚也够不到耳边，只好大声说话。他们的对话我约莫听到，詹姆斯向老板提出，新来的跟他学，可不能分掉他的小费。老板呵呵笑着回答，小伙子是不要钱的，放心。

詹姆斯回过身，和我握手，说地道的广州话。我那时没有英文名字，他叫我的姓"阿刘"。他姓蔡。他领我到更衣室去，拿了一件酒红色夹克，让我穿上。这就是练习生的制服——白衬衫在内，外加夹克，戴蝴蝶领带，黑裤子和皮鞋。

"我该干什么？"我站在餐厅，看着忙个不停的詹姆斯，胆怯地问。他不耐烦地说："我事情多着，你先看我干，什么时候有把握了，自己动手就是，收盘碗，还用教吗？"我不敢多问，跟在后面，看他去厨房后面的仓库，把桌布和餐巾放在小车上，运到餐厅的工作间，在餐厅忙活——铺桌布，摆银餐具，按下大型咖啡机的开关，制午餐用的咖啡。我这跟屁虫显然妨碍了他的手脚，他不时白我一眼，或者没好气地说，让开让开。

说话间，餐期到了，第二次世界大战期间在大西洋当美国海军驱逐舰舰长的杜贝先生恢复了指挥官的雄风，站在离门口不远的登记台后，五位练习生站在他两旁。这家餐馆的老规矩，开门的头半个小时，侍应生要侍候落座的客人，而练习生暂时没盘碗可收，便担任带位。我站在詹姆斯的后面见习，五位未来的同事都是中国人，年龄和我相仿，都客客气气地和我握手，但没机会彼此介绍。在发起火来当众痛骂太太的老板的眼皮下，谁敢说悄悄话？

第一次在西餐馆干活。如果这就是高尔基式的"大学"，我修的第一个学分叫"紧张"。我的天！当客人潮水般涌进来时，侍应生们穿行于人丛，在酒吧、餐厅和厨房三点之间冲锋陷阵。打下手的练习生要么听从侍应生的吩咐，为客人送面包，倒冰水，递咖啡，要么把客人业已埋单、离开的桌子清理干净，重铺桌布，摆银器。一切都在默契或低声的争吵中进行，节奏极紧凑。我不敢随便，先看詹姆斯干活，第一拨客人吃过，脏碗碟——放进工作间里的塑料盆，由我搬进厨房。詹姆斯的机敏，我算是见识了。这家伙，身高才一米五七，在人群中闪转腾挪，特别灵活。遗憾的是对我不友善，动不动就呵斥。我心里窝着火，想不到一进来就受这小个子欺负！忙乱了两个小时以后，客人们回到各个大厦里头的办公室去。只干午餐的侍应生们和收款员结好账，下班前要给练习生付酬劳，按规矩，要付他所赚小费的15%，但由于客人付的小费多半是现款，难以查核，因此尺度各别。具体到詹姆斯，因为他不但资格最老，是练习生们拥戴的头头，而且干活卖力，更要紧的是，侍应生不给足，他敢于撕破脸和人家吵，所以多拿到几块钱。这阵子，詹姆斯紧张地盯着他辖区的侍应生们，生怕他们"忘记"付钱，逃之夭夭。南斯拉夫移民班尼，已把制服换下，大模大样地走过，詹姆斯打个眼色，班尼停下，从西装口袋掏出五块，詹姆斯接过，没说话，看得出并不满意，但班尼是明星侍应生，客人多，老板也让他三分，詹姆斯不敢抗议。希腊移民汤尼在远处，被詹姆斯叫住，汤尼"哦"了一声，连忙掏腰包，只塞给詹姆斯三块。詹姆斯把他的手推开，说，你敢剥削我？瞎眼了！汤尼说，今天我才侍候了十二个客人，两个不给小费，拢共赚了二十二块。汤尼装出可怜相。詹姆斯说："你连我都敢骗？10号台的小费八块，9号台五块半，15号台账单二十四块多，给你三十块，声明不必找。你今天的小费如果少于四十块，我当你的狗！"汤尼尴尬地苦笑，给了詹姆斯加上三块。詹姆斯一边数钞票，一边对我说，"看见吗？这混蛋，不使劲榨，油水出不来！"

餐厅的事情，最大的好处就是，时间过去，一切归于宁静。到高峰期，侍应生在厨房可能为了客人抱怨牛排太生而和头厨大吵，侍应生之间也为了把出手阔绰的客人抢到自己的"领地"而钩心斗角，客人离开以后，都和好如初。

打仗似的午餐期过去，詹姆斯的脸部松弛下来，领我进厨房，介绍我和厨师认识，请二厨尤金给他分午饭时，捎带给我一份。我顿时对这小个子感激涕零。两个人坐在厨房后面的长桌旁边，边狼吞虎咽，边拉几句家常。詹姆斯原来是我的小同乡，老家是山下的小村庄，村名我知道。然而，詹姆斯对老乡没有套近乎的兴趣，旧金山的台山人太多了。这次短暂的交谈，并不热络，却教我对他增加了敬畏：啧啧，标准的家乡话，标准的广州话加上略带口音但流利无比的英语，不简单的矮子！

二

　　我跟随詹姆斯当见习生才一个星期，就因为一个练习生请长假，空出一个位置，由我递补。我由此获得拿小费的机会，干一场午餐拿到十块，够买一天的菜有余。新移民是容易满足的。詹姆斯也为摆脱了我而松了一口气，身为餐厅最低级的练习生，拥有跟班，一如家丁坐上老爷的专用轿子，并不舒泰。

　　我慢慢发现，十八岁从香港来旧金山的詹姆斯，早已彻头彻尾地洋化，表征之一，是"我的就是我的"观念异乎寻常的牢固。练习生的职责之一，是替侍应生摆位。我是新手，怕动作慢，提前上班，从厨房洗碗槽附近的储物架，把刀叉、碗碟、咖啡杯运到所负责的"马鞍厅"去。看到一辆手推车，拿过来，把餐具放上去，正要往外推，詹姆斯进来，一看，皱了眉头说："车子是我的，你最好自己找一辆。""行，我把餐具放好，马上还你。""不行，我这一刻要用。"他毫无通融余地，把我放上去的餐具全卸下，推走车子。我摇摇头。心里说，来这个国家找"人情味"，难啊！

　　我从职业训练中心毕业以后，"马车"旋即雇我为全职员工，中午当练习生，晚上当清洁工，职责是把所有餐厅的地毯都吸一次尘。这家餐馆位于金融区中心，和别的餐馆不同，它的生意主要是星期一到星期五的午餐，尤其是下雨天（写字楼的白领无法到外面去，只好涌进这里），以及每天夜晚八点前的酒吧。夜间极少客人进来吃饭，但它有的是名气，不敢不聊备一格。晚餐期间只留下一个厨师，一个侍应生和一个练习生。练习生还有一项特别差事——为喝酒的客人准备免费的下酒小食。这个练习生，就是詹姆斯。晚班的侍应生，本来是澳大利亚移民查理斯，一辈子干这行，精通顶级法式服务，詹姆斯向他学到不少独门功架。不过查理斯上班是三天打鱼两天晒网，他请病假的理由是：参加韩战时腿部中弹，现在又发作了。詹姆斯则说这家伙是酒鬼，口袋里有点小钱，买醉去了。查理斯不来，老板也不雇人代替，由詹姆斯唱独角戏。好在吃晚饭的人极少，詹姆斯胜任愉快。我晚上八点回到餐馆，开始清洁地毯，看到詹姆斯侍候客人的全过程，由此，发现他"洋化"的第二个表征：彻底的务实。说白了，就是极端爱钱。

那一次，灯光暗红的餐厅里头，只一张雅座（半圆形沙发围着圆桌）有两位客人，是一对从俄亥俄州来看旧金山金门大桥的老夫妻。我一来出于好奇，二来也想学习（总不能来了美国当一辈子下手），隔着屏风观察詹姆斯的举动，从头到尾，大开眼界！他先上"马丁尼"（美国流行的鸡尾酒），再推荐给客人几种精致的前菜。客人点菜的当口，詹姆斯淋漓尽致地发挥口才，把店里最昂贵的"惠灵顿式烤小牛肉"大吹特吹，教客人觉得如果不点它就是和看不到金门大桥同等的遗憾。再就是怂恿人家喝一百二十元一瓶的加州红葡萄酒，最后，以激将法让饱嗝连连的律师事务所合伙人和妻子，都吃下"烤阿拉斯加冰淇淋蛋糕"，这种甜点是本店的招牌。只见詹姆斯把小车推到客人跟前，在蛋糕上浇上干邑白兰地，用打火机点着酒精，蓝幽幽的火苗映照着三张脸。吃完晚餐，客人拍着肚皮作出评价：不但在旧金山属于最好，在他所流连过的全球所有城市，也是顶尖的。晚饭后，站在雅座前的詹姆斯，和缓缓品味龙舌兰甜酒的客人闲谈，以旧金山最热闹的渔人码头为话题，詹姆斯把古今逸闻肆意渲染，一口英语，那流畅，那准确，那谐趣，在非美国土生的中国人中，绝无仅有。

这一晚，我在一个不开放的餐厅吸尘，詹姆斯进来，他心情好得无以复加，急于宣泄。"阿刘，猜猜，刚刚和我握手告别的客人，给多少小费？"我说："你把他们当成国王和王后来侍候，能少吗？"他料定我这刚刚进城的"大乡里"没有想象力，抢先说了："72.39元！""干吗带零头？""账单是227.61元，客人给我三张一百元钞票，说不用找了。""厉害！我干一天也赚不了这个数。"我佩服得五体投地，我的时薪是四块五毛，八个小时下来才赚三十六块，加上午餐所赚的小费，一共不过四十多块，还要纳税。"论服务水准，你超过大多数侍应生，可是你当练习生当了十年……""唉，我这么矮！我好几次要向老板提出，让我升职，走到办公室门口，就是没勇气进去，算了，别自讨没趣。阿刘，你个子高，学好英文，将来一定行。"我连连点头，来到这个国度，得有一个终身职业。练习生毕竟是过渡，侍应生或者调酒师却可以干到退休。

　　詹姆斯本来在八点下班，但为了这对被自己的即兴笑话逗得笑疼肚子的夫妻继续愉快，延迟半个小时，这属于自愿，并无加班费。好在损失有所补偿。厨师已下班，厨房由他主宰，他旋开煤气炉，把头厨预先为他留下的大号牛排放上煎板，料理出口感恰到好处的美食。他把盘子端到餐厅一角，洒上胡椒粉，有滋有味地嚼着。他又叫我过去，说："不急，聊聊天嘛！你这活我从前干过，一个小时就搞定了。"难得这小子这般友好，我坐在他对面。他说，为什么我喜欢干餐馆这一行？爱吃。看，一天下来吃多少，喝多少？一个子儿不花。晚餐嘛，趁老板不在，头厨每天靠我去酒吧给他拿啤酒，当然要互惠，下班前一定给我留下好东西。

　　詹姆斯吃饱了，该回家了。最后一桩事是数钞票，这是一天所赚的小费。原来，心甘情愿地当练习生是有理由的，他的赚钱门路硬是比一般侍应生多。早上，餐馆所在的富国银行大厦，共四十二层，银行本身之外，还有数以百计的企业，它们举行餐会、生日庆祝会、迎送同事的派对，往往要"马车"送食物和饮料，这差事一直由詹姆斯包办。此外，午餐，晚餐以及给喝酒的客人送下酒小食，侍应生们要给詹姆斯付酬。这个晚上，把堪称记录的七十多元算入，詹姆斯赚了一百二十块左右。我在旁看着，没在意数目，他的神情太吸引人了！只有巴尔扎克笔下的守财奴葛朗台，才这般陶醉！他摩挲着俗称"绿背"的钞票，点了两遍，发出细雨般的簌簌声，他嘴唇间随着发出近于欢呼的啧啧声，满得要溢的成就感，花一般绽放在脸上。他把数目记下来，用橡皮筋扎好钞票，出门前到酒吧去，请和他熟得不得了的调酒师米基，把几沓一元钞换成二十元钞。我手拿着吸尘器的长柄，看他穿着厚夹克的背影，在玻璃门后消失。忽然想到，这种人活在美国社会，是最为得宜的。

三

我在"马车"干了两年以后离开了。和詹姆斯不再是同事，但有来往。我的第一辆车——八缸雪佛兰，是从詹姆斯的幺弟贝得那里买的二手货，成交后，车子换油、换刹车器之类，还得请贝得做。贝得为了方便，让我把车开到詹姆斯的车库。我由此发现，詹姆斯修车是把好手，伴了他大半辈子的"卡米罗"，是他花五百元从白人邻居手里买下的，本来破烂不堪，他换掉引擎，把车壳的旧油漆磨掉，重新喷一次，由黑色变为耀眼的橙红色。在单身汉时代，车就是他的情人，只有在心情特好的休息日，才开到海滨的加州1号公里兜风。如今，这辆够老的座驾自然升级为古董。修车的全副本领，兴许是从贝得那里学的，怪不得哥俩特别热乎。去詹姆斯的家多了，还发现这小个子是万能工匠，他家车库中央有一根直立的支柱，为了能在车库珍藏宝贝卡米罗，把它锯掉，换上一根工字铁作横梁，这工程，是他自己用修车的千斤顶完成的。

既然成为朋友，少不得一起吃午饭，喝咖啡。詹姆斯坚定地实行一个原则——AA制，他不揩朋友的油，你也别指望他请客。他替朋友修车，劳务费必定是一个子儿也没少要。"亲兄弟明算账，彼此不吃亏，交情才能维持。"这是他在分摊账单时道出的理由。

马车餐馆里的半工练习生，一共五位，都是中国人，年龄也相仿。只有香港来的比尔和詹姆斯过了三十还是单身。后来，比尔娶了"过埠新娘"，我们都参加婚礼。詹姆斯也收到请柬，不但来得晚，而且穿邋遢的衬衫和带油污的牛仔裤，在一律西装的宾客中格外刺眼，他不在乎。我们和他开玩笑："下次该是你了吧？"他苦笑不答。

我了解他的心态，在平日的闲谈中，他几次对我说，成家是肯定的，但先要攒够钱，"老婆进门，一看你是穷光蛋，还看得起你？"我开玩笑："妈的，你只吃不拉，百分之百的守财奴，天天光小费存下来也够瞧了。"他得意地嘻嘻笑着，说："有是有点，三十好几，还没和女人睡过呢！舍不得，太贵。""那总得解决吧？""在洗澡时，干干这个。"他做了手淫的手势。

詹姆斯在三十五岁那年，给我们送来婚礼的请柬。娶的是广州移民来的姑娘，比他小十岁，个子比他高。是詹姆斯的母亲托媒婆介绍的，两人见过一次面，连约会一类预热也没有，一步到位。詹姆斯说，我没意见，她要是愿意，过门得了。女方看在钱分上，果然应允。詹姆斯唯一的弱项是矮小，房子车子存款，要什么有什么。务实的广州姑娘倒干脆，先结婚再恋爱。这姻缘，却出乎意料的美满，两个儿子如今都已二十出头，一个从大学毕业，一个在上大四。

詹姆斯思考和行事彻底西化，尽管只在美国上过一年社区大学，并不懂哲学。美国流行的"工具理性"，他是这样理解的：只有钱是值得追求的。他从来不谈女人，更不追女人，一半出于对身高的自卑，一半出于不愿花钱。不过，在家庭生活方面，他表现出东西方式交混的复杂态度。他的父母是上世纪20年代出生的，在台山老家养下五个儿子。上世纪50年代初，出入境管理依然宽松，母亲以"父母从美国回到香港，要求她去见面"为理由，申请获得批准，带着次子詹姆斯以下的四个孩子到香港去，父亲和长子留在家乡。母亲在九龙旺角当摊贩，70年代初，在美国开餐馆的外公怜惜独力撑持家计的女儿，为她以及孩子申请移民，从此詹姆斯一家五口在旧金山落户。滞留家乡的父亲，当小学的体育教员，长子当农民。1980年，父亲和长子成了改革开放以后的第一批移民，被拆散的家庭终于团圆。可是，长达二十八年的分离造成了致命的隔阂，母亲和父亲合不来，并没有同床共枕。在西餐馆当厨师的长兄，和在香港长大、在美国受教育的四个弟弟也形同陌路。詹姆斯对母亲孝顺，对父亲和哥哥却没有感情，极少来往。即使一起长大的四个兄弟，成家以后也分为两派，老二詹姆斯和幺弟一派，当印刷工的老三和当邮递员的老四一派，除了母亲生日这一类不能不坐在一起的场合，便不再来往。不但平日没来往，还搬弄是非，发生摩擦。

然而，这只是一方面，另一方面是詹姆斯对孩子的态度。他的太太一气生下两个儿子，长子的满月酒，我们参加了。次子满月时，詹姆斯因父亲去世，无法如期举行。拖了三个月，他在家里为小儿子张罗了一个派对，把我们这些旧同事都请去吃红鸡蛋。他神情凝重地对我们解释，这个派对万万不可省略；如果不举办，小儿子长大后，知道自己满月，父母没做庆祝，光庆祝哥哥的，可要恨死我们。我哈哈笑起来，去你的，孩子将来计较这个啊？他说："一定会，养孩子，可不能偷工减料！"

四

从第一次在"马车"餐厅见面，到今天，其间相隔三十一年。如今我们都进入暮年。路过詹姆斯的家门，只是打了一秒钟的照面，从前他那么生猛，如今一头灰白。从上世纪90年代到现在，我见到他的次数不多，好在每次都有那么一点儿"意思"，教我想到一个稍带哲学意味的问题：在美国怎么活较为快乐？

　　头一回是在1994年冬天。那时，我早已离开"马车"，在旅馆当全职侍应生，并在下城的"铁马"意大利餐馆当半工。一个晚上，我从"铁马"下班，拖着奔波了一整天的沉赘的双腿，口袋里塞着一百来块小费，走进地下的电车站。N线电车开到，我踏进去，空荡荡的车厢里，一个戴鸭舌帽的小个子，裹紧晴雨两用夹克，坐在门旁的双人座上，是詹姆斯！我惊喜地打招呼。他依然叫我"阿刘"，尽管他早已知道我入籍以后有了洋名字Ray。两双中年的手相握，他的手极为粗糙，而且有力，连我这等粗人也差点受不了。我知道，他在餐厅收拾碗碟不消说，在家里，修汽车，建栅栏，换便盆，铺水管，安装热水器，使用的工具从扳手到电钻，不爱戴手套，练就了金刚不坏之掌。"还是老本行？""当然啰，你知道我爱吃，还爱数现款。"他知道我早已是侍应生以后，拍了一下我的肩膀，说："我不早就说过嘛，你行！谁说企台下贱？发了，人家还蒙查查。"

　　"嘻嘻，今晚我小有斩获。"詹姆斯的眉毛竖起来，笑使皱纹更加明显，他的脸相提醒我，当年过了二十五岁乘巴士还因为"长得嫩"而买半票的小个子，早已到了中年。"赚多少小费？"我知道，他的"好事"肯定和钱有关，一如花花公子的"韵事"必带脂粉味。

　　"今晚淡得要命——你知道，大罢工以后，马车的生意更糟，只差关门了。好在来了五个律师，也许是赢了官司吧？落座时说好要喝个痛快，我反正没别的事，便盯紧这一桌，一个劲劝他们喝，三个小时下来，一个个大男人的舌头打了结。我去酒吧结了账，一看，才消费两百五十块，按15%算，只拿到三十来块，不过瘾。我做了点小手脚，先把包括小费在内的总数写上，这是试探。这些家伙，是全世界最狡猾的，万一给他们识破，一个电话打给老板，明天我在家等候开除的电话得了。付账的老先生仔细地看了账单，没说什么，把万事达信用卡甩在桌面。我暗说，成了！这样，我才正式开单，以原来的总金额为基数，再加上15%的小费。这么一来，在几乎没有希望赚到十块钱的晚上，弄到五十五块。关键是这个——"他从口袋掏出一支铅笔，告诉我，第一次填账单，要用它；第二次，用橡皮擦擦掉，重新填一个"总数"。"做这一行，脑筋要活泛，铅笔要有一支。"他教训我。我说，我那里最近开始用电脑开单。我又一次被他的陶醉震撼。只有这样疯狂地热爱数目微小的金钱的人，才容易满足。在电车上碰面后不久，他终于离开供他白吃白喝二十多年的餐馆业——"马车"宣布清盘，关门了。他转到一所小学，担任电工。天晓得他什么时候考到电工的执照。

第二次是在我的家。那是美国房地产市场进入另一个高峰的1998年。他拿着工具箱经过我住的第44街，我把垃圾桶推出门时碰见他，又是一番惊喜。请他进屋，在客厅对喝咖啡，聊了个把小时。这次，詹姆斯一个劲地谈房子。他到这一带来，原因是去年在离我家一个街区的45街买了一栋房子，出租给一对医生夫妇。医生最近买下房子，搬走了，他来油漆，做点修补，好再次出租。他手舞足蹈地向我陈述买房子的经过，怎样出低价试探，怎样还价，怎样趁检验房子再榨卖方五千元。我并不十分在意他叙述的内容，着迷的是他的激情。一如从前激赏他在餐厅面对为数极少的客人作的即兴脱口秀。房子的买卖、修理、出租，这类干巴巴的过程，经过他的如簧巧舌，变成了生动无比的博弈。我问，你买了几栋房子？他强忍着富于成就感的笑意，躲躲闪闪，在追逼之下，默认，最近几年买了三栋，两栋是单家庭住宅，一栋含两个单位。"妈的，悄悄发大财啦！"詹姆斯搔着钢刷似的短发，谦虚地说："你说得轻巧，我得供房呢，一个月非得这个数，地产税没算。"他伸出九个手指，我猜是九千元。我约略算了他和太太的收入，凭那财力不可能实现这样大的飞跃。我后来向詹姆斯的一位朋友打听，他告诉我，詹姆斯前几年中了六合彩的二等奖，奖金接近二十五万元，纳税后剩下十八万，他拿来当头款，在三个月内买下这些房产。发下这笔相当于他夫妻三年净收入的横财以后，他严格地对包括母亲在内的亲人保密，生怕兄弟来打秋风。不过，他太爱说话了，有一次，和不算亲密，没有资格向他借贷的普通朋友胡吹，说漏了嘴，传了开来。

最后一次，是1999年，我为了修房子，要去"家居总汇"买一些长达十二英尺的木料，需用货车运载。我给拥有小货车的詹姆斯打电话，先说好，报酬和汽油钱照付。和他打交道，必须采用明来明去的美式。他干脆地答应了。约好早上在我家和他家之间的咖啡馆碰头，出发前先一起喝咖啡。他先到，只为自己买一杯。我进门，也给自己买一杯。换上别个同族裔的朋友，请客是不可避免的，但中国人的客套，不宜施于这位纯粹的美国人。在咖啡室半个小时，我倒是有了额外收获——领教了詹姆斯的权威。原来，这里是建筑工人（广东人称为"三行佬"）每天上班前的聚会场所，不知从哪个年月开始，聚会成了讲习班，詹姆斯是当然的主讲人，主题是市政府所定的建筑条例。建筑工都是新移民，他们的共同特点是：手艺顶呱呱，英语"鸦鸦呜"。詹姆斯精通双语，如今是持有牌照的电工，说起建筑方面的个案，以广东话解释英语的条文，流利无碍。詹姆斯演讲完，几位听众提问，他一一作出解答。八点半钟，建筑工们上班去了，我们也离开，坐上詹姆斯的货车。我对詹姆斯说，你说得真好，我听得津津有味，你开班讲课，我报名。他说，才那一点货，怎么卖？我说你该收费。他说，我才不要那钱，过过干瘾不好吗？

五

从詹姆斯的家门经过之后，能够回忆起来的情节，大略如是。如果把"记人"这一宗旨稍作提升，面对"在美国怎样处世"的严峻问题，我以为，詹姆斯的生存方式，是具有相当代表性和实用性的一种。叔本华在《论心理》中说及："很多人需要外界的活动，因为他们没有内心的活动。相反的，凡是后者不存在的地方，前者便可能是一种非常讨厌的东西和阻碍物。"詹姆斯是极端实际的人，他天然地继承了中国农民的传统基因，在美国这个个人自由受到最大限度尊重的社会，他一辈子极少遇到"钱摆不平"的难题，安定和极少外力干预的生活，使他能够完全地贯彻"钱就是一切"的主义。这个人，是标准的劳工，尽责的丈夫，上班时把分内事干得漂漂亮亮，但别指望他帮助别人，他不会干没钱赚的笨事，"不来钱"的荣誉，他是绝对地排斥的。所谓诗情画意，风花雪月，生与死，精神寄托，灵魂的上升与沉沦，如此这般的玄虚问题，从来不会浮现在他塞满数字与工具名称的脑瓜子里。只要不生病，他就是行动家。走进他的家，你马上感到，男当家了不起！厨房是他装修的，所有金属把手都擦拭得闪闪发光，所有器具的摆放都有章法。后院的栅栏，不像别的人家一般，不是木料腐烂就是有了缺口，一色的红木，还涂上红油漆，阳台和楼梯，每年涂上一层防水漆。车库更有看头，橙红色宝贝车旁边，是中药铺一般的格子柜，各类工具，钉子，螺丝，管子，无不井然有序，看着舒心，干活时伸手就拿到，这经营的苦心与奥微的学问，越是行家越能体会。

詹姆斯的年龄和我近似，可以预期，他的晚年是充实的，只要手脚能动，他都给自己找到事情，从为三辆车子换油到给儿子的房间加一个书架；是愉快的，他太容易找到乐子了，发闷时走进那家咖啡馆，粉丝们又要围着他，问：怎样申请加建许可证？水管系统是不是一定要附带排气管；而且，是底气充足的，奋斗了一辈子，成果教他满意，单是名下的房屋，不会少于四栋，价值超过三百万元。我还没说到他的退休金以及其他来钱的门路。

叔本华把构成"每一生物内在中心"的东西命名为"生活意志"。大略而言，詹姆斯的生活意志，就是"向钱看"，倒也活得有滋有味。

2012.6

抚孤松而盘桓

——故土篇

我的碉楼

有客问我：你好歹是生于"中国第一侨乡"的土包子，家乡风物多少涉于笔下，怎么不见专门写碉楼的文字？我搔首苦笑，是啊！这么多年下来，碉楼只偶尔提及。它可是侨乡风光的"第一品牌"，和台山相邻的开平，前几年就以碉楼为主打，"申遗"一举成功。如今，广东旅游业最具代表性的景点，就是这类遍布五邑地区，尤其是台山和开平两市的奇特建筑物。碉楼，无非是碉堡的放大和变形。和它相关的，是抢掠、绑票、枪战、流血、恐惧，而不是乡村应有的宁静、和谐。也许是见惯的缘故，我从来没觉得这一类建筑物有多少美学价值。小时候，太姨婆所住的村庄叫平安里，我一年要去许多回，不是新正以后例行的走亲戚就是为了嘴馋去摘她家菜园的番石榴。平安里位于交通要冲，新中国成立前贼匪常常路过。因此，平安里路口的碉楼威震八方。这是状如立方体的土黄色大楼，窗户小而稀疏，前后是茂密的龙眼树和黄皮树。这四层高的堡垒，属于村里的富户。这富户祖上在镇上的教堂当执事，从此，乡人给他家的当家人都冠上"耶稣"名号：建碉楼的许传，叫"耶稣传"。在强盗横行，村里有钱人家的儿女动不动被"标参"（勒赎）的民国初年，当家的是许传的孙子"耶稣干"。有一次，一队从新会开来的贼匪路过，被许干率领的村民截住。匪首在碉楼下喊话："耶稣干，你我素无冤仇，何必呢？"许干想想，这一群匪类清楚他家的底细，早晚会施加报复，便吩咐手下把从各窗口伸出的鸟铳撤掉，让出大路。从此，四乡传下这样的歇后语："耶稣干——各事各干"。

关于碉楼的传说，我儿时知道的就这一桩。但散布家乡的碉楼，进过不止一座，里头都没甚看头。这也是情理中事。且回溯从18世纪50年代兴起的移民潮，被卖到美国去的"猪崽"创造了侨乡。"侨"字有两大含义，一为逃，一为躲。前者，逃避的是贫穷和战乱，清末台山境内客籍土籍之间惨烈无比的械斗，就是台山人大规模逃离的重要导因。逃出去的是壮男，在家乡的老弱妇孺，只好躲。坐俗称"大眼鸡"的三支桅大木船到了加州沙加缅度的荒山野岭，当淘金工人的台山男人，把血汗钱寄回，让家人建起洋气的青砖大屋，屋子的砖墙内层都以水泥填充，为的是杜绝盗贼挖墙的隐患，然而屋子再牢固也抵挡不了武器比得过正规军的贼帮，自此，碉楼应运而生。

好了，引子够长，该说"我的"碉楼，并非产权归我，而是有这么一座，属于我的青春记忆。这座碉楼，建造于上世纪30年代，由村中无论人丁还是田产钱财都傲视其他刘氏后裔的"学宜公堂"出资，所以，并非属于全村，尽管贼匪包围村庄时谁进去躲避都不会遭驱赶。到了1969年，我下乡当知青的岁月，学宜公的后代有了好几十口，在外的不算，村里有五户。这五户中，又数学宜公的嫡孙希坤实力最强。希坤伯一家，儿子四个加上两个女儿，一个个精壮非常，平日上山打柴，农闲当泥瓦匠。学宜公不爱管事，每天午间必上小镇的茶楼，家政由太太掌握，碉楼大铁门的钥匙，通常系在希坤姆的薯莨唐裤（类似当今的七分裤）的"白莲带"上。

"同安碉楼"，门额上这四个颜体楷书，每次我抬头看到，都要生出细微的敬仰，不是冲着字的肥硕稳实，而是阳刻的色地，那是新中国成立以后十分罕见的蓝色，和阴丹士林布的青色接近，但一直维持着难以描摹的鲜艳，秋天高朗的蓝天再少污染也不能和它比。后来我才明白，这是民国时代青天白日旗才有的蓝。无怪乎成为禁忌。

同安碉楼位于南北向的村子的北端，离我的祖屋不过一百步。碉楼的三面，水田环绕，遥对江嘴山，这山，坡度平缓而巨大，状如蜷伏的老虎。据村中父老称，碉楼建成后基本没有发生过大的匪患。不过，并非因为它在平畴中足够触目，十里外能看到，对心怀不轨者具震慑力，而是因为我的村子得天独厚——它位于田垌中心，被诸多村庄包围，无形中成为核心。

我住在老屋的北厢房，第一年读了些励志的禁书，发奋过了头，近于发疯，每天凌晨三点起床，把头浸在冰冷的井水里，再抖擞精神读《离骚》。读倦了，在窗前站立。风声大作，鸡声起落，一个浓黑的巨影霍地压来，天幕随着倾斜，晶亮的北斗七星乱晃。我本能地一缩，闭上眼睛片刻，睁眼时一切如旧。墙根下的蟋蟀约齐了，没命地叫。我再走近窗子，仰头，原来是碉楼！我苦笑着扬手，喂，你干吗吓唬我？碉楼报以沉默。幻觉过去，碉楼站稳了，两条楼线被星光衬托着，笔直地切割一方天空。曙色初露，把八字形楼顶染为银色。这就是从现实抽离的碉楼。然而，仅此而已，我难以从它挖掘丝毫诗意。

我开始当下乡知青是在深秋，转眼便是冬天。农闲时节，青年人多半进山打柴，这可是比农活苦累许多倍的超级刑罚。我这文弱书生，暂时获得豁免。和我一样，被村人暗里讥笑为"读坏诗书穿坏鞋"的前中学生，还有两位，Y和G。他们和我年龄相仿，Y在学校，是造反派的副司令，家庭出身为"伪官吏"的G沉默寡言。我和Y就"文革"以后的天下大势发议论时，十分需要G这样不插嘴的忠实听众。Y和G家里人口都多，难以在老屋容身，便搬进碉楼。最先，碉楼里头住的是希坤公的两个儿子，他们怕冷清，便尽量网罗村里的后生。

于是，碉楼成了单身汉的集体宿舍。以抠门著称的希坤婶，宁可在墟镇卖柴草时把瓦片藏进里头以增加重量，却不愿收租金，这么大方，是因为居住条件简陋至极，不好意思。后来，因为出入碉楼的人多，希坤婶怕麻烦，干脆不上锁。

经Y和G多番力邀之后，我舍弃家里带书桌和大床的厢房，抱上一床最破旧的被盖，走进碉楼。地下是仓库，希坤家从生产队领来的稻草，从地下密密实实地堆到天花板，只在靠墙处留一条半尺宽的通道。那时身量窄瘦，用劲挤能过去，满身沾着长长短短的草梗就是了。我这才明白，为什么夜晚上碉楼，绝对禁止划火柴和带煤油灯。扶着长满铁锈的栏杆到二楼，依然是稻草的世界，但没那么满了，碎梗遍地，是鼠辈磨炼牙齿的结果。三楼空荡荡的。四楼到六楼，每层都是用床板或者竹子搭建的通铺。墙角一个加盖的木桶，供撒夜尿。我在第六层找到床位，这里不但最高，而且有一张脱光了漆的杉木桌，从前似乎是村里的北帝庙的供桌。我每晚入睡前，都在桌上摊开日记本，写上几行。初恋正如火如荼地进行，但浪漫情事，多出以俄文单词，以防室友偷看。Y在我的影响下，也写日记，开始时每天三到五行，以后，在日期下，都以"无事"二字作交代。

事实上，生产队的农活诚然累人，但单调透顶，描述为"无事"错不到哪里去。半年以后，我和Y、G也不好意思逃避，加入打柴大军。进深山打柴，才是村人真正的收入来源，不然，靠大寨式评工分——每天三个圈（由于工分值极低，一个劳动日折合为几分钱，被调皮者讥之为"名副其实"的收入为零），只好吃西北风。凌晨三点，我和伙伴们起劲地揉揉眼睛，深一脚浅一脚地下楼，回家拿扁担、绳子、镰刀和午饭袋子，在熹微的星光下骑着单车上路。回头看，碉楼威严地蹲踞着，庞然黑影和远处连山对峙。我们仿佛是前者派去侵犯后者的别动队。单车寄放在山口的人家，徒步上山。来回五十里以上的崎岖山路，肩上不少于一百二十斤的柴草，地狱般的一天，踏上归途已是黄昏。走出山口不久，同安碉楼披着灿烂的夕照，一似慈祥的老人。这一晚，Y、G和我三个总像殿后的蹩脚鸭，好不容易才把极度酸乏的腿搬上六楼，瘫倒在板床上，无法动弹，半夜还给肿胀的肩膀疼醒。形成鲜明对照的是，同样是进山打柴，村里的一伙没事一般，把柴担卸下（如果明天是墟期，又打算把柴草卖给别村的瓦窑的话，则把一半柴捆子泡在池塘里，作为柴担的"芯"，以增加重量），然后，拿上刚才用于挑担子的披肩布，到江嘴山下的小溪去泡半晌。入夜，繁星满天，一支G调竹笛在碉楼的第五层响起，悠远、浏亮，一曲广东音乐《平湖秋月》，稍嫌滑音过多，有如泥鳅，在耳朵进出。Y嘟囔一句：妈的，吵死人！翻过身，又入睡。笛子演奏家结束了四年打柴生涯，被招进县毛泽东思想宣传队，在各处舞台，独奏曲改为《不忘阶级苦》，那是后话。在这段身躯受苦而灵魂饥渴的岁月，中夜触及心事，难以入眠，在八仙桌上支颐默想，日记本给推到桌角，懒得写了，比爱情更加急迫的生活已把浪漫铲除，而愤世嫉俗的字句是要招牢狱之灾的。从窄小的窗口张望，月光绰约，包括二十条巷子，人口超过一千的村庄，蜷伏着，瓦楞有如大鲩鱼的完整骨架。烟囱兀然，一如满心的不甘。旋即自责："不甘"什么？身边打着均匀的呼噜的伙伴，村里饥寒交迫的公社社员，哪一个不在苦里熬？次日早上，生产队长敲响破锣催我们出勤，我是断断迈不出门了，腿和肩膀的痛，这阵子才来算总账。

好在，赤贫、枯燥的日子，不是没有调剂。消夜无疑是最实惠的消遣。那一群把柴草卖给瓦窑的伙伴，从小镇的集市回来，口袋里多了几块纸币。来路正规的部分，须上交给家长，拿来买食盐酱油并给弟妹交学费和买文具；来路不正的部分，一是靠增重——裹在里层的柴捆子是泡足了池塘水的，另一是同村的卖柴人串通起来，制造混乱，一担柴草卖他两三次。忽然成为有钱人的后生，豪爽地请客，从村南头的供销社小卖部买来不凭证的午餐肉罐头，还有大头菜和咸鱼。番薯酿的酒是少不了的，大白菜和芥蓝是从自留地拔的。消夜当然不能在碉楼里做，但可以把在家做好的饭菜搬来，一来避开家长的唠叨，二来可以发酒疯。

我和Y及G，不属于这个"大食团"，因为不够格，连打下的柴也没勇气和体力挑进小镇去，更缺乏骗机警非常的瓦窑收购员的技术。可是，大伙务必拉我们加入，所持的是乡村有史以来对付饥饿和不速之客的理论："多一个人不就是多一双筷子？"有一次，筹划消夜时，有人带来极稀罕的腊肉，大家在兴奋之余，发现哪一家的菜地都没有肥美的雪豆，而"腊肉炒雪豆"是何等馋人的诱惑。"大头方的自留地上有的是！"和大头方打过架的阿群出主意。随即，一群小伙子打起手电，闹哄哄下楼去。不久，通铺上摆出的热气腾腾的饭菜中，有翠生生的雪豆，夹着油水汪汪的腊肉。可惜，大头方次日发现失窃，报告了公社保卫组，侦查员下来，不消一个小时，就凭垄间的木屐印破了案，阿群包揽下全部罪名，被关了三天。

我吃过许多顿消夜以后，终于想起反馈的手段——讲古。浇灭饥火之后，或者在因农忙、雨天、台风天而不能进山而断了财路，不得不戒掉消夜的夜晚，我成了碉楼的主角，各层的住客都在第六层的通铺挤着，迟来的从地下扛一个稻草捆，权当"懒佬椅"。我站在八仙桌前开讲，每晚都是《聊斋》，听众不会发腻。家里一本祖父新中国成立前买来，被我从金山箱底层翻出的线装书，里面的故事，足够讲一年半载。我要做的，是黄昏前打开书细细研读，选出一两个章节。

《画皮》中的一段："蹑足而窗窥之，见一狞鬼，面翠色，齿巉巉如锯，铺人皮于榻上，执彩笔而绘之。已而掷笔，举皮如振衣状，披于身，遂化为女子。"我翻译为大白话，在节骨眼，声音越来越小，狰狞的手势被大号煤油灯映在白灰剥落的墙壁上。我竭力描摹人皮上的画面，以之反衬妖怪的恐怖。听众的背脊发凉，冷汗源源而出。在狞鬼把画皮穿上的一刻，窗口刮入怪风，呼地吹熄煤油灯。"鬼来了！"我发出阴森的断喝，大家慌忙跳起，要跑下楼去。我一边划火柴点灯，一边笑痛了肚皮。大伙骂咧咧地捶我的肩膀，坐回原位。继续啊！我还讲了《山魈》《婴宁》《尸变》《王元郎》《林四娘》《木匠》，未必每篇都出彩。较能讨好的是狐仙一类。《狐妾》里的那位，又侠义又通达，无所不能，一眨眼就整出三十席山珍海味，饥肠辘辘的听众们流出口水。

碉楼住客，清一色是二十啷当岁的壮男，别说同性恋，连异性恋也只有我开了头，可是偶然也有说不出口的"风流韵事"，因为名叫康的外村人的缘故。康住在我们常去打柴的大牛山的另一侧，是Y的同学，学校造反时，是红旗派司令Y麾下的秀才，离开学校以后和Y依然保持友谊，一个月中总要骑二十多里路的单车，到我村来一两次。夜晚和我们挤通铺。一字儿排开的五六个人，冬天盖的被子，要么重叠要么混搭。与康"共枕"的并不固定，康高兴和谁就和谁。那是需要抱团儿的严冬，谁都巴望挤得密实。有一天早上，Y送走了康，回头打几个呵欠，笑着骂："妈的，这家伙，整整一晚抱着我，推开他，过一会儿又贴近，抱得更紧，我没怎么睡过。"话头一开，三个人应和，就是就是，这家伙趁你熟睡，就好这一口。Y问："干吗从来没听你们说过？"几个"受害者"嘻嘻笑着，不好意思地低下头。我明白他们的潜台词：把康的躯体想象为温软的女体，是唯一的艳福。

那一年夏天，我和全家移民美国。乡间俗例，出洋（即"去出路"）是一家子最重大的事件，有若干忌讳，其中一条就是"忌晨光"——离开家门时不能看到太阳。于是，在父亲郑重的安排下，子夜时分打开坤甸木做的大门，静悄悄地上路。背后，是碉楼黑魆魆的影子。它如此稳重，自此成为游子乡梦里的靠山。

2013.9

深山烧炭记

一

"一辈子只有一次"的事，能举出几桩来？"大姑娘上轿"，从前是指头一次，但她一生可能坐轿超过一次。进深山烧炭，我平生只一次。四十多年过去，青山依旧，伙伴也健在，即使腿脚依然能对付三四十里山路，也不可能有第二次。

1968年11月初回到老家当知青，接下来的一年，我在村里完整地经历了春种秋收。11月，秋风飒飒，蓝天高远。一天傍晚，一群后生坐在离井台不远的塘基上，轮流抽"大禄竹"（水烟筒），面对着铺满黄金般余晖的禾堂，阿罩发话："妈的，口袋空了好多天。"旁边的阿翘连话也懒说，只干笑两声，意思是：废话！明儿上山打柴不就结了？你真以为禾堂上的太阳光是金子啊？阿罩看出阿翘的不屑，扬起头，大声宣告：我偏不打柴，干点更来钱的！大家一齐把头探向阿罩。阿罩说：烧炭去。大家失望地"噫"了一声，把头缩回。因为都没这个技术。阿罩得意地环视一律低下去的少年头，指着我问："敢不敢和我搭档？"我说，怎么不敢，可是不会。阿罩说，包在我身上。好强的阿翘加一句：就你行呀！我们也去。说罢，他拍拍旁边一个人的肩膀，那人一直对着蔚蓝天宇上初上的星斗，眼神含诗人的迷离，猛然惊醒，回应："去去，怕个屎！"他是阿翘的哥哥阿颖。当下，四条汉子说好，明天准备，后天一早出发。

二

四个人——阿罩，我，阿颖，阿翘，年龄都是二十上下。最小的是阿翘，十九岁，最大的是阿罩，二十四岁，在湖南当兵三年，去年底复员回乡。没了领章的军服还和四月的秧苗一般油绿。他和我有特别的交情，我下乡和他背着草绿背包回老家的时间近似。阿罩刚回来时，仗着钱包里有百来块安家费，一个劲给父老敬价钱中上的"大前门"牌香烟，直到钱花光，才偷偷抽生切烟丝。阿罩第一次踱进我家，张口一笑，露出镶银的门牙，聊天才五分钟，从衬衫的口袋拿出一张照片，给我看一个水灵的湘妹子，长辫子，大眼睛，不到二十岁。"我爱人，我在岳阳一家被服厂支左那阵，她是学徒，谈上了。""福气啊，这么靓！"他脸红了，一个劲拿手搓衣角。"我回来半个月，才接到她一封信。"说罢，要我借自行车给他，他要去小镇上寄情信。推车子出门前，把我放在洗手盆旁边的手表"顺"去，"借我戴一会。"我笑着点头，暗笑，这过气军人怎么没带回来多少"艰苦朴素"？英纳格手表，是我出生那年，从旧金山回来养老的外祖父送给父亲的，父亲给了我，小三针，老掉牙了，我不好意思戴，放在家当座钟。

阿罩的官名叫"罩胜"，按乡间惯例，名"罩"的男子，要么头一胎，要么体弱，务必稳稳地"罩"住。"罩"了还要"胜"，算得双保险，可惜替他起名的父亲终生失败，家境一直贫寒，新中国成立前是佃户，亏得他父亲力气大，绰号"牛仔"，种的田亩多，一家子温饱没有问题。1960年，这干活和吃饭都顶得三个人的壮汉给活活饿死了。阿罩和我们一起出勤，上山打柴，一起在碉楼里睡觉。干活是把好手，常常帮助我这个不谙农事的书生。作为交换，我要代笔写情书给湘妹子。他虽然上完小学，但写不来三百字的信。好景不长，半年以后，湘妹子来信，要结束恋爱，因为她的出身不好，马上要随被清洗的父母回湘西老家务农，前途渺茫，没工夫卿卿我我。阿罩悲痛莫名，回了绝交信，这最后的一封他不让我捉刀，自力更生地在信纸上画了两个挥手说再见的人像了事。

阿翘和阿颖是回乡的中学生，阿翘长相清秀，绝顶聪明，又能吃苦，一连三天进山打柴，也无倦意。阿颖呢，和我同病相怜，干农活，无论技术还是体力都比同辈差，尽管个子都不矮小。乡谚云："读书不成三大害"，我和颖就是乡亲拿来教训后辈的活样板。

三

在启明星最玲珑的时分，四人骑两辆自行车出发。头一段，穿越村庄和山野的"牛车路"，长约六公里。到了山脚下的村庄，车子放在巷子尽头的菜园旁边。那是预先说好的，菜园的主人叫刘洪，是我们全村打柴族的共同朋友，为了停车子，村里的资深打柴汉早已请刘洪趁墟期来镇上，拐进我们村子吃了几次夜宵。到达刘洪的村庄，天才蒙蒙亮，被我们惊起的鸡，此起彼伏地叫。

把拴在车上的锄头、麻袋、米、生熟食物和炊具卸下，改用扁担挑着，进山去。前面是伟岸的古兜山脉，我们惯常所进入的一处，叫大牛山。平日，如果阳光猛烈，从村里朝西望去，大牛山一片青黛，隐隐约约的是众多曲线交错蜿蜒，那是一代代进山人用脚和镰刀开辟的小路。我曾经写短诗，将大山拟为打柴汉子的披肩布，小路就是布上的道道汗水。

乡人把进山称为"过坳"。"坳口"位于山间一个深谷旁边，呈马蹄铁形。再往前，跨过形状如城堞的峰顶，山风呼呼劲吹，扁担一头所悬挂的午餐小袋子猛烈晃荡，这是说，即将进入另一方天地。

山外有山，却并非蛮荒，从这里眺望我们的村庄，只是茫茫一片，村北的大碉楼成了小白点。数百年前的刘姓先民，在这一带种植，路旁有两座尚未倒塌的凉亭，坡上平坦处，依稀成垄。我们的家乡横水一带的三世祖，坟墓也在附近。祖先放弃这些土地，是因为清末土客籍发生流血械斗，他们一时处于劣势，不得不退居平畴。

一条山路，在熹微曙光中发出荧光般的白，刺入大牛山深处。沿途的地名，该是古代的进山人起的。要么道出形势的险，如斗米径——极陡峭的山峰，挑着柴担越过它之前，须吃下一斗米做的饭；三支香——路旁便是不见底的悬崖，脚一滑便呜呼哀哉，经过前要点三支香拜祭山神。如今的樵夫嫌麻烦，自我安慰：不必点香，心里虔诚便好。要么点出地貌特征，如风门，指山风特别大的山口；石堂，指归途可坐下休息，吃饭喝山泉的处所。

进山走了十里，离开平日打柴走的熟路，折入大牛山另一侧。那里叫"扫管塘"。"扫管"是"扫帚"的别称。这块深山里的谷地，地势平坦，满目葱翠，两道泉水夹在两边，铮铮然，咚咚然，可是神仙的洞天！阿罩领着我们三个，拨开矮小的篱竹和茂密的茅草，走向一块巨石。"到家了！"阿罩大叫。这块大石，状如鲸鱼张大的嘴巴，大人稍微弯腰就能钻进去，里面平坦，表面虽粗糙，但加上垫布，当床没有问题，而况这个季节温度恰到好处，不必盖被子。我们把衣物和炊具放在里面。"怎么找到这么好的客栈？"我问阿罩。阿罩说，我当兵前来过好几回，第一次跟爸爸来的。

先吃午饭。各自从家里带来的，用铁盒子盛着，米饭、咸鱼、番薯、萝卜，早已冰冷，但空空的胃一点也不在乎。吃过，在山泉里掬上几口。抽根烟。开工。阿罩吩咐我，别的不用管，只要把"扫管仔"挖出来，放在地面晾干。"扫管仔"是矮小的常绿灌木，叶子细碎，根部粗大拳曲，耐烧，温度高，是制炭的最好原料。公社农械厂的铸造车间，不限量地收购这种高质木炭。阿罩对阿颖阿翘兄弟交代几句，知道阿翘虽然没进过深山，但在别处跟随朋友烧过一次，放心了。阿颖和我一样，负责挖树根。阿罩和阿翘，负责开挖烧炭的小窑。我挥动窄口锄，把扫管仔的根疙瘩一个个挖出来，切去树干以上部分。泥土松软，扫管仔破皮后，发出好闻的馨香。心里洋溢着赞叹，这世外，没有阶级斗争，没有备战备荒，只有鸟鸣，林涛，泉音，何妨久待。几个小时下来，手掌的血泡破了，锄头落地时一震，痛得直咬牙。只好从披肩布撕下小块，把手掌裹起来。四周寂静，黄鹤的鸣叫怪诞且凌厉，吓人一跳。锄头噗噗，应和啄木鸟的工作。四个人被绿色淹没了，越是挖下去，离得越远。我直起腰四顾，不见人影，慌了，大声叫他们的名字。他们以为我给蛇咬了，扔掉锄头跑过来，一边揩汗一边问我，我说没事，他们骂咧咧地走开。我感激地看着他们的背影，都光着上身，一色瘦子，肩膀和肩胛骨耸着肌肉的棱，汗水在上面闪烁着光。他们就是大牛山的化身。青春多好！

天黑下来，我掏出被阿罩借去几个月，直到不必上墟里邮局寄情书才归还的英纳格，就着暗淡的天光看，六点半了。阿罩说明天还得干半天，不急。大家摔掉锄头，先去泉边泡一个痛快之至的澡。阿罩爬上来，把洗过的短裤和内裤晾在大石上，赤条条地走来走去。我们喝骂他，他嬉皮笑脸地说，我就带这么多衣服来，又没女人。

大石外的空旷处，几块烧成乌黑的石头，垒成炉灶的模样，下面是被雨打平的灰土。阿罩说，我在这里做了好几次饭了。在松树下捡些枯枝，拔一把枯萎的莨草引火，很快，大铝锅里的米冒出白烟。揭开盖子，把番薯块、咸鱼一股脑儿倒进去，盖上。不一会，焦香在山谷间缭绕，猛地吸一口，都嘻嘻笑了。饭自然是风卷残云地送进肚子。打几个饱嗝。把麻袋摊在大石上，一个个躺成"大"字，枕着胳膊，活动大腿，骨头发出欢愉的咯咯声。

深山的夜，深邃，诡秘。月亮没上来，天穹蓝得过分，变为黝黑。兴许是因为遭四面山群的挤压，天空难以舒展，只好把色彩浓缩起来。风悄悄地经过。虫声仿佛和人捉迷藏，你以为是从吊钟花丛发出的，细听，它跳到桃金娘密集处。夜渐深，泉的尽头处，断断续续地传来叮叮当当，有如村女脖颈上的环佩碰撞，又像金属丝线在风中共鸣，比白天的水声更为清幽，大家侧耳，我有点悚然。阿翘说，怕什么，是乌龟出洞呢！出洞干什么？天晓得，怕是求偶吧？

这么一说，撩起阿罩的心事。"小芹答应我，我复员一年后过门，分别前一晚，双双在月下跪拜，都面对面发过誓了，顶个屁用！为什么老天爷不成全？追她容易吗？舍不得她，夜里很难睡得着……"阿罩的眼睛直直地对着大石外的天空，自言自语。我周身的骨头散掉一般，手掌的血泡又火辣辣地痛，没心情安慰阿罩。躺在另一边的阿颖偶尔插话，现身说法："我写信给和我同一个兵团的红卫兵战友，至少十封了，她一个字也没回，我不认命，难道去自杀啊？"

就在这一刻，笛子声从山谷的豁口传来，是广东音乐《双星恨》，哀哀欲绝的旋律，被吹笛人凭自身悟性加入的滑音强化。满天、满山的空虚被凄惶填满。阿罩低声哭了，呜呜。我不敢动弹，生怕一举手，就搅浑已然满溢到大石边沿的悲哀之海，下一步要遭灭顶。终于，我也忍受不了，陪着阿罩流泪。我的眼泪，和爱情无关，只是抱怨命运。而且，也并非指向现状。我算哪根葱？刚刚过去的"文革"狂潮中，多少精英，多少无辜者，不是死于非命就是依然处于水深火热之中，我不过是上千万知青中的一员，"众人皆醉我独醒"的豪语轮不到我发，"有志难伸"的委屈也不首先属于我辈。不知来自何处，不知具体指涉的哀恸，被G调梆笛引导着，在大山上回旋。终于，阿颖忍不住了，爬起来，站在大石前，叉腰吆喝："吹你妈个头呀？把人整得！回来睡！"笛子声停。一会儿，阿翘从山上走下来，向阿罩要了一小撮生切烟丝，卷成喇叭，点着，躺下去抽。我侧着身子，用手支头，看着他嘴唇间的一点红炭明灭，说："妈的，你是山间的笛子大王啦！"他得意地嬉笑。到了下半夜，夜气转冷，我们把麻袋盖在身上。多年以后，读阮籍的《达庄论》，文中写到一个人，徘徊翱翔天下之后，"恍然而止，忽然而休。不知曩之所以行，今之所以留，怅然而无乐，愀然而归的素焉"。最后是"平书闲居，隐几而弹琴"。我不期然想起，这"季秋遥夜"的空谷笛声，是此生之中听到的最为动人的清音，尽管吹笛人的技巧远不算成熟。

四

山里的黎明，是从沉寂到喧闹的神奇切换。鸟声掠过大石，每一顿挫都引起回声。接着，阳光宛如瀑布，挂在石壁，露珠随之变为发出炫目之光的巨钻。我们从大石下弓腰走出。阳光是有声的，哗哗地奔流。我站在没有阴影的开阔处，眺望大牛山的主峰。它的尖端被阳光浸渍着，紫红而透明的一截，和下部的黧黑形成了极强烈的对照。它是顽石上硕果仅存的翡翠，它是浩瀚云海中唯一盛开的玻璃花，我跪下来。

这诗意的瞬间，幸亏没被伙伴发现，不曾引来讥笑或好奇的质问。上工去。阿罩把窑子挖好了，又把我昨晚挖下来的树根收集起来，一一放进窑内，架成一个柴垛。中午前，堆叠的工序完成。他用水拌着红泥，在窑顶糊上盖子。最后，他在窑洞下方的开口，用松枝点火。烟从窑子的尾部排出。里面传出噼噼啪啪的响声，那是树根在闷烧。

窑子在工作，我们做第二顿饭。这一顿，加了些新鲜野菜，是阿罩从路边顺手采的，只有他叫得出名字。用开水泡泡，一滴油也没放，味道带涩，但都说好吃。

下午，到开窑的时间，一段段树根变成了乌黑的炭，轻盈，坚硬，一掂就知成色甚好。阿罩得意地说："收购木炭的老魏，挑三拣四的，有一块烧不透也拣出来扔掉，可是，我经手的，他从来没说不好。"他敲敲热得烫手的炭条，发出琴弦般的脆音。

待木炭完全冷却，已是下午。刚好盛满八只麻袋。打道回府，每人两个麻袋，挂在扁担下端，看似庞然大物，但只有五十多斤。挑柴下山，肩上至少百斤。这回轻松多了，尽管四人的脸和手脚沾上黑炭，都成了包公。

回到存放自行车的村子，是午后，把木炭运到镇里的公社农械厂，检验，过磅。钱拿到手，我和阿罩共得九块六元。论劳动量和技术，我是学徒，充其量只该拿阿罩的一半。不料阿罩坚持要平分。我不肯，他生气地说："搭档就是对半，你要坏掉老规矩呀？"我只好乖乖收下四块八。阿翘阿颖兄弟每人分得三块九毛八。烧炭和打柴比较，柴草卖给砖瓦窑开在墟里的收购点，每一百斤的价钱从两块到两块四，视乎质量。我成绩最好的一次，柴担一百一十斤。二者的经济效益近似，但打柴从头到尾是流汗，哪有这么多好风景，还有笛子！这点报酬，如果折为当时的工分值，那就可观了。记得这一年年终决算，我们村子的劳动日值为九分钱，也就是说，烈日下，我在水田里弓腰推拖泥带水时重达近百斤的"格子"一整天，才赚上比买一枚国内邮票（八分钱）多一分钱的报酬。这两天所挣的，相当于在生产队出勤两个月。

2013.9

花尾渡上爷孙

1971年初，我担任民办教师的乡村小学放了寒假。第二天下午，我挑着行李，和爷爷一起先乘公共汽车，从家乡水步镇到邻县开平的新昌镇。一番折腾以后，终于踏着从码头伸出，不足两尺宽的木板，进入花尾渡"曙光401"的二等舱。猫着腰在过道上转一圈，在胸佩毛像章、表情严肃的船员指引下，找到船票上标明的仓位，把行李塞在靠船舷的木架上，舒舒坦坦地坐下来。爷爷从手提藤篮里掏出一个荷叶包，呵呵笑着："饿了吗？来！"我的眼睛放射着饿狼似的绿光。爷爷拿出一张旧报纸，先细看正反两面，确定没有毛主席的照片，铺在仓位的竹席上，再在报纸上放下油腻的荷叶，打开。是烧猪肉！天晓得他怎么买到的，上午在家，他匆匆忙忙地出一趟门，原来是为这。我要伸手去抓，他笑嘻嘻地说急什么，递来牙签。烧猪的皮，通红，嘎巴溜脆，还管他是肥是瘦，塞进嘴里，腮帮子鼓得像样板戏《红灯记》第一号英雄人物李玉和。爷爷慢条斯理地吃，仔细地剔干净骨头缝里的肉丝。烧猪皮的碎屑掉在簇新唐衫的前襟上，他掏出手帕，小心擦干净。那年头，买烧猪肉要肉票，要排队，价格也不低，一斤差不多两块钱，爷爷退休前的工资，每月才三十二块。

我吃下半斤烧猪肉后，饥火熄了，打一个长长的饱嗝，曲肱而枕。我和爷爷的仓位相邻，中间的隔板拿开后，就是合睡的床。仓位前，搁着爷爷的灯芯绒"懒佬鞋"，是叔叔去年托人捎回来的，今天才舍得穿。裤子是蓝斜纹布做的西式裤，带拉链和口袋。他惯常穿旧式唐衫，裤子是简陋得多的"功夫裤"，裤腰奇宽，要打上好几层褶，最后打结，为了免于打喷嚏时松开，滑下，还系上皮带。从这副行头，可见爷爷为此行做了周密的准备。

爷爷一直是生意人，新中国成立后家里开文具店。1957年，私营商业都归了公家。从"大跃进"开始的1958年起，爷爷被调往小镇上唯一的国营药材店当抓药工，因为年轻时在县城的广生堂中药店当过四年学徒的缘故。从此每天拿着厘戥（一种小秤），依镇里中医师字体极尽潦草潇洒之能事的处方，称当归、白术、甘草之类。没人来抓药，他就在柜台外，用铡刀把一条条防党、北芪，一块块土茯苓、牛大力切成薄片。三伏天，他肥厚而略显歪斜的肩膀上，总少不了一条散发浓郁汗味的大毛巾。店里的活干完了，他便提着竹篮子，挨家挨户收购学名为"鸡内金"的肾衣，每只两分钱。本来，他在六十岁那年就该退休。不料在他满六十岁的1960年，全中国陷入大饥荒，不但领导部门没钱和闲心替普通职工办理退休，就连职工自己，也怕退休金比薪水少了25%，难以维持家计。于是两方在默契之下，拖延下来。说话就是"文革"，破四旧，文攻武卫，整走资派，全国乱糟糟的。爷爷无数次地提交申请表，供销社的领导都靠了边，没人管这一摊，又拖下来。那时奶奶还在世，她最爱唠叨的，就是爷爷"生挨死挨"，店里的活计已够繁重，三天两头还要下乡支援，爷爷是全店最老的，却因出身"商人"，比起位列"工人阶级"的年轻同事来，属于理该接受改造的"贱民"，挑土筑堤坝，下河挖泥，割水稻，这样的苦差，他都当仁不让地侧身其中。爷爷每次从乡村支援回来，累瘫了，躺着床上哼哼唧唧，奶奶边为他搽药油，边咒天咒地。

这位出生于1900年，全县最老的药材工，熬到过了七十岁生日，才办了退职手续。县供销社还是欺负了又老实又勤快的店员。"退"有两类，一是"退职"，按照工龄每一年发一个月的工资，他一次性拿到四百多元，这笔钱要供养余生。二是"退休"，每月拿原工资的75%，直到去世。本来他可以据理力争第二类待遇的，但筋疲力尽了，再照旧上班，怕要把老命扔在那把被他的汗水擦得亮闪闪的铡刀前。

退休之后，爷爷要马上做的，是享所余极端有限的"清福"。怎么享？那时没旅游景点，别说出不了国，连到外县去一趟也要公社出具证明。离家乡一百二十公里的广州，是他的小儿子即我唯一的叔父以及婶母工作和居住的地方，他们早就盼望老人家去小住。我也很想和亲叔叔见面。叔叔这些年运气也背，"文革"前当市里一个区的文化馆长，芝麻绿豆大的科级，在"文革"中也挨了批斗，后期被送往干校改造。1969年祖母患心肌梗塞猝然去世，叔叔在干校挨整，不敢请假奔丧。1970年，他调回市区，不干文化的老本行，改在街道当党委委员，分管文教卫。叔叔婶婶都回到广州居住，我们才有了落脚处。爷爷从新中国成立那天起，二十多年来没去过广州，怪不得如此郑重其事。这次旅行，我担当的角色，是老人家的保护人和照顾者。那一年，我二十二岁。二十岁开始，当了一年躬耕陇亩的知青，然后，被调到生产大队的小学当民办教师。这是第一个假期。

我躺够了，咬着沾着胡椒八角一类调料香味的牙签，从床上爬起，想到舱外兜兜风。对爷爷说了，爷爷点头。抽惯了乡下人中流行的水烟筒（俗称"大禄竹"）的爷爷，从上衣口袋里掏出一个黄色烟包，是广州出产的丰收牌香烟，属中档。那时我也抽烟，但不敢在老人家面前含云吐雾。我给他划了火柴，然后从密排的床位中跳过，踏上漆黑的甲板，走到船头。船快要开行，一百米以外的小火轮的上空，升起乌黑的烟柱。花尾渡和小火轮之间唯一的连接物——钢缆，在潭江浑浊的绿水里依然弯成一个弧度，但看得出，它已在传递小火轮拖曳的力量。我小心地站在甲板边沿，看离脚下三尺的江水，看波浪不经意地拍打着船体。缆绳和甲板摩擦出嘎嘎的怪声。船员在身边来来往往，多半给我一个不友好的白眼，因为我挡住他们的路。我干脆走到最前头，拣离缆绳滚筒稍远的干处坐下来。码头上，依然拥挤，送行的陆续离开，把麻袋背在赤裸裸的背脊上的搬运工，在跳板上走最后一趟，跳板不堪重负，成了一张上下弹跳的弓弦。说话间，跳板抽离，岸上的哨子响了三声。下午两时三十分，小火轮鸣响悠长的汽笛，启航了。

大楼一般的花尾渡离开有"小武汉"之称的开平县三埠镇，左侧，是长沙，右侧是新昌，背后是荻海，三个小镇都沿潭江而建。前两个以水泥大桥相连，荻海和新昌之间的河岬，则以并排的木船铺成通道。

我对着江景发呆。二十二岁的民办教师，心境忧郁，在日记本上的第一页，抄的是李贺的诗句："我生二十不得意，一心愁谢如枯兰"。灰暗的政治，压抑的人生。我的眼神空洞，展开的波浪重复着白沫。啪！右肩遭到重重的一击，我慌忙挣扎着起来，以为船上的治安员要驱赶我。背后响起哈哈大笑。我不用转头去辨认，也知道是校友谭勋。他比我低一级，本来不熟悉，但"文革"中他和我都留在学校造反，同属"旗派"，多次并肩"战斗"即胡闹过。他的嗓门我之所以能马上认出，是因为每次"旗派"在城里举行大游行，他是带头高呼口号和领唱《革命不怕死，怕死不革命》的中坚分子。我又惊又喜："你，怎么也在这？"我拖他和我一起坐下，他掏出一个铁质烟盒，打开，是褐黑色的生切烟丝，穷小子如他和我，平日只抽得起这个，他把烟丝上的烟纸拿起，分一张给我，两人把烟丝放在长方形烟纸上，卷成喇叭状，点着，辣而冲的烟，呛得我连连咳嗽。他得意地笑了。

小火轮拽着花尾渡，离开三埠镇地界，江面开阔。两个从1968年8月黯然离开校园以后，就没见过面的年轻人，推心置腹地谈话。在我追问下，他终于承认，他此行是为了"顶卒"。他再三扭头，把船头的环境看了几遍，确保无人偷听之后，和盘托出，用上大量暗语，我连猜带问，才弄明白。他说，他已偷渡三次，都在深圳和九龙新界之间的铁丝网下失手，这次是背水一战。途径是这样的：到广州去和策划者一起，和蛇头进行出发前最后一次接头，把钱付清。他们一行六人，男女各半，后天在中山石岐镇会合，扮成三对情侣，骑单车到东莞，登上"木屐"（即小篷船），开往澳门。他拧着眉头，语气沉重，生死荣枯就此一搏。说得我也心猿意马，恨不得也成为"交脚"（即偷渡）党一员。从偷渡谈到同学们的去向，谈理想，谈香港的自由，越谈越投机，竟没注意到，天已黑下来。满河是摇晃的星星，远处的小火轮，灯光特别璀璨。我猛然想起，把爷爷撂在铺位太久了！

急忙和谭勋握手，道别，祝他马到成功。小跑着回到二等舱房。里面灯光昏黄，一片熙熙攘攘。原来正是开饭的时候。我离开时附近的床位小半空着，如今已满，不是坐着就是躺着。每个床位都有枕头和薄棉被，久久不洗的布料发出臭脚的腐败气息。我绕过许多人和行李，找到爷爷。他正在吃饭，我的一份搁在旁边。我叫一声"爷爷"，准备挨一顿凶骂。不料他今天心情特好，一点也不见怪，只呵呵笑着，说："你再不回来，我就拿网罾去江中捞你了。"我大大松了一口气，不迭地解释，怎么意外地碰见老同学，怎么聊天，偷渡一节当然不敢谈及。爷爷把晚餐向我推推，说："快凉了。"又一番狼吞虎咽。为了弥补罪过，我开了句玩笑："爷爷，刚才的烧猪肉，该留一半现在下饭。"爷爷笑着骂我："烧猪皮搁久了不变成皮鞋底了吗？"倒也是。爷爷看着我吃，缓缓地抽烟。

我忽然感动起来，泪水涌上眼眶，想对爷爷说一句："你真好！"可是不好意思。爷爷不容易啊！去年4月一个中午，爷爷从国药店回到家，和碰巧回到家的父亲（他在邻近的大江公社的国营棉布店当店员，逢墟期来这里设摊，出售需以布票加人民币购买的棉布），趁墟的弟弟一起吃午饭，祖母躺在饭桌旁边的炕床上休息（她刚才抱怨心口痛，卫生院的医生来，给她打了一针强心剂），就在这一刻，祖母心梗发作，撒手尘寰。这个晚上，我们陪伴着失魂落魄的祖父。深夜，父亲扶祖父去就寝。祖父站在床头，不肯动弹，良久，长长地以哭腔喊："睹物思人啊！"声音低沉，听来却有如晴天霹雳。祖母猝逝以后，我每天晚上都从村里回到小镇的铺子，陪孤单的爷爷。有一晚，我去国药店接爷爷回家，迟到半个小时，爷爷也以这样摧心裂肺的哭腔责备我："还知道回来吗？"我恨不得跪下来请罪。我欠爷爷的太多了。

晚饭以后，低矮的铺位上，一片喧嚷。是孩子们的世界，哭闹的，在过道小跑的，唱歌的，夹杂着父母的喝骂、哄、说笑。尽管岸上的政治禁锢，依然是鲁迅当年所描绘的"罐头一般严密"，但在花尾渡上，萍水相逢的旅客，都展现诚实的一面。争吵，推撞，打斗，抢夺，这等"失礼"的举止绝难看到。我被对面铺位的一幕吸引住了：一对三十出头的夫妇，男的瘦高，尖嘴猴腮，相貌不敢恭维，然而，偏有鲜花插在牛粪上，老婆水灵得教所有旅客注目，白嫩的鹅蛋脸，水汪汪的大眼，顾盼就是放电，但她是老实的媳妇，注意力只放在满地爬的儿子上。老公知道老婆的魅力，益发要耍威风，故意把梳子扔在老婆的身前，命令老婆捡起，替他梳理头发。捡不捡？数三下，不捡看我教训你！老婆偏不理睬，白了他一眼，埋头整理行李箱里的尿布。好好，当真不捡，那我捡，饶你一次。乖乖，让我亲一口算是悔过。他的脸凑近捏得出水的俏脸，少妇的脸涨成猪肝色，把他推开，还"噼啪"两下，轻轻抽他的脸颊。他不生气，嘿嘿干笑着。殊不知，周围爆出大笑，原来偷偷注视这一幕的，至少十五个男人，包括我。我笑完，看祖父，祖父对着窗外的江水出神。我知道，他在想念相依为命的老伴。

九时半，船员到铺位间的过道巡视一遍，宣布，十分钟以后熄灯，不准在铺位抽烟，以策安全。不久，二等舱变暗，低矮的天花板上一盏十五瓦的灯泡亮着，微微晃动。乘客仿佛在马背上。而马，在漫无边际的草原上缓步。我和爷爷躺下来，不敢用被子遮盖肩膀，浓郁的异味不能过分靠近鼻子。我和爷爷的枕头并在一起。除了孩提时代，这是此生唯一的零距离接触。我低声和爷爷聊天。爷爷告诉我，曙光401，新中国成立前叫"新兴利"，属航运界巨子刘荣光所有，1948年下的水，其豪华辉煌超过所有渡轮，号称"内河皇后"。爷爷说，他年轻时在县城的药材店出师以后，当"巡城马"那几年，三天两头坐花尾渡，要么"新发利"，要么"新联发"。我靠着舱板，抱膝而坐，问："你当巡城马？那不变成牲口了？"爷爷大笑，咳嗽，说，人像马一般劳碌，满城跑，替人带信或者物件，也做点小买卖。他说，那年代的花尾渡够热闹，有钱人上餐楼，打工仔只住得起通铺。船票不必预订，随到随上，铺位满了就加位，帆布床排到船边。睇相的，讲古的，卖武的（即借表演武术来推销"一贴永不复发跌打丸"之类的走江湖者），到处钻，打麻将和下棋的，鏖战通宵。

爷爷说到昔年花尾渡上的伙食，什么没有？别说烧猪肉，沿江的特产，新会陈皮鸭啦，深井烧鹅啦，古劳水煮花生米啦，广海虾酱炒当菜啦，哪像今天，什么都凭票。吃是我最喜欢听的话题。爷爷顿了顿，我抬头看，他在剔牙缝里的肉丝。"知道吗？刚才吃掉的烧猪肉，我半个月不买肉才攒下的肉票。"爷爷说。

爷爷以双手代替用了半个世纪的乌亮木枕，对着天花板，喃喃而语。我听着听着，进入睡乡。朦胧中，小火轮的汽笛和花尾渡上的大钟对语，声音被波涛裹着，抛着，颤动着，听来格外带苍茫之感。身下的波浪，起伏成美妙的韵律，教奔波一天的躯体舒服之至。下半夜，起来上厕所。昏黄的灯下，鼾声和江声混杂。风袭来，打一个寒噤。我回到被窝内，再也睡不着。祖父开始了惯常的功课——吟哦。我翻身侧卧，背对着他。他知道这是公众场所，不能打扰别人，尽量压低嗓门。

爷爷过了花甲之后，每晚只睡三四个小时。祖母在世那阵，位于小镇中心的铺子的二楼，他们的寝室和我的床铺只隔一层薄薄的杉木板。开文具店时留下的，直径足有一尺半的美国造时钟，当当响过三下，老两口便开始于我这偷听者而言至为迷人的絮语。爷爷变为鳏夫以后，絮语变为吟哦。他的吟哦分三步，第一步是预热，第二步是长吟，第三步是悲啸，今晚人在外头，程序不能不有所变更。开头，都是《唐诗三百首》里的绝句，加上一些李后主，李清照，黄仲则，纳兰性德，以及乡间名宿若干不大入流但胜在切合眼前景物的诗词。基调无一例外：悲凉。待到情绪的潮水涨足，长吟开始。今夜是柳永的长调《雨霖铃》："寒蝉凄切，对长亭晚，骤雨初歇。都门帐饮无绪，留恋处，兰舟催发。执手相看泪眼，竟无语凝噎。念去去，千里烟波，暮霭沉沉楚天阔。"用的是台山土话，据说它的优胜处在于保持了唐音八声，曲尽诗词的幽微意绪。祖父以声线所营造的意境，感情跌宕，迂回，间歇之后推进，仄韵被点化为倾诉或者质问，教我内心燃起熊熊的火。到下阕，爷爷的语调变得软和，带上浓重的鼻音，我知道，他在流泪。"多情自古伤离别，更哪堪、冷落清秋节！今宵酒醒何处？杨柳岸、晓风残月。此去经年，应是良辰好景虚设。便纵有千种风情，更与何人说？"我把被子蒙住头，应和着祖父，吟一句哭一声。想起性情中人的断语："未能痛哭长夜者，不足以语人生。"我要把"痛哭"改为"吟哦"，后者比前者，加入了千载凝聚的情思，更广大，更深沉。

最后，爷爷吟元稹的《遣悲怀》："昔日戏言身后事，今朝都到眼前来……"汽笛之后，紧随的钟声带着前所未有的惊恐，我仿佛看到被大浪拍打的大钟，剧烈晃动。爷爷说："到甘竹滩了。"这滩头，从前发生过多次沉船事故，新中国成立后虽然炸掉了江上一些大礁石，但船行到这一段，操控舵杆的四五位船工照例紧张得全身冒汗。

船缓缓驶进黎明。时间与空间奇妙的契合。曙色沿着江面，铺展开来。船进入白鹅潭，高楼列列。我和爷爷走上二沙头码头的石级。叔叔在人群中向我们招手。他不到四十岁，已呈老态。三代人走在一起，这似乎是仅有的一次。为了照顾走路缓慢的爷爷，我和叔叔走两步停一步。我忽然想起要紧事，回头寻觅，哪里有"战友"的身影，这就是"万人入海一身藏"，祝你好运，谭勋！

　　这是奶奶去世以后，爷爷唯一一次快乐的旅行。我此生和爷爷的亲密关系，赖花尾渡建立，完成。

2014.1

抵　达

〰〰〰〰〰〰〰〰〰〰〰〰〰〰〰〰〰〰〰〰〰

　　"去旧金山是'回来'，到佛山也是'回来'，我一脑袋糨糊！"过去这样叹息的是我，这一回，是刚刚放下行李的老妻。打开佛山某个小区一个单位的铁门，把遮盖沙发、床铺、电视机的布拿开，抹去灰尘，"家"的感觉回来了。凭栏看骄阳里滚滚的车流，反射阳光的高楼，花和树，想起王鼎钧先生对于"家乡"的定义："祖先流浪的最后一站。""家"变为"家乡"，内涵也大大扩展，需要太多的外部条件配合；但是，设若局限于不成"乡"的"家"，那么，界定为"自己流浪的最后一站"甚至"多站"，没什么不妥当。别说带家具和门窗的形而下居处，当今的中国现代派诗人不是说汉语就是"随身携带的家"吗？

　　不错，"家"是中国人的宗教，一如入教不但需要受洗，更需要完全的归属感一般，光有出入境办事处的签证印鉴和房产证不行，你须实现感情上完全的皈依。说来抱歉，我欠缺的就是这个，尽管在这个千年古镇断断续续住了两年多，可是我不好意思自称"我佛山人"，没有它的口音（无论老派的顺德腔还是与广州话同化的广府话）是其次，最要紧的，是没有记忆——我的童年给了家乡台山横水河畔的小镇，少年和青春给了通济河流贯的台城，中年给了异国。给佛山的是人生趋于定型的晚年，在这个年岁打造"家"的感觉，难度不下于从事一场被梁实秋喻为"老房子失火"的黄昏恋，有限的荷尔蒙，教我在理性上完全服膺"这里是家"的结论之后，难以付诸行动。有时候，我为此而惶惑，唉，什么时候教我对着阳台外的无限江山，从心底里冒出一句："到家了！"更多的是无奈，由它好了，时不我待，我们最好把注意力投向永恒的家——宗教。

然而，戏剧性的变化在不经意间到来。那是回来的次日。昨夜为了时差，晨昏颠倒，凌晨三点醒来，曙色未开，酷热已爬上澜石大桥的钢缆，但没有构成马上的威胁。早晨九时，神清气爽地出门去。

我给自己出一道考题：离开一百二十天，周遭的景物有没有变化？摒除季节的因素，触目的是：小区的边缘竖立屏障，在路旁开挖深沟，据说是铺设电线；小区前的大马路和佛山大道交界处，听说要建立交桥；马路中间的绿化带，成排的木棉树叶子碧绿，成行的紫薇花正灿烂；小区停车场的入口和出口上方，硬塑料板做的雨篷，破了几个大洞；浑黄的小河，紫荆树的淡影，餐馆后门外，女工在挑拣白菜叶，男子在抽大禄竹（水烟筒），制防盗窗的师傅在锯铁管，水果档后面的老板在挥葵扇。一切早已见惯。

且让我铭记这一刻：走过金智慧广场停车场，地面是去年才铺上的红砖，表层已遭销蚀，露出粗沙的里子。本来，这是让人遗憾，并要感叹人心不古的，不料适得其反，我顿悟一般，感到难以言状的熨帖。只有这些场合——四十多年前的知青时代，上山打了一天柴，累瘫了，放倒在坤甸木做的炕床，耳畔是溪边小牛的哞叫；或者，更早一些，童年的小镇，在繁星如海的仲夏夜，躺在骑楼下的凉席上，跟随着奶奶念"天地玄黄，宇宙洪荒"，旁边，年轻的母亲把弟弟按在怀里，专心致志地挤他背上比星星更密的痱子——才有过类似的感觉。

我终于抵达！尽管它颇形空洞。亲人都在异国，身边只有同甘共苦四十年的妻子。然而我在此刻，有绝对的把握响亮地说：这里有家！不是"无论海角与天涯，大抵心安即是家"这个意义上的，此说一空依凭，和六祖的"菩提本无树"类似，纯粹的心证而已；更不是为了出入境办事处的恩准，使得我长住于此，免于被深夜查户口的警察带走问话。官方为暂住者、寄居者开出的保票，针对的仅仅是"住所"。

满眼的旧风景，本来只宜做"司空见惯浑闲事"一语的脚注，不料都生动了，亲切了，从平面、线性的"照片式"陈列，一变而成深厚的蕴藏，小食店、水站、诊所、广告公司、家具店、连锁旅馆、五金店，无不是木心称为"富可敌国的记忆"之化身。

——"最牛牛杂"的招牌下，大门紧闭。这一家小店营业到半夜，老板和伙计此刻还被风扇伴着，呼呼大睡。然而这不妨碍它变身为水步墟的半月桥头，一副冒热气的小吃担子。"卤味寻"的太监嗓门如此之尖利——"抵食够味牛膜萝卜猪肝来喂……"尾音是甩出去的带饵鱼钩，把一张张谗死了的小嘴牵到几层闲人围住的炉火前。

——金智慧商业广场前的停车场，空荡荡的，晨曦泼在砖铺的地面，入口处的拱门，变成了昔年我当民办教师的小学的校门。也是宁静的早晨，我在跑步。那年二十四岁，为了战胜致命的虚无，在家里喝了一公斤井水，然后出门，跑过田垌，石桥。大路上，超越推吱扭吱扭的鸡公车和挑箩筐的农民，汗水在阳光里化为氤氲的霞彩，走进校门，在空无一人的操场上狂奔。尽管把出售法国波都葡萄酒的堂皇店面拟为破旧的教室，把安装了一排自动柜员机的浦发银行拟为由祠堂改成的教导处，太不靠谱。然而，记忆之魂魄迫不及待地寻找"附身"。

这不，我可以大咧咧地靠近路上任何一个中年人，拍拍他的肩膀，和他谈村里的排球场该不该修整。我可以敲开小区随便哪一家的门，和男孩子一起拍公仔纸，和女孩子跳房子。在祖屋，大年初一凌晨打开大门，把鞭炮点燃，甩向禾堂，噼啪声，绚烂的火花，小伙伴们一拥而上，抢没炸的鞭炮。墙角扑通一声，娃娃摔倒，因为新裤子太长、新鞋子太大的缘故。我站在十字路，为自已的轻率惊诧不已。凭什么，我把眼前当作"家"？左思右想，终于悟出：这一个"有奶便是娘"式的美丽误会，根由在对眼前所见的彻底信任。我确切地相信，头上，矜持的细叶榕不会落下砸破头的钢筋，城中村幽深的巷子不会冲出恶狗，脚下的路，一如儿时打野战的虎山，坎坷诚然坎坷，但不会因窨井被盗去盖子而教我摔断手脚。

当然，信任建立在这样的前提上：走进用蜂窝煤炉子制肠粉的小吃店，不想起地沟油；在主打"重庆烤鱼"的餐馆，铁钩下挂的卤肉没有加上致癌的硼砂；在任何一家购物中心使用信用卡，不怕密码被盗；在茶楼，陌生人和我搭讪，不想起骗子，不提防他设局。只要世故停摆，不作多事的联想，"家"就稳稳地建立在没有渊源的异乡。

其实，信任"表面"，是适用于任何年代离乡者的通例。贺知章以还乡诗流芳千古，他在"儿童相见不相识，笑问客从何处来"的"初次"止步，不曾顾及进村之后。若然，久别的家园的残破，乡亲的日子的艰难，故旧星散后的彷徨，一定教归人的情绪坐上过山车。

且看木心笔下的"初见"，那是英国一个小镇，而非他的故乡浙江乌镇："河水蜿蜒流向都柏林，几处波光闪烁／城市灯光矞皇，照明天空靉靆的积云／一列货车出金斯站台，汽笛声声／像红头的长虫穿破黑暗又没入黑暗中／查佩利佐德桥畔电车顶风轻嘶而过／街面人迹稀少，干枯树木落尽叶子"（《丹·伯克小馆》，选自《伪所罗门书——不期然而然的个人成长史》），单纯的景物，如此而已。"家"之为感觉，从来是覆盖"表面"的保鲜膜。

这么说来，我被"信任"骗了一次，一场实惠不多的欢喜。然而，有什么不好？我总算正式抵达我晚年的"家"。

2013.8

菜地前

~~~~~~~~~~~~~~~~~~~~~~~~

　　午前的阳光惨白，铺在村前的公路上，有如纱帐。站在路旁的石基上张望，左边，南方，公路利落地劈开萧索的冬日田野，向灰霾覆盖处伸展。右边，北方，黛色的连山。离开公路，再走三十步，是我的村庄。跨过低矮的围墙，走过铺上水泥的禾堂，是我家族的祖屋。屋龄八十年，水磨青砖的白灰缝在阳光里闪烁，仿佛池塘潋滟的绿波，并不显颓旧。此刻，心情极端复杂，既对这一切了如指掌，又时时坠进五里云雾中。在公路和田野的接合部徘徊，嗟叹，六神无主。皆因内心汹涌着的感情，急于寻觅一个决口。大道如青天，我独不得出！

　　我迁怒于这新开的公路，认定它所带来的前所未有的方便，是供小偷作案。两个月前，小偷们驾驶小货车沿公路长驱直入，停在路旁，驾轻就熟地打开祖屋的坤甸大门和趟栊。反正里面无人，待多久都行，大半夜地毯式的搜索，连值几个小钱的青花瓷碗也找不到，顺走神龛前两个铜质香炉。炉内积聚了大半个世纪之久的香灰，倒在阁楼上阴刻对联"宝鼎呈祥香结彩，银台报喜竹生花"下方的木板上。我这次回来，为的是看劫后的状况。

　　上午进老屋，在厅堂、二楼、阳台各处查看，一切是"外甥打灯笼——照旧（舅）"。早在被破门的次日，我们预测小偷必来第二次，为的是搬走可卖钱的笨重酸枝炕床和太师椅，赶在贼车驶来之前，尽快托乡亲把"诲盗"的百年家具搬往别处。当然，屋这么老，建筑上的毛病一样不缺，如漏雨，铁闸被锈蚀。我快刀斩乱麻，请村里修理房屋和制造铁门的专业户来评估，出价，敲定施工和完工时间，把款子也付了。

如今的祖屋，以盗窃专家的眼光看，已没半点油水。于我依然是宝库，它收藏着家园记忆。和每一次回来一样，我总要到处翻翻。对了，坏透了的心绪就是"翻"造成的。翻到最后，不知是因扬起久积的尘土，还是拣出的旧物比起上一回更见残缺，难以忍受，逃命一般走出户外。被公路拦腰砍开的田野，也没让我感到舒畅。风没有吹，麻雀在榕树下啾啾。

就在这一刻，我发现众多的小片菜地。正午将至，有点毒的日头晒蔫了绿色，这个时候来菜地，一似大早进女士的深闺，撞见的只能是素面和皱巴巴的睡衣。然而，这就是我要的出口，灵魂的皈依之处。我扑通一声在水泥地和泥土交界处跪下。一分钟前，一个比我小一辈却苍老无比的乡亲擦肩而过，我打招呼："阿牛，来我家吃糖。"他笑呵呵地推辞，说要去墟里看老妈妈。此刻，周遭没有人，没有动物，我尽管痛痛快快地匍匐。男儿膝下有黄金，我的黄金就是家园的泥土。

抓起垄下的泥土，夹杂水泥的颗粒提醒我，菜地无论大小都是对混凝土的蔑视。看看手里的疙瘩，再看看比泥土还黑的手指，这是在老屋尘灰中翻检的痕迹。刚才，替我家看管祖屋的阿全在前头带路，不迭说，小心，木板霉坏了。我随他小心翼翼地试探着，踏木梯到楼上去，楼梯和阳台交会的小块空当，放着两个塑料盆，盆里满登登的水，是从屋顶瓦筒间的裂缝漏下的雨。阿全把盆捧下楼，倒掉。阁楼上，最先吸引我的，依然是数百本自费印的诗集，抽出几本来，带到城里去，填充住处的书架。然后，拉出五斗橱的抽屉，要找记忆所依托的旧物，乌黑的尘土已掺入我去国后寄回来的彩照。由于杉木做的窗门散了架，雨水年复年地打进来，照片漫漶。当初，父母每一次在家里拆开贴着外洋邮票的信封，夹在家书里的照片总引起全家的雀跃和邻居的赞羡，如今已无法辨认。我离开家乡前，这厢是我的卧室，如今本该遗留我当民办教师时写的教案，硬皮簿上的诗稿（有一本，我的诗行夹上一岁儿子的涂鸦，还有一本，是和诗友唱和的合集），读书笔记，和友人的通信。可是，往昔消失得无比彻底。转移到另外一边，即父母出国前的卧室去，却小有收获。小学一位同学的一寸黑白照，底面有赠送者的名字，初中毕业的团体照，我最要好的诗友去美以后寄来的第一张贺年卡，里面有一首打油诗，这位作老派新诗一辈子，从来没忘记押韵的诗人，唯独这一首失去韵脚，为了孤悬海外盼望我前去聚首的缘故。还有一封父亲从旧金山寄给在家乡的三弟一家的信。这些我都放进一个袋子带走。

然而，更大的震撼发生在我从二楼走下来之后。乌黑的手来不及舀一瓢井水洗洗，乡亲们陆续进门。一双双成年在野外劳作的手如此粗粝，握一回被刺痛一回。全是出国之后每次回来差不多都见到的面孔，都老得过分快速和惨烈。当了一辈子泥瓦匠的波哥是贴邻，上次见到腰杆还挺直，这一回佝偻着，牙齿几乎掉光，笑容硬是挤不出来。他弟弟阿豪，也年过七十，壮健依旧，看那一脸深刻的皱纹，马上想到是我的镜子。村里最老的两位老太太来了，嘴巴瘪得厉害，嗫嚅着，我握住她们的手，努力倾听，原来在诉说我儿子幼年在禾堂淘气的趣事，那是三十二年以前，她们在我家门前的晒场，替生产队晒谷子，中气十足地驱赶钻过围栏的鸡鸭。年轻人哪里去了？我问进门的婶母，她们掐着指头算，巷口的阿新，在小镇上开小餐馆，很少回来。巷尾那七八户人家，都在县城买了房。阿贺离谱，台风把老屋的屋顶掀掉一半，也不回来看看。最靠南边的新屋子的主人阿权，前年害肝癌去了，不到五十岁。阿养的老婆，当过队长的阿广，娶对门的瘸足阿珍为妻的阿仁都走了，还有两个上吊了。当过中学教导主任的阿永，去世多年，老婆改嫁……乡村的破落，一如我人去楼空的祖屋，占据它的，在冬天是无所不在的灰尘，在春夏是从天井爬上厅堂的苔藓。趁乡亲们和妻子话家常，我溜出家门，在公路上透气。然后，就是堆满视野的菜地。

我跪在菜地上，直到被泥土硌着的膝盖从痛楚变为麻木。三十步开外的榕树下，那花岗石砌就的社坛，是全体乡亲供奉的神祇，我拜祭时只是作揖而已，此刻何以对并不抢眼并不广阔的菜地付出近于极端的崇拜？这出格，连自己也惊讶。反正，我被震慑了，征服了，同时，我找到了！一若苦吟诗人找到诗眼，地质学家挖到矿脉，丢失孩子的母亲拥抱血肉宝贝，久渴的菜苗痛饮活水，我此刻拥有了"最想要的"。

　　菜地为什么感动我？它和公路自然而然地实现了"无缝对接"。没有篱笆，没有栅栏，没有围墙。难道绿色生命和冰冷的水泥之间，果然可以省去所有过渡？如此的猝不及防！这是泥土与水泥的对峙，还是对质；是乡村向现代的抗议，还是和解；是农民悲壮的维权，还是带着幽默感的妥协？不错，为了建造"半小时交通圈"，田野要赔出最肥沃的地块，国家虽然给每块地以补偿，其丰厚，竟使得一些早已高升为"城里人"的村民，匆匆忙忙把户籍往回迁。然而，退让是有限度的，绿色开始反击了！这就是农民的智慧。菜地可以用"无孔不入"来形容，在水泥地的任何间隙，哪怕只有斗笠大小，只要是黑土，就能招引深藏若虚的生机。在这里，可以发现任何图形：尖锐的三角，大模大样的矩形，灵巧的菱形，妩媚的半月形。蝴蝶在豌豆花上，蚱蜢在番薯藤下。蜻蜓在椰菜花上。我直起身子，弯腰扶直一棵白菜秧子。乌黑的手沾上更黑的泥。我不要洗掉。

　　我忽然意识到，我的下跪，是为了和蔬菜取得类似的高度，一如大人面对小孩子。且流连光景，这就是最顽强的生命！开满黄花的白菜，尽情舒展成扁平向日葵的花椰菜，露出半截肥白躯体，以最婉转的姿态纠缠垄上篱竹的，是荷兰豆的藤蔓，从泥土里露出小半滚圆身躯的萝卜，碧玉似的生菜，列兵一般的青葱，大家闺秀的墨菜，小家子气的松蒿，绿成黑色的芥蓝……篱竹被叶子包裹着，轻轻拨开，里面是羞怯的豆角。细看藤蔓的末端，婉转如李清照词，纤巧得教你不忍触摸。远处有矮矮的瓜棚，我俯伏在地上，看纵深处众多的节瓜。最大的一颗，被石头承托着（主人怕它长下去，把藤扯断）。地上逶迤的瓜藤，处处有玄机——躲着一只只胖嘟嘟的佛手瓜。拿起一只，看中间的皱褶间冒出一片芽，这就是种子。耳畔依稀响起水声，那是乡亲在公路旁边的小溪，舀清凌凌的水去浇菜。想象中，朝阳下水花的鲜丽！是一双双不屈的农民的手，营造支离破碎的田园。只要有泥土，就有生长的生命。想起陆放翁诗句："悔不畦蔬过此生"，不知是讽刺还是感慨。

继而，我想，为什么菜地都没有设置防线？过去，离村里较近的菜园，务必围上篱笆。不然，猪、鸡、狗、牛、羊以及长"第三只手"的村里村外人都可能进去捣乱或偷窃。如今，蔬菜太卑微太散乱，小偷懒得动手。进我家老屋搜掠的贼子，车子在菜地旁边经过不止一次，也秋毫无犯。随即，我触及一个惊心动魄的问题：乡亲难道没有牲畜了？不是没有这个可能。我们的车子刚才开进村时，没惊飞过一只带小鸡觅食的鸡婆。严格的说法是：不多的鸡鸭被关在栏里，它们在村巷闲逛的自由被剥夺，因为盗贼太多的缘故。大水牛则确乎没有了。村庄所面临的头号事实，乃是人口急剧减少，出国的，迁居城市的，凋谢的，占了大部分。我当知青时担任生产队会计的洪仪叔，四十多前在禾堂建起的新队部前发表演说，描写大寨式新农村的远景，"将来都不用打牛屁股，用联合收割机！"泥砖建的队部早倒塌了，他已九十五岁，镇日躺在床上。我何其渴望，刚刚拄着拐杖离开我家的罩他妈，在禾堂晒谷子时，依然要吆喝，掷小石子，把贪婪的鸡群赶出禾堂。

不必深究了。也不必将卑微的绿色作过度升华。人间从来是合成，是混合。从菜地回到家门前，在屋前空地上整理木料的前泥水匠阿波，看出我的神色不大对劲，凑近我，说，你家兴旺得很呢！看到吗？燕子一年年飞回来做窝。我看看门楣上，泥窝是空的。这个季节，候鸟都离开了。我点头说是。屋子空了十多年，它们还记得这个家。

2012.12

落 叶

.

倒 行

头顶上，整整齐齐的两排落羽杉，有若白金汉宫前的卫兵，笔直，傲岸，自信地护卫着逶迤到城市高楼群落纵深处的河涌。脚下，落羽杉的叶子。眼下是新历2月，农历正月初八。大年初一春风便来了，它和岁暮的寒风的区别，脸颊马上感受到——潮润，别小看往轻度雾霾里注入的水分，靠它，群树所蕴藏的春意一激灵便醒过来。遗憾的是，万物的复苏才开始，落羽杉纷披的碎叶便谢幕。整体凋零，落羽杉一年似乎就这一次。

怪不得"落羽"落得如此盛大。昨天来了寒潮，风声凶猛，在窗外吼了一夜。今天，河旁的红砖小道和斜成45度角的花岗石河堤，密密地铺上了落叶，黑色的，褐色的，带小半暗绿的，黄的。今天傍晚，河面几乎没有落叶，胜任愉快地充当镜子，落羽杉光秃秃的枝干和忽然变蓝的天空，排列在水下。

河边小道上的落叶，清洁工没得及搬走，风夭矫的尾巴，趁机制造一条别致的"叶路"。堆得有厚有薄，一高一低，踏上去，松松的，软软的。簌簌之声次第响起。台湾一位诗人，把落叶称为"曾经有过的歌唱"，此刻，脚下可是春雨的微吟？我"哟"地叫了一声，把脚缩了回去。踩痛了你们吗，叶子们？为何这般舒坦，这般溜滑，又这般坎坷？马上想起王鼎钧乡愁散文中的名句："还乡，我在梦中做过一千次，我在金黄色的麦浪上滑行而归，不折断一根芒尖。"落叶和麦浪是近似的，我的步履虽然不能不折断落叶的脉和梗，却一样是梦幻里的"滑行"。在纽约法拉盛区栖迟数十年，从来没有回过故乡的游子王鼎钧先生，和我这在故土一个古城落羽杉林子下低回的归人，共同的行程是：回家。这个家，不复具有空间和时间的意义，它在记忆，在童年，在终极，成为形而上学，成为宗教。

大地承托落叶，落叶承托我的梦。在落叶上行走，必须和平日所采用的方式相反——倒行。倒行之必要，一如布谷声里的农民插秧，以不断的后缩创造春天；惯于前进的脚，需要以反向移动激活偏废的器官，补救单一运动所造成的偏差，阻遏贪婪的攫取，抵消膨胀的欲望。唯反进为退，才能实现平衡。进一步说，只有逆向，才能回到往昔。

何等美妙！我起步在关节僵硬的晚年，往下，是负重而腿脚强健的中年，是倔强而伤痕累累的青春。脚下，是深山的一个谷底吗？我变为一无所有的知青了，第一次上山打柴去，挑着两个柴捆子，呼哧呼哧地，从百米深的谷底上登，坡真陡，鞋底一滑，摔倒在茅草堆，它也这般松软温柔，我不愿爬起来，它要是床，多好！我变为山冈上的少年了，谁是我的伙伴？两个人，各自扯了一根自认是"最强韧"的狗尾巴草，和对手的草交缠，起劲往自己方向拉，看谁的先折断，胜利者叉腰看着，失败者在草地打十个滚。我愿意次次败北啊，只因为春雨过后的草地，酥软一似落叶的堆积，且散发着山稔子花的清芬。嘶嘶嘶，轰隆隆，路旁响起爆炸声，三个半大不小的孩子在放烟花，这是他们整个春节唯一的冒险与奢侈，火花在落羽杉上飞溅，在落叶上空交叉划弧，我被惊醒了，但马上回到梦里——记忆的录影带，已"回放"到村里老屋带趟栊的大门前，一堆堆可和落叶比美的鞭炮纸屑，红彤彤的，我的太阔大且裤筒卷了三截的士林布裤子，袋兜里盛着许多封红包，里面的角币和分币可以换鞭炮、公仔纸以及炸豆腐角。前路在背后，但不必回头看，因为太熟悉的缘故。这刹那，落叶成为代表最高礼节的红地毯，我踏着它，又庄严，又伤感地进入生命的始发站，那里，喇叭花缠着篱竹，小蚱蜢关在火柴盒。这时，风愈加凌厉。低头，一些狡黠的叶子，在叶堆边缘滚动，涌向我的身后，也就是我的前方，它们是为了承载我的脚步而紧急集合啊，我的感激无以复加！

归　宿

毕竟不是白雪覆盖的北地，南国的严冬依然以绿为主调，色略为暗淡，是雾霾使然。绝大多数树木，生机倒是维持着的。落叶却是问题，难怪，"摇落"是冬天的主旋律，一如萌发是春天的专业。河涌边的水泥路面，虽然三天两头由清洁工的扫帚监管着，落叶依然不断，下罚单的人管不了风。我抬头，紫荆树、小叶榕、木棉、凤凰、棕榈、苦楝，都约齐了，不紧不慢地下疏疏的枯黄色雨。叶子回归泥土，树继续生长。以人为喻，落叶似乎和剪掉的毛发、指甲，以及肩上的头皮屑相类。不过，落叶最近似的，还是人的记忆——它从过去来，生命虽然终结，但留下痕迹。

一个三岁的男孩，从自行车跳下来，在落叶成堆处蹦跶，把叶子踢起来，伸手去抓，哈哈笑着。跟在后面的，是年轻的爸爸。生怕宝贝被叶子绊倒，小跑着过来抱，男孩不让，蹦得更欢。男孩的童年是富足和安全的，看从头到脚的装束就晓得，小自行车的后轮有三个，一大两小，确保不会翻车。人在小小年纪，还没有多少"落叶"，连"不识愁滋味"的自觉，也要十多年后才有。冬天这一场景，却可能成为这位父亲最美丽的一片"落叶"，连同无一丝云絮的瓦蓝瓦蓝的天，以及河里载着落叶的水，刻在脑海。这么说来，孩子戏弄的，只能是别人的"落叶"了。不过，我作为旁观者，不会成为这对父子的"落叶"上一丝纤维——他们不可能注意到一个不相干的老人。

就在孩子大呼小叫的时候，白烟在别墅区的铁栅栏内冒起，夹着呛人的辣味。我跑过去看究竟，我的天，有人在"纵火"！火起自一堆落叶。落叶堆在小楼外的菜园旁边。在多层住宅密布的城市，被两米多高画戟般的铁枝所圈的区域内，是彼此间距离够阔，带前后花园的许多栋三层高小楼——教百姓眼红的豪华住宅区。本来，不可能有人在里面躬耕陇亩的，然而，一个老妇人，在菜垄周围忙碌着，扫拢地上的落叶和枯枝，扔进火堆。枯叶噼噼啪啪地爆响。借着频频添加的燃料，通红的火舌离横过的电线不到几尺。不远处的木瓜树，一定被烤得生疼。然而，老太太镇定自若，原来，火堆旁边排着三个水桶，平日拿来储存浇园的雨水，此刻成为消防设备。老太太是谁？不会是佣人，该是房屋主人的母亲或岳母，她从乡下来，照顾孙儿女和做饭之余，以种菜代替城里人流行的搓麻将，自得其乐。而把落叶枯枝付之一炬，则是种田人沿袭千百年的方式。按说是十分之合理的，垃圾不必外运而就地变成有机肥料。不过，在城里却犯忌，一来，一旦失控就酿成危害公共安全的火灾；二来，造成空气污染。欧美的城市，在污染严重的日子，禁止野餐和烧荒，谁违犯要吃官司。她不懂，也不管这么多。眼下是星期二的午后，亲人要么上班要么上学，她是菜地上至高无上的女皇。

我在烟气中微笑着，看她麻利地奔忙，把一把把落叶撒进火里，生怕接续不上。她戴着长长的塑料手套，怪不得在草丛里扒拉如此勇猛。懂得保护粗粝了大半辈子的手，是她唯一的"城市化"吧？

我想，被焚烧，转化为比腐殖质更肥沃更环保的养分，该是落叶最好的归宿。不甘成泥的部分，则化为烟。怪不得一位韩国诗人说，落叶的故乡是天空。

2013.10

秋 色

一

　　黄昏，身边，汽车狼奔豕突，我在夹缝中穿行，到了大街对面，跳上人行道，颇有逃过劫难的庆幸。紧接着，幸福得几乎晕眩。太好了，太巧了！一片草地在面前。绿，说不上血气方刚了，带点萎靡的黄，毕竟是黄色当令的季节。柔驯之极，脚板仿佛踏在恰恰能承托体重的碧波上，我不忍踩下去，改走裸露泥土的地面。

　　这就够了，它已把金秋的精华和盘托出。斜晖如足金一般黄着，它并非洒在万物的表面，而是在和被晚霞晕成朱红色的天空取得默契以后，从物质内部"洇"出来的，于是，在芒果树叶丛和董棕的树皮上晕出厚实和雍容。我的影子拖在草地上。风一直在吹，但我没感觉到，因为心里有密集的惊喜，没为好风留下空间。不强烈的好才是最好的好，但总被最先忽略。此刻终于知道了，因为衣襟飘动的影子，像黑蝴蝶绕着身体的影子飞的缘故。依稀嗅到稻田的香味，稻穗已黄，散发出成熟的骄傲。这么一来，在身边掠过的鸡蛋花，那过分浓郁的香味反而被排斥了。

　　这就是童年的一片山坡，枯哑地黄着的草，自在自为，从发荣到萎亡。我躺着，随手扯一根狗尾草，放进嘴里嚼，秋天的空气把自然所有种类的体味集合起来，加工为一种以稻香为主打的野性气息，它教骚乱的少男的心，变成秋水的清澄；使清澄的少女的心，变为秋野的斑驳。懒洋洋地伸手，碰到坟头一棵桃金娘，把一颗紫色的圆浆果放进嘴里。蚂蚱在万京子上蹦跶。青蛙一跳，残荷的影子应声碎成碧玉。我睡着了，一个千秋大梦。醒来，嘴角留下晶亮的涎痕，并非蜗牛爬过。这就够了，在汽车废气和车声的围困中，小小一方草地，以苏铁树上一根蜘蛛吐的细丝为引信，点起了秋天最绚烂的烟花。我就此重新拥有童年，童年的金秋，人心的天堂。

成年以后，人的心灵起步，目的地是童年。在这草地，在这片刻，我完成了一次回归。没有繁琐的手续，没有曲折的过程，说来就来。左边的一排木棉树，是去年官方耗重金购买，移植的，水土不服症似乎没全好，它们被借来，点缀我的童年，提醒我，那些年头，它们叫英雄树，矗立在小学操场的边缘。我的右边，娇气的鼠尾草，洋气的鸢尾花，是从前所没有的，将就将就吧，美从来是无辜的。

即小见大，以瞬息寄寓永久。现实只负责暗示，充其量是向导；你进入，它就退出。剩下的，由你的回忆和想象补充。这就是现代无往不胜的审美。我打了数十个筋斗，身下泛起孙大圣的筋斗云。我在微寒的溪水里，做了许多次鲤鱼打挺，耳朵进了许多水，摇晃尽是黑发的少年头，脑瓜子成了晃荡的水桶，而况草地隐退，影子融入夜色，秋天还在；星辰全体遁迹，一轮将圆之月，在"雅庭豪园"和"雅庭国际"这两栋大厦之间的天空，热气球一般悬着。它鸟瞰着季华路缓缓流动的汽车和蛇一般矫健的摩托车。我则站在凌跨季华路的人行天桥。

回头，要越过高楼，去看"我的草地"，却只有浑茫的夜。

二

落叶是秋天的书签，夹在哪一页，哪一页便可能是洒满金色的诗篇。

秋天的日历就是落叶，落叶的飘飞就是秋天的行进。随便翻开哪一本旧体诗词，以秋为题而没有写到落叶的有多少？比例比咏春而不顾及花草，吟冬而忽略风雪的还要低。

傍晚，入秋以来第一场冷空气到达，风从西边来，浩浩荡荡。我沿着小河的石堤往东走。头顶上是落羽杉，旁边是紫荆。这个季节，悲壮地诠释"秋之为气"的肃杀的，首推神速地脱光叶子的梧桐树。落羽杉和紫荆，其实绿意还在的，不算蓬勃就是了。"袅袅兮秋风，洞庭波兮木叶下"，在小区外围局促的环境里，扶着仿花岗岩栏杆站立，断断无法拥抱寥廓的水天。但我有一意外的发现，那就是：在"无边落木萧萧下"的宏观之下，在"一日秋风一日疏"的凄凉之外，在"落叶满阶红不扫"的豁达之上，一河落叶自有境界。

面对小河，发现这一秘密时，我的脸红了，仿佛是自家的少年心事被秋风吹破。西风正急，从在建楼盘一侧的开阔地带扫过来。河畔的水泥道，落羽杉的落叶一窝蜂地逃亡。这是奇异的比赛，没有一片停驻，风不停，它们就径直向前。即便路旁不乏角落啦，柱子根啦，树桩啦，供它们躲避，喘息。和这翻腾的大队形成巧妙对照的，是河里的风景。所谓"摇落深知宋玉悲"，河里的落叶，都是此刻被风刮——不，"梳"下来的，风的利爪逐棵梳过，枯叶无一遗漏地被淘汰，坠进黄绿色的波澜。满河都是落叶，水纹为之变色。风一阵紧似一阵，水里的叶子被波纹托着，"大呼隆"地向着东边推移。

然而，凝视水面，发现先前从旧体诗词获得的印象失诸笼统。在占压倒性的多数之中，有的是异类，它们特立独行，在其间随意穿行，要么速度比多数快，有如舢板群中的快艇，要么逆向，要么横切，自由自在。它们并非天赋异秉，不晓得凭什么抵御强大的风？也许，由于尾端蜷曲的缘故，一如帆船通过调整帆的角度以后可航行于任何方向。也许，是因为风也和流水一般，有主流，也有回流，它们是回流所控驭的幸运者。这么一来，河面自由了，多元了，喧闹了。鱼也来凑趣，在落叶的间隙奔突，泼出点点水花或者圈圈波纹。岸上诸物的倒影被落叶吃掉大半，剩下的，是蓝得颇地道的天，明净之至，提醒你，扫荡落叶，不过是西风的余事，天上的云已被清空。至为得意的，是漂浮的垃圾，忽然增加了这么多同类，盒子、塑料布、瓶子、纸巾，反而淡定起来，它们逃得没那么性急。哦，它们是资深的随波逐流者。一只盛过矿泉水的塑料瓶子，得意洋洋地行驶，它是水面的巨轮。风呼呼地吹，仿佛是雪莱的《西风歌》所化。

如果和大多数同流是不可逆转的命运，那么，做一片异类的落叶是不错的。

2013.10

台城情结

深秋，家乡最宜人的天气。我从前说过，好东西都是"润物细无声"的雨，你并不感到它的存在，它却须臾不可缺，诸如：儿时的母爱，老病时配偶熨帖的照拂，还有，旧金山四季如春的天气。然而，故园的秋犹胜彼岸那个以好天气闻名的第二故乡，它以谦逊然而令人舒坦的风，无时不提醒你：这季节最教人留恋，有了它，一切诱惑都无足轻重。

就是这季节的一天，深夜，我临睡前扶着借宿处阳台的栏杆，对着深蓝穹隆下一盏迷离的灯说：家乡，我又爱上你了！这爱，来得有点晚，可是，好歹完成了。乡愁到这里，画成美妙的圆。

那夜，我在台城——号称"中国第一侨乡"的台山市的驻地。满打满算，我出国前的三十二年中，有十三年在这里度过，剔去记忆缺失的童蒙时代，它占了人生近半，我的乡愁中不可能没有台城的校舍、湖和树。可是，去国的另外三十二年中，我对它的迷恋被光阴折旧，最后降到零。我和它之间，可拟为经父母之命，媒妁之言的漫长婚姻，命定地要爱，逻辑上非爱不可。一大把儿女、亲情的牵扯，然而，就是差那么一点儿火候。头一次游子归来，自然感动无比。而后，还乡的次数增加，对它也没感烦腻。只是，我不能说爱它。细加反思，这可是别扭的心理活动，"熟极"未必有爱，"新鲜"反而可能一见钟情。

这么说来，和"爱"一般，"不爱"也是难以解释的。非要说几个理由，也许是：由"暗示"作纽带的记忆链，因旧物荡然而断裂。十二岁那年，独自提着一个小皮箱，花两角八分钱乘巴士到台城来，过桥，上台西路，走了两三公里，到一中去注册，从此成了这里的常住人口。如今，台西路还在，作为地标的天桥依然，可是，它改为步行街的同时，把记忆的闪光点全抹掉了。门牌66号二楼，是和我结下终生友谊的男人的住处，他1949年前是我的语文老师，"文革"中一起造反，自此情同手足。在小衙门当最低等公务员那些年，许多黄昏，我趿着人字拖，以"欧化长句"一般拖沓的步子，登上嘎嘎作响的木楼梯，在窗前的藤椅与他相对而坐。第一次来，他的大儿子文文刚能坐稳，把床头收音机的旋钮旋来旋去，都旋出亢奋的语录歌。如今，骑楼还在，但楼梯不见，天晓得住户怎么上下？这就是意义繁复的隐喻了——我失去走进"往昔"的通道。对了，所谓"物是人非"，前者有"是"才惹来对消失的"人"的思念。上初中时晚饭后常常进去吃八分钱一碗的"净面"的"余湛记"，明明躲在正市街的旧楼群里，却找不到。青云路侥幸躲过拆迁，基本上是抗战胜利后建的矮小建筑，可是，初一那年，一个饥寒交迫的日子，路过这里，被父亲的朋友拉进去，饱餐牛腩萝卜的铺子呢？夏天的夜晚，以销魂荡魄的芬芳把我铆在树下，让我哭泣，让我向虚拟的情人喃喃诉说单相思的白玉兰呢？人工湖藏匿弯月的莲荡，莲荡深处的小艇，小艇上的歌声呢？尽管我在这里没有遗落爱情，然而，光是轰轰烈烈的"文革"——牛屎巷的大字报棚、沿街刷大标语的墨汁桶、批斗的高台、游街的牛鬼蛇神长队、造反派在街心飘扬的大旗、我离开校门前夕贴在军管会前大街的大标语"明天是我们的！"都找不到一丝遗痕。"抚孤松而盘桓"，是古代倦游的读书人回乡的标准动作。我却找不到此前的任何一棵柳，"别离江上还河上，抛掷桥边与路边"，那是母亲无所不在的手啊！

洋谚云："爱和咖啡，均要趁热"。感情冷下去，即使退休以后在国内的定居地，离台城不过百多公里，也懒得回去。如果我的爱意犹存，那么，不必赴约，开会，也不必去扫非扫不可的友人之墓，独个儿，在残破的南昌街，在环城南路背后的城中村，在我痴痴望着窈窕淑女招摇远去的母校校门前，也能徜徉三天三夜。我老来竟如此寡情——这不是背叛吗——我深深自责。

然而，这一切，终结在今晚。坐友人的车，午后回到台城，和一位企业家谈话。晚饭，和企业家一起，在一个村庄的禾堂，与皮肤黧黑的乡亲们一起，吃的是咕噜肉和蒸芋头。原来是为了庆祝一年一度的"老人节"，哦，今天是九月初八，明天是重阳。秋风徐来，乡音盈耳，使饭菜别有风味。这村庄，叫山塘，"文革"中村民和我们同一派，一次武斗中似乎死了一个民兵。我就此向热衷于咏春拳的中年汉子打听，他茫然以对。我并不觉失望。故乡于我的全部，以"抹杀过去"为关键词。

和企业家分手，回到人民广场。和好友K一起，开始逛街。从七点到十点，三个小时下来，天晓得走了多少路。穿过人工湖畔的大路小径，绕广场数周，走过通济桥，进应节的河滨闹市，沿河岸不知道走了几个来回。一路穿过许许多多的人阵，打破许许多多重摊档的包围。懒散地走，闲散地谈，脚步搅拌过的话题无数，官场、出国、文事、旧人、黄鳝饭、山间的土茯苓和吊钟花。"我替公司出面买了六台以柴油为动力的捷达，开办出租车公司。开头谁不骂我笨，可是，承包的司机没一个不感激我，一个月下来，单是油费，就比用汽油的车省一千多块。"那是K从商经历中的得意一笔，福兮祸兮，前几年为此受累，赔了二十万才免去牢狱之灾。不过，看到什么，谈了什么，都是次要的。这一趟，于我的意义如此之大，缘由依然在"暗示"。

"暗示"什么呢？它以由视觉、听觉、触觉和嗅觉各自运作和互动而形成的氛围，予我无比强烈的灵魂震撼，启示一个道理：故土的生命力在斯。我和这原始的力量脱去联系，是爱枯萎的根本因由。然则，这"力"的具体指涉呢？说白了，是彻彻底底的世俗。不要从熏得你两眼冒泪的烧羊肉串档子的烟气去找"题外之旨",不要从湖畔石凳上突然闪出的游妓的暧昧手势去哀叹世风,不要从霓虹灯下的招牌去凭吊深巷的木屐。小区外头的甜品店,无论如何泡不出用开水冲炼乳和鸡蛋的味道,那是祖母从九公里外小镇带进学校来的,老人家给我整个中学生时代唯一的温情。没有形而上,没有诗情,没有物质、金钱以外的任何哲学意蕴。然而,这不就是人生的底气吗?

我的家乡,民间从来就是这样的,俚俗,粗鲁,土得掉渣,无可救药的纯物质主义,乃至杨朱"拔一毛利天下而不为"的唯我主义。它不生产思想家、诗人、理想主义者、爱情至上主义者。革命年代、战争年代,出过不多的仁人义士,那是被大时代的时髦裹挟的结果,从根子上说,它和激进、极端无缘。故乡的特质就是土地的特质。在家乡生息的人,都全心拥抱世俗人间。"现世"就是全部依凭。活得富足些,安稳些,就是全部的追求。我在台城北面的纱帽山下,八年(读书六年,造反两年)间,每逢阴历逢二逢七的墟期,凌晨开始,鸡公车缺少润滑油的轮子,便从柠檬桉夹着的公路上,吱扭吱扭地响起,那是满载着猪崽薯、花生、黄豆和蔬菜的大队。它倔强而刺耳地昭告,对什么运动,什么政策都不买账,要过的是"日子"!此刻,在秋风徐徐的夜,躁动的依然是"过日子"的欲望、计谋、行动。学院不着边际的玄幻,网络世界的虚无,商场高层的阴谋,这些都和灯光里的底层百姓风马牛不相及。在没有车辆骚扰的步行街,不见书店、书摊,几本过时的时装杂志摆在报刊档不起眼处,那不要紧,这里不需要文化,只有野性,赤裸裸的俗气。出卖镀金项链、化学物炮制出来的玉镯的老板娘,眼神如此坦然。时装店里的姑娘,在里面待久了,没客人来,便探头看街景,脱下一只高跟鞋蹭痒。为手机服务的小摊子少说也有几十个,天知道为什么有这么多膜要贴!水泄不通的人群,他们在干什么?吃肯德基的炸鸡还是麦当劳的油条加豆浆?单车、摩托车和出租车在最密集的行人中抢道,才叫叹为观止,不知怎么一来,毫发无损地各适其适。手拿气球和冰糖葫芦的小孩子，把婴孩搁置临河栏杆上的少妇，边抽烟边指挥倒车的送货员，在水边垂钓、对身边排水口源源流出的汽车废油毫不在意的青年人，正经得过分的算命妇人，在摩托车上以蚂蟥吸血的劲道紧贴驾驶者后背的村妇。世俗里有"八卦"的本义："近取诸身，远取诸物"。

桥上，一个穿不合时令的西装的老男人，神情恍惚，对河凝神，似乎被璀璨无比、项链般环绕河岸的灯光所吸引。我知道，他是和我一般的漂泊者，在纽约或在西雅图某家中餐馆吸足油烟，终于回到家乡。他祖籍在此，他在苦苦追寻往昔，和二十年前的我一般。他注定是失落的。我差点走过去，和他握手，自我介绍，并不同病相怜地对他说："别找了，没有！"

然而，依然"有"，那是一以贯之的红尘十丈，也就是"地气"。木心把人生喻为"管道"，一切都从中经过。我的故乡，姑且譬作一条总在进水却永远不会沉没的"漏船"，它的破洞，来自内外的侵凌，从战乱、运动、污染到人心的败坏，以及作为侨乡最显著特征的异国影响，它承载着残缺、热闹、弊病丛生、光明、快乐、苦难、困惑的人生，以及梦想（其中，出国，乃是最沉重、最具诱惑力的终极之梦）。它不会沉没，人们总会把伤痛、遗憾、不平的"水"舀出去。船在时间之河顺流而下，船上人不要刻舟求剑。它的动力，就是：在现世过好日子的生命力。

一旦找到这个意义，我的爱马上有所附丽，从而得到强化。就此，我响亮地对双亭桥下的湖波（它映照过第一次归国的容颜），人民广场边沿的凤凰花（火红的浪引发我青春的感兴），珠峰山坡上的水泥梯级（我上进修班时一边上登一边拆读情书），还有，中国作协会员老赵（此刻在医院里躺着，他曾教我写新诗），说：台城，我又爱上了她！

2013.10

在餐厅上

合起雨伞，踏着电动扶梯到三楼。带位员把我和老妻领到靠窗的座位。头稍稍偏向右边，帘外，笔直的雨线，切割伞顶的半圆和候车站翘起的檐牙。共伞的人不慌不忙地走，高跟鞋的细跟勉强地和雨线维持平行。停车场的红砖地格外触目。

凝视雨网之际，想起鲁迅的短篇小说《在酒楼上》。风马牛不相及，也许仅仅因为"餐厅"和"酒楼"是同类。另外一个暗示是：这是一家日本餐厅，店名"上野"。怪不得在街上走时这高挂在大厦外墙的招牌，教我想起鲁迅散文《藤野先生》的开头："上野的樱花烂漫的时节，望去确也像绯红的轻云。"好在这里无樱花也无藤野先生的遗迹，若有，我这顿饭怕要吃成"文革"的"忆苦餐"了。

同是吃，"吃出什么"却大相径庭。鲁迅的《在酒楼上》，基调阴冷压抑，"我"和主人公吕纬甫，在S城的"一石居"巧遇，从头到尾喝酒，先是"我"独酌孤闷，再是两人共品颓唐。我和老妻，却是纯粹的"吃货"。打了一个上午羽毛球，回家做饭太晚，便决定在外面解决。"上野"餐厅是随机选的。坐定，拿起古朴的石头纹茶绿色小瓷杯喝炒米茶，才记起从前和朋友来过，也用这种杯子喝茶。酒楼上的两位读书人，以三斤绍酒浇无穷尽的块垒，什么油豆腐、茴香豆、冷肉、青鱼干，这些首先是酒的附加物，然后，和"主人"绍酒一起，成为道具。他们挂"喝酒"的羊头，卖"伤感"的狗肉。光是伤感，倒无伤大雅，这是一种从古到今并没有衰退的普遍心态。然而后面是绝望。吕纬甫重新安葬早夭的弟弟也好，遵从母亲的指示，给乡下女子送迟到的剪绒花也好，如此温情脉脉，背后都是幻灭。好在那个"我"只在"一品居"待这么一次，若每天都来，不给绍酒毒死，也会从乌篷船跳下去。

我们只是为吃而吃。乌冬面加配炸肉排，为了维持肉的脆嫩，放在另外的方碟上，佐以微辣的红色酱汁。牛腩和生菜、绍菜、大蒜、萝卜在小小陶锅里，口感不错。向上帝坦白，如果没有联想，这顿饭堪称完美。而这完美，是由恰到好处的饥饿酿造的。而饥饿，来自高强度的运动，在没有空调的羽毛球馆挥拍一个多小时，衬衫活像从水里捞出来。老妻的技术向来遭我笑话，但今天发挥出教人惊讶的水准。我不能不连连喝彩。这些高帽子，加上球友一句"你身体轻盈，怪不得如此灵活"的恭维，使她老怀与胃口俱开。

遗憾的是，吃到一半（从时间上推算，《在酒楼上》两个一点也不快乐的男人，这阵子该已寒暄过，并慨叹，上次别后，彼此都像少年时看到的小虫子，"飞了一个小圈子，便又回来停在原地点"），肚皮填了相当多的乌冬，开始喝白得有点奇怪的汤，惊惶自问：是原汁原味的高汤，还是加上了比味精还厉害的新型调味剂？要命的联想一经启动，便殃及别的菜：这炸肉排，从什么油里捞出来的？即便不是地沟货，如果店家为了省钱，油多天不换，炸出来的也足以致癌。还有加点的炸银鱼——我和妻子从来不吃油炸食品，今天没细看菜单，又难以抑制馋虫，自投罗网。

想起"打工皇帝"唐骏在佛山演讲时，一本正经地说的故事：某优秀中学生在一次考试中大失水准，老师召他去问缘由。学生哭着脸说："不能从小日本那里要回钓鱼岛，考得再高分，有用吗？"老师兴奋之极，拍拍爱徒的肩膀说："好样儿！吃地沟油的命，操中南海的心！"唐骏说完，台下没人发笑。这一国产黑色幽默，被简称为"地命海心"，早已流行。唐骏可能每场演讲都引用，现场效果早已预料到，所以并不尴尬。我独自偷偷苦笑，那表情，该和吕纬甫他们半酣时差不离。

要之，《在酒楼上》的吃，从"吃"自家的凄凉遭际到"吃"前途之无望，"你看我们那时预想的事可有一件如意？我现在什么也不知道，连明天怎样也不知道，连后一分……"以"密雪纯白而不定的罗网"来反衬，人间的肃杀之气格外浓重。我"在餐厅上"的吃，由于没有寄托，吃得还算自在，除却后半段联想不知趣的打扰。

怅望千秋，萧条异代。从前的文士如吕纬甫，颓唐之后，可能投身革命，如果不给革死，侥幸成为胜利者，成功后还要过许多关，如批胡风，反右，"文革"。这么善良、敏感的读书人，难保不在某一场或多场"思想改造"中，吃上苦头乃至横死。他在落难中，未必不怀念酒楼上那一次，至少有"我"为伴，有低度数的醇香绍酒和热辣辣的油豆腐，可以随兴发牢骚。至于我们，一点也不忧国忧民地吃过尚算可以的日本饭（只要不提联想），付七十五元的账单时毫无怨言，还把炸银鱼打包。

门外，雨停，天地清新。不识趣地想起《在酒楼上》的景致："几株老梅竟斗雪开着满树的繁花，仿佛毫不以深冬为意；倒塌的亭子边还有一株山茶树，从晴绿的密叶里显出十几朵红花来，赫赫的在雪中明得如火，愤怒而且傲慢，如蔑视游人的甘心于远行。"老夫子把灰暗慷慨地送给所见的外物，我这点儿快乐却只够自己用，而况街旁的紫荆没有著花，鲜艳的依然是红砖，和飘然过街的两三把伞。

2013.3

伦文叙和我的童年

　　上世纪50年代是我的童年和少年时代。平心而论，1957年之前那段时光，比之在楼上撩开窗帘看刚刚被戴上反动帽子的老师们走向批斗会场的反右年代，十一岁露宿山头挖矿石，饿得眼睛发绿的"大跃进"年代，文斗武斗、疯狂的"文革"年代，都要好一些。那时，我家在小镇开文具店，在村里还有田地。文具店叫永益隆，是全镇生意最好的。祖父是掌柜，祖母是助手。当上第一任工商联主任的父亲忙于公家的事，母亲忙于照看一个接一个地问世的儿女。标准的小康人家，祖父母安分，勤劳，每天镇守店面。父亲这位中山装上常飘着"燕子尾"的县人大代表，很少在铺里，兴冲冲地进进出出，沉浸在高涨的革命热情中。

　　永益隆是位于丁字街中点的旺铺，楼下开店，铺尾是厨房，二楼是全家的卧室。二楼中段有一个一平方丈大小的天井，上头是天窗，天窗射下来的光线可直达楼下的货架和柜台。天井旁边有一个缺了一扇门的五斗橱。上层放坛坛罐罐。下面两格，满登登地堆着书。这是我的第一个私家图书馆。我在放学后和假日，大人在楼下卖货、做饭的当口，靠着天井的木栏杆，就着铁皮天窗漏下来的光线，读书，读书。

　　凭着感觉，我把柜子里的书分为两类："正经"的和"看着玩"的。二者以及我看不懂的《韩昌黎全集》之类，都混在一起。前一类以鲁迅的《准风月谈》和《周作人选集》为代表，此外是不知名作家所著、描述苗族风情的短篇小说《黑蚂蚁》，还有广告以色情招徕但对性点到即止的李我、碧侣两位香港红牌作家的言情小说。后者呢，以伦文叙系列为主，如：《伦文叙老点柳先开》《伦文叙戏太师梁储》《鬼才伦文叙》《风流才子伦文叙》。正经一类，该是新中国成立前夕在岭南大学读新闻系一年级的叔父购置的，他没毕业就参加革命工作去了。闲书是谁买下的？最大的可能是念了初中就随父母经商的父亲，他不是读书人，但上厕所时爱拿一本书，不蹲到腿脚发麻不出来。

从1954年到1958年，我读小学一年级到四年级，在夏夜的骑楼下，和弟妹们爬在竹席上，随高坐在藤椅上的祖母齐声念"天地玄黄，宇宙洪荒"，除了和小伙伴放风筝、打玻珠、削弹弓、逮天牛、晨晚呼之外，读闲书是最私密最刺激的"勾当"。位置是固定的，别的地方难得采到足以看蝇头字的光线。伦文叙"书系"超过二十本，每本不到一百页，俗气而艳丽的封面，一如年画。纸质粗劣，装潢草率，售价低廉，可观处是插图不少，尽管线条笨拙。当过状元的伦文叙，平生行谊之中，没有多少供唯利是图的图书商人渲染的"色情"，可是，有点别的什么。不然，不会迷住我这个启蒙不久的小学生，而况，小镇茶楼里烟气和水汽缠绕时，伦文叙是最热火的谈资。我还没说到乡村"散仔馆"的主角、圩场上向每个听众收费五分钱的"讲古佬"，若连伦文叙轶事也搬不出十段，卷铺盖得了。

五十多年过去，回想在天窗射入的光线下读伦文叙，记起诺贝尔文学奖得主、意大利诗人夸西莫多的诗："每个人孤立在大地心上/被一线阳光刺穿/转瞬即是夜晚。"哈哈哈的笑，银铃般脆亮，因为童嗓没变粗的缘故。更有吸引力的是一场场智斗，起先是悬念，比如，梁储太师要这位新科状元为"百鸟归巢图"吟诗，伦文叙先来两句："天生一只又一只，三四五六七八只。"读者和老太师一般失望：这算诗吗？不料，峰回路转，"凤凰何少鸟何多，啄尽人间千万石。"诗眼有了，高雅出了，小小心灵的惊奇，难以言状！

童年的小镇，这标准的市井，有的是伦文叙的崇拜者和传播者。搬运站里以单车载运人和货为活的许荣，绰号"乔家荣"（乔家，在土话有"足智多谋"的意思），月白风清的夜晚，步月桥上一站，打个干咳，便召来我一样的听众十来位，在没有汽车经过的桥上围成圈子，许荣靠着花岗石围栏，手舞足蹈地讲古。"湖北大才子柳先开和伦文叙斗对联，他见祠堂内的大鳌木雕，出了上联：'梁上鳌鱼，难炒难煎难供客'。诸位有所不晓，这骨头难啃啊！猜猜伦文叙怎么对？他看到大门上贴着关羽和张飞的画像，轻摇纸扇，吟出下联：'门中将军，不饮不食不求人'。"桥下的水声，桥上荷荷的喝彩声，提问，玩笑，嬉闹。许荣在"古仔"中杂以显浅的谜语，猜不中，他会给小孩子的和尚头轻轻戳一记栗子，猜中了，大方地花一分钱请客，去桥头摊档吃蘸上血红辣椒酱的牛膜萝卜。另外一位善讲伦文叙的，是比我大五岁的肥仔元，他家开药铺，大热天在铺尾纳凉，他开讲伦文叙，也吸引不少听众，和许荣的"古仔"比，他的多了低级趣味，一段讲完，必然引起爆笑。"伦文叙回到家，肚子饿，要吃饭。叫了好几声妈，没人应。他直闯进妈妈的卧室。妈妈在换裤子，来不及躲避，连私处也给儿子看到。妈妈又羞又怕，哭哭啼啼，要去寻死。大头仔伦文叙拦住母亲，高声吟咏即兴之作：'先生放学我回来，睇见天门大打开；自古帝王从此出，探花榜眼状元来。'妈妈抱住乖仔，破涕为笑。"故事到这里，还算正经，不料往下，引出伦文叙的同学母亲，妒忌伦文叙的妈妈靠脱裤子出名，也趁儿子放学回来，演出同样戏码。便是教人笑出眼泪的噱头。肥仔元把关子一卖，得意洋洋地微笑，两手叉腰，斜眼扫过大伙，一副"你们怎么想得出"的神气。

长大以后读伦文叙，断断不可能有那种迷醉了。作为文化现象，"伦文叙传说"给了读者什么呢？它没有提供哲学意蕴，主旨无非是"十年窗下无人问，一举成名天下知""书中自有黄金屋"。最为家喻户晓的，是伦文叙的急智、佻皮、诙谐，即广东话的鬼马、搞笑、抵死。而这等"才"，不是用于匡国济时，抵御外侮，为民造福，而在巧对对联，即席吟诗，"整蛊"对手。他成状元，也不靠这些小聪明，靠的是正儿八经的八股文和以辅助君王治理国家为主题的殿试。

可是，伦文叙作为岭南一块金光灿灿的文化品牌，进入了电影、电视剧、说书和书籍。他在我尚称温饱和安稳的童年，和孙大圣、方世玉、陈梦吉等虚构或真实的豪杰一起，承载着想象力和幻想。但是，说他像青年时期的约翰·克利斯朵夫一样，在人生观形成过程中起过重大作用，那远于事实。伦文叙是不能仿效的，即使在热衷于拿起自制的青龙偃月刀，和伙伴在散市后的圩场"厮杀"，用马粪纸制作一座迷你花果山，山前插一面油光纸做的"水帘洞"三角旗的年代，也明白，别说金榜题名、诗戏宰相，就连联句，对对子也极为遥远。

那么，伦文叙所提供的是什么呢？是"趣味"。它全然是市井的，俚俗的，别说难以和知青年代所读西方古典名著里浩瀚的思想、广阔的人性、深厚的人道精神比，连中国文脉中的经典作家，与之也有很长的距离。然而它是可爱的，一如木版年画、石湾公仔、黄飞鸿、牙刷苏一样，洋溢着民间的俗气，即红尘气，生气。它一似我靠天井栏杆读它时，从地下铺子升起的算盘声，寒暄、算账的声音一样，使幼小心灵充满世俗暖意。这种对世俗人生的热爱，持续到晚年。

2013.9

在巴厘岛一起当土豪

坐四个半小时的飞机往这个岛屿的"乌合之众"中，并没有非头等舱不坐的款级，绝大多数冲着"廉价"而来，包机票、小费、旅馆和大部分餐费，每人不到四千元人民币。勉强可跻身土豪或准土豪之列的不是没有，一位来自广州郊区花都市的中年女士，在等候大巴的空隙，向我这般说："出国的次数数不清，只有这次破例。一直喜欢自由行，去过哪些国家？除了非洲，都走遍了。迪拜去了三次，哦，不是游览，是购物，沙漠里的城，可算天堂。比如，宝帕、江诗丹顿、豪爵一类顶级名表，在香港的专门店，没十万别想碰，在迪拜，七八万就搞定。走一趟，省下来的够旅游开销了。这个岛不好玩，为什么这么说？本地人说的英语夹杂太多土话，我家孩子跑遍英伦三岛和北美，英语可是呱呱叫的，来到这里却抱怨听不懂。"女士的语气没有炫的成分，只是辩解——这次降格而来，会不会被团友看成"草根"，是她最为在乎的。我的眼睛老往她的左手腕睬，看是哪种名表。她什么也没戴。人家多聪明，巴厘岛又不是小区里好事女性麇集的茶会。其他的团友，都可归入中产，但一位行将五十八的健壮女性，自称下岗后一直打住家工，即当佣人。我们老两口呢，是跟随精于比价和策划的贴邻刘先生夫妇来的，一切听他指挥。

岛上第四天，是自由活动日，全天活动，旅行社不付费。事前地陪竭力推荐涵盖整天的三个项目：热带雨林内漂流（落差仅仅一米），海滩休憩（游泳或看人游泳），两个小时名闻天下的"精油按摩"。作为我们这一群的首脑的刘先生权衡之后，主张不参加，理由尽多，诸如：太贵，老人家坐橡皮艇怕出事，阳光太猛，在海滩是活受罪。

一群拒绝冒险的大陆客，进市区闲逛。这一天的纪念意义在于，一辈子看紧钱包的人，都挥金如土。热带的太阳知趣地配合，正午时分，街旁的椰子树和槟榔树连稀薄的荫也不施舍。我们只好频繁地离开摩托车狼奔豕突的街道，进入商店。地陪早已交代，这里的商户有两种，一是有玻璃门和冷气的，一是摊档。前者"不二价"，顾客的"砍"功再好也不奏效，后者漫天要价，你还个五折便算两不亏欠。然而这买卖经放到此间未必合适，许多店铺门外有摊，并无玻璃门和冷气，大家只好实行折中，价照砍，但并非不到半价不松口。

不过，出国旅游的群体，不会寒酸到哪里去的，价钱并非唯一着眼点。中年女士Q，自称在一家大商场的手表专柜当售货员，月收入该在三千上下，然而她的阔绰并无限度，也许行前获得土豪型老公恩准。她买了两条丝质印花长裙，每条九万，喜悦之情溢于言表，恨不得马上找个洗手间，把牛仔裤换掉。团友一个个出手潇洒之至。举行婚礼的次日便与我们同行的一对儿，买了一尊木雕笑口佛，对方开价五十万，新娘以过得去的英语，数个回合，砍到十五万，成交了。涌进便利店，买岛上特产白咖啡，五包装的三万五千。为了回去送给朋友，每人花十来万，买了一堆。度蜜月的新娘趁机揩油，向店员要了一杯用来冲泡即溶咖啡的热水，事先问了，说不收钱。

防晒披肩，八万。雪纺豹纹丝巾九万。遮阳草帽，四万。印上"我爱巴厘岛"字样的圆领衬衫，十万。象牙球，二十万。七彩女巫，十八万。手绘图案的蜡染编织袋，十分抢眼，只要两万五千。手工冷压肥皂，五万。手提礼品盒，里面盛着十瓶小巧玲珑的香薰精油，十二万。街上停着的观光马车，坐上去，花二十分钟在城区转一圈，十万。在国内花钱，少年时代一分一角都计较。半个世纪后通胀多少倍，也只"大方"到花一元钞不眨眼，数最大面额的百元钞，依然心疼。可是，在这里，千元根本不算钱，万元随手甩。我们不是讥笑土豪"什么也没有，光剩下钱"吗？然而，在"有钱能使磨推鬼"的世界，连道德、贞操、灵魂都可以拍卖，花钱也买不到的实在不多。而土豪的"豪"，岂能不表现在消费上？非土豪居然也大手大脚，"一下子高级起来"之感，畅快之感，何消说得！

看着大伙花钱如流水，每个人的嘴里，吐出的金额都以"万"为单位，我这个多年来绝少"瞎拼"，举凡衣服、鞋袜、被盖、毛巾、无不由老婆大人包办的甩手掌柜，也手痒起来。在一个摊子前，指着一条牛皮做的皮带问价。形貌和举止都像吾国齐天大圣的售货员，回答说：两百万。我还价七万。他以眼白超多的眼睛瞪着我，仿佛面对一只不谙世故的猴子。最后，看我没有让步的意思，减为十万。老妻在旁边看了，三下五除二，敲定价钱。对方来不及嘟囔，我已把旧皮带卸下，换上价值八万的新玩意。

花吧！一掷千金，一辈子有几回！一个团友买得太多，两只手挂满了购物袋，变成行走的圣诞树，干脆买一个手提旅行袋，"区区六万元"。我的老妻一发不可收，不但为在太平洋彼岸的孙子和女婿买了名牌"坡罗"运动服，还买了一双2014年款底部充气的耐克运动鞋，她毫不犹豫地把两百万放在柜台上，那一刻，我看见她脸上泛出触目的红光。这儿是开了冷气，有玻璃门的专卖店，可见红光并非高温所致。众人花钱的狂热，直到走进一家燕窝店才稍稍收敛，这里的血燕盏，便宜的，一盒也要一千万。

下午五时，在海滨公园旁边集合，等候旅馆派车来接。团友孙小姐，五十多岁，衣着花俏，脸上脂粉极浓，她是唯一对瞎拼表示不耐烦的雅人。我知道她的苦衷，逛街时频频出汗，不能不担心脸部的观瞻。为了表示安慰，我向她提议，马上成立"巴厘岛之友"俱乐部，全体团友加入，由她担任创会会长，由另一位娴于去银行存款的女士当财政秘书。同来的"黄飞鸿醒狮会"会长陈先生，最为德高望重，将聘为荣誉会长。回去以后，每人出资五万，买一单位，作为永久会址。孙小姐拍手赞成，呵呵笑说，这笔钱，购买一个一百平方米的公寓单位绰绰有余——如果是人民币的话。

说千道万，我们的"穷奢极侈"；来自印尼的货币卢比和人民币的兑换率：1800比1。也就是说，一张中国"老人头"相当于印尼十八万卢比。一美元等于一万一千八百卢比。然而，不能否认，巴厘岛的物价确实便宜。遍布大街小巷的按摩院，以一个小时算，身体按摩为六万卢比，沐足为五万五千卢比，折合为六到七美元，而在美国一个小时要四十至六十元。我们夫妻俩在号称"我们做鸡是对的"肯德基快餐店吃午餐，一个鸡排汉堡，一个炸鱼汉堡，两个墨西哥"塔科"，拢共才花三十多块人民币。

2014.2

走路的幸福指引

~~~~~~~~~~~~~~~~~~~~

要点之一：往好里想

走出小区的大门时，心情略为"郁卒"。"郁卒"一词在台湾流行，据说来自闽南语。好在，我这"郁"离"卒"远着，仅仅和十六岁女孩为了挤颊上一颗痘痘而担忧"毁容"，一百岁的寿星公为12月21日这世界"末日"而恐慌近似。缘由是一篇作品写得不顺手，写毕后不愿回头看。如果一年到头有的只是这类烦恼，而没有急性慢性病，也接不到亲友患病和作古的消息，幸福指数该算很高了。

阳光奶白，紫荆花被前两天的强冷空气刮落大半，跌进河里的，居然聚拢在一处，不知是不是旋风或回流的作用？我避过汹汹的车流，到了对面。那是一条小路，由于附近某一条大马路大整修，绕道的车子都选上它，本来可以从容散步的所在，成了喇叭的闹市。我只好贴着河沿的栏杆，在落羽杉的间隙中穿行。前面，一群衣着整齐的男女，从一部厢型车上走下来。看头一眼，有点吃惊，以为这里发生交通事故，当事人临时找来一群人马，以增气势。再看，他们又说又笑，气氛极为友好。从姿态和神情看，他们肯定比我快乐得多。我走近车子，看清了，是市文明办的。于是做这样的揣测：公务员们正进行关乎文明建设的庄严事业，如督导、检查、评比。

当然，文明是涵盖精神与物质的广大话题，谁都只能从它的弱水三千中舀一瓢。哪一瓢？反贪污有纪委、反贪局和微博；如果捉拿违反禁烟法例和随地吐痰人物，既犯"众怒"，也不够人力和气魄；那么，管道路清洁该是又切题又保险的。这管，也只落实到清洁工身上。前面，他们撞见的三个年轻女子，一个把喝光的牛奶盒子扔在脚下，另外两个，一手拿着黑皮蔗猛啃，另一只手放在口袋，蔗渣呢？当然是从口腔吐出，天女散花一路，并无反应。

小队"幸福人马"过去，殿后的男子，在给穿橙色工装的清洁工示范："不能留下一片树叶，这样扫，看清楚没有？"被他点醒的清洁工，果然把路面以及栽着紫荆树的河基做了极为彻底的清理，只差把根旁的泥土也扒掉。满目洁净，也有天气的功劳，此刻风停，不然，紫色花不会因为文明办的人在此而不肯离枝。这远离政府办公楼的地方，有扫把光顾已够难能可贵，不料还加上水洗的工序。在水龙头猛烈射击之下，河沿的橙红色方砖露出从来没有过的明艳，水泥地前所未有地光鲜起来。

我难以抑制好奇心，要去和手拿水管的工人套近乎，问他，这段路为什么要弄得这般干净，是什么高官要经过？可是，我改变了主意。为了找到良好的自我感觉，何妨把文明办这次行动，当作单单为包括我在内的少数行人提供的"特别服务"？因为"一个不小心"的原因，或者狐假虎威的原因。我得此殊遇纯属意外就是了。

也许是因为人太多，雨露均沾是最大的难题，而独享，先享，成了可据以傲视侪辈的香饽饽。此刻，我无意间变为特权阶层一分子，和我享有同等待遇的有：穿"毋米粥"餐馆工作服的服务员三名，骑自行车的中学生两名，推堆着番石榴和富士苹果的板车的中年人一名。汽车多辆，但没有鸣笛开道的警车和布帘低垂的豪华轿车。

这一段路，走得我飘飘然，像红地毯上的明星。

要点之二：虚构浪漫

我这次出门，是为了寄书。刚刚问世的集子，出版方送了我三百本，堆在家里，不生利息，不孵后代，徒然占地方，只好寄给别人。在邮局待上二十分钟，花了三十元，办妥了。走出自动趟门，抬头看看不改其惨白的老天。下午三点一刻。有点无聊，却马上来了念头：虚构一回浪漫。

要邀上一个人，三十分钟或者一个小时以后，在季华公园的草地上见面。我要买上一束比园内的扶桑花和美人蕉还要鲜艳的红玫瑰，先藏在树丛里。去哪里买？向西走一公里，在同济路的花店。再去买两盒三明治，两瓶矿泉水。对了，要准备一本诗集，附近的一家书店，惨淡经营多年，该有《情诗X百首》一类应急书。不，我自己来，虽然荒废多年，写一首哄哄从来没写过诗的女子，该没有问题，即兴之作更为珍贵。此刻没有镜子，没法对仪容做最后的修饰，这么老了，由它去吧！家常衣服，毫不名牌，懒得换了。就这样，我去奔赴老年的约会，牵一只小手，在绿茵上小跑，跑累了，她瘫在我的臂弯。然后，一起看云，密集的云，一似已然消逝的共处年华，难以分出彼此；灰色的，一似刚刚翻弹过的棉被，被迟来的阳光焐出熨帖的暖意。要对她说什么？说第一次秘密的约会，在江之滨，湖之湄。说儿子和女儿的小时候，说孙子和外孙女的眼前，说异国遥对寥落星辰的憧憬，说远方的家一盆万年青不知还有没有水，近处的家一棵兰花最近绽开几朵蓓蕾，说瓦煲的中药和砂锅里的"胡椒猪肚鸡"。她不会多言喋喋，却难以忍受我的邋遢，非要抻我夹克的下摆和衣领，我不好意思地避开，她就来抚摸我的头发，心疼地说，给风吹散，更显稀疏了，"从前，'自然卷'多帅！"我苦笑地打岔。听着，我念一首诗。皱巴巴的餐巾上，有我的急就篇。可是，我卖个关子，停下来，轻轻咳一声，说，怕人听见，你自己看吧……

计划成形后，我给她打电话。问她在哪里，她说在东方广场，和朋友一起看冬装。"什么时候能完？""难说，刚开始，好多好多刚刚上市的，要试穿呢！""我……"我结巴了，不敢把心思和盘托出。"喂，你不是说要看电影吗？自己去好了，不要等我。""好的。"我把手机放进口袋，往电影院走去。

虚拟的浪漫之举，连最先一步——买花也没实行。可是，心里的感动，难以言状！我又变回二十三岁，她也回到二十一岁。被岁月一路删节之后，凭一次步行的重新建构，灰烬居然成为冬天的篝火。

要点之三：努力联想

路上每个人，都是特定时空上的"点"，即"这一个"的生平和此刻的人间的相交之处。人走的路，将点连缀为线。没有交会的人，是平行线。有交会，就有不止一个人的故事。

我走小路回家时，在僻静处看到这样一幕。一个穿工装的小伙子驾车来到，停在路旁，打开车门，拿出一个纸皮盒子。五十多岁的大叔骑着三轮平板车适时而至。大叔接过盒子，放进平板车上，和旧报纸、电线、螺丝、铁皮、啤酒罐混在一起，并不扎眼。我从两个人的神情看出蹊跷来，不是干见不得人的事，不会这般旁若无人。果然，我回头时逮到，大叔给他付钱，面上的一张纸币是二十元。小伙子接过钱，开车离开。周遭静悄悄的，一切如故。一宗交易完成。两个人的人生就此有了纠葛。"前因"在此聚合，"可能"就此展开。

我注意到，小伙子开的车，有电器公司的名字，还有电话。大叔骑着平板车，头低着，慢悠悠地跟在我后面，似乎在哼二人转。我如果口袋里有一包烟，便把他截住，递上一根，再和他聊天，边说话便睃那盒子，如果谈进了港，我会问他："刚才弄到什么好货？要不要转手？"他可能给我白眼，骂一句乱说，上车走人。

我还可以拨小伙子所开车子上的电话号码，打小报告。想到这里，心跳加速，虚构出戏剧性场面：我和老板秘密会面时，被心怀鬼胎的小伙子发现，他在门口等我，要飨我拳头。我从侧门溜走，到公安局报案。警察向我要证据，我连他们交易的一幕也不会用手机拍下。最后，我狼狈逃出。小伙子和捡破烂的大叔在背后哈哈大笑……

可是，我马上把联想全部推翻。我凭什么认定小伙子在销赃？我这爆料人无非梦游者，能指证谁？想到这里，兀自大笑。痛快啊！为了联想的功夫。

走路，居然有如许乐趣，我还没说到看瞎拼，看跳楼货，看橱窗，看抢购，看托儿呢！

2013.6

荒年之忆

深夜碓声

1959年，我上小学五年级。"大跃进"的狂潮未退，大饥荒已逼近。"集体食堂"饭桌上的木桶，由盛干饭变为盛粥、盛番薯，最后，一无所盛。小孩放了学，得随大人到别村去借粮。这时各村都已吃光，哪有粮可借？干部就挨家挨户搜查。搜光了，就一起挨饿。墟场上尽是皮肤发清光、走路打晃的人。大家把所有能下肚的，举凡蕉树头、羊角扭、土茯苓、稗禾、小球藻，都吃了，河上漂浮的死猫，也不放过。

我家倒较为幸运。在所住的小镇几里外，还有一间老屋。不知是干部见那三寸厚的坤甸门板加上大拉枙，砸不开而放过了它，还是看在宗亲分上，手下留情，屋里厅堂"五方五土地脉龙神"牌位两旁的八大缸陈年谷子，居然没被搜去。这些谷子，是我家十年前种地时打下以应付荒年的。

于是，每隔十天半月，我就随母亲回村舂米。怕惊动村人，都拣上没月光的下半夜，高一脚低一脚地踩着田埂。那时所有的狗都成了锅里肉，一路上神不知鬼不觉。进了老屋，先把所有门窗，连同天窗关严，再掌上煤油灯，揭开缸盖，掏出谷子。谷子已发出霉气，虫子不少，但最珍贵的，莫如它了。

舂米前，先要推磨，把壳去掉。我个子太小，够不上磨盘，由母亲推。母亲轻手轻脚，生怕发出响声。然后，用簸箕筛去壳子，糙米则放到碓子下的石坎。舂米的差事，历史性地落在我身上。我站在碓尾，拿一根斜放的扁担作扶手，两脚交替地用力下踏，使碓升起，落下，往复无数次。母亲蹲在碓坎旁，用右手专心翻动坎内的糙米，在碓头落下前，迅捷地把米拨到中心。这里头大有讲究，那时家家断炊，哪里有人动碓呢？碓头是铁做的，落到花岗石凿成的碓坎中，一下一声巨响，在静夜惊心动魄。母亲这样拨米，为的使碓头撞到的是米而不是石，从而发出低钝的"噗噗"声。

舂米这活计，又累又枯燥。我天天又是半饥不饱，身板瘦得像猴。天天得上学，已够吃力，何况是下半夜，呵欠不停，老要抽出一只手，去擦又酸又涩的眼皮。蹬碓蹬了不一会，就嚷蹬不动了，要走。母亲生性严厉，又身负供应十口之家米饭的艰巨使命，哪管我的苦处？一味地连骂带催，要我舂完一坎再歇，我哭鼻子也白搭。

半夜摸回去的次数愈多，我对这活计愈讨厌。但是不去不行，姐姐在外地上学，下面的弟妹太小，只我一个顶用。终于，有一晚我蹬着蹬着，发了脾气。母亲说天快亮了，非要赶紧舂好，好在村人出门浇菜园之前把米挑回镇上去，不许我偷懒。我气呼呼的，一边嘟囔，一边蹬着母亲频频在碓坎拨动的手。忽然，心生一个歹毒的计谋：把母亲的手砸那么一下，她就不得不停下了。于是我骤然加快蹬碓的频率，母亲一下子适应不来，有一下她来不及缩手，"砰！"铁碓头重重落到她的小指尖，她"哎哟"轻叫。我如梦初醒，跑过去提起母亲的手，只见指头扁了，指甲裂了，一片血肉模糊。这是钻心的疼！我骇得大哭，母亲用另一只手按住伤口，脸色苍白，满眼是泪，却说"不要紧"，叫我到神龛的香炉里取一撮香灰来，撒在伤处。她哪想到，是儿子故意弄成的！更不知道，我痛哭是出于无限的懊悔。以后好些天，母亲捂着指头呻吟，我抱头躲在蚊帐里，恨死了自己，却没有勇气认错。母亲没法回村里去，米舂不出来，全家天天吃清水煮豆角叶子，谁拉出的屎都是绿油油的。

五十多年过去，我一直向家里人隐瞒这桩罪恶。母亲的小拇指无法复原，扁扁的，指甲变了形。前几年还乡，在老屋仍见到那碓子，老旧的木身，碓头长了锈。我走到碓尾，轻轻蹬了一下，砰的一响，从岁月深处缓缓飘来，带着游子最深沉的痛，那是，那是母亲手指滴血的嗒嗒之声啊！

打　赌

上世纪60年代初，中国陷入"三年自然灾害"。广东台山是全国外汇最多的侨乡，境况稍好，但农民难以吃到大米饭。一种俗称"羊角扭"的植物，由于淀粉丰富（但据说有微毒，须在水中浸泡多天消解）成为热门。有一天，村里的两位年轻人——刘根和刘新，帮邻居阿本的忙，把一张酸枝炕床抬到镇里收购站变卖，获得的报酬是一只羊角扭粉掺和极少量米粉做的包子。阿本抱歉地解释，这是家里唯一拿得出手的食物，每人吃一半吧！长年卖力气活的伙计，天天吃水煮豆角叶，嘴巴不断冒清涎，包子一口气能吃十只，一只刚够塞牙缝。然而，绝顶美食在前，天王老子也不管了。刘根拿起包子，要掰开。刘新说，慢着，赌一回，赢的吃整个。刘根的脑筋比不上刘新活泛，但也琢磨出刘新的心思——掰开包子，难得公平。谁也不愿吃亏，这么一来，不必争吵。刘根问赌什么。刘新指指十步外的池塘，说，潜水，谁先冒头谁输。

两个人扑通跳进水里。包子阿本拿着。刘根和刘新年龄相近，穿开裆裤时就一起在池塘游狗爬式，刘新早晓得，他的水性好得多，二人已进行多次非正式的潜水比赛，输家从来是刘根。这是刘新提议的缘由。这家伙上当了！刘新暗暗得意。比赛开始，两人深深吸了一口气，头没入水中。刘新憋了好久好久，按以往的经验，刘根肯定已冒头，便把憋得通红的脸探出水面，狠狠喷了一口水。环顾四周，不见刘根。算你厉害。刘新又沉下，憋得更久，浮出水面，还是不见人。想赢我，没门！刘新吸气，又潜下。这一回浮上来，不见人，倒慌了，大声叫躲在榕树头抽烟的阿本："阿根呢？"阿本摇头说没见冒头。刘新说，快救人！阿本和刘新跳进水里，摸了一阵，才在水底触到刘根，已不省人事，却依然死死抱着一块大石。两人费了好大力气，才把刘根抠住石缝的十指掰开，差点把中指折断。折腾好一阵，把刘根抬到池塘边。刘根的肚子胀鼓鼓的，两人用力压，水从嘴巴吐出。刘根死灰般的脸色渐渐变红，活过来了，两个人大大松口气，揩揩一头的水和汗。

刘根睁开眼，第一句话是："×你妈的，不信赢不了你！"第二句是："包子呢？"阿本看自己刚才拿包子的手，空的，他下水时把包子和衬衫放在一起，包子被狗吃了。

追

乡间称"理发"为"剪毛"。理发师刘安，俗称"剪毛安"，以吝啬闻名。一天，夫妻在家，村前传来"卖蚬肉啰"的吆喝声。那年代，污染没如今严重，大江河上还有采蚬的小艇。船家把蚬煮熟，去掉壳，盛在大箥箩，穿村过巷叫卖。要不要买点？老婆问。"剪毛安"点头，打开锁，拉出抽屉，里面有一些皱巴巴的角币和分币，这是剪毛的收入，大人一角，小孩五分，瘌痢头不多收。他谨慎地拿出一张五分纸币，女人等得不耐烦，说，人家要走了！女人拿着钱，捡起一个陶钵疾步走向禾堂。不一会，兴冲冲地回来，对老公说："在这。"剪毛安瞄瞄陶钵，蚬肉的分量至多相当于两个鸡蛋，神情变了。老婆对他的脾性熟得不能再熟，一个劲地解释，如今卖到三毛二一斤，人家还说捞蚬越来越难……。

剪毛安不搭理，拿起陶钵，一声不哼，闪身不见。老婆不知所措地说，糟糕！孤寒鬼又要闹什么事！剪毛安平日踱的是四方步，此刻却拔腿狂奔，走到巷子口，卖蚬肉小贩早已不见踪影。他追到村外的社坛边，前面有两条路，小贩走哪一条？他顿住脚，看到从自留地回来的村妇，他问："三婶，见到蚬肉佬了吗？""去龙田村了。"剪毛安在田垌中的田埂上飞奔，几次差点摔倒。他小心地护住陶钵，不让一颗蚬肉丢掉。五分钱才这么一点点，掉进泥巴里，也要捡起来。

理发师在龙田村的门楼旁边，终于追到蚬肉佬，差点喘不过气，挥手，大叫，等一等。小贩停步，把担子放下，趁机歇气。剪毛安把陶钵伸到小贩的鼻子尖："看看，我老婆刚才付你五分钱，就买这么多，可当真？"小贩看着这个满脸油汗的汉子，以为他嫌贵得离谱，要退货或者补偿，慌忙说，什么都涨了，市面蚬肉一斤卖到三毛八，我为照顾熟客维持原价，五分钱只能给一两八钱，不信称给你看。剪毛安一句也听不进去，打断他："你就回答我，是还是不是！"蚬肉佬斩钉截铁地说，怎么不是，五分钱买个天呀？"不就结了！"剪毛安转身往家走。小贩纳闷地看着他，摇头，自语："这家伙怎么啦？"

碰巧龙田村有人来买蚬肉，看到这一幕，笑着对蚬肉佬说："如果你说不是，今晚他老婆就得睡地板。"

怀孕的母亲

强的父亲是工厂的工人，窝囊一辈子，强的母亲可是豪杰。他们生了五个儿女，强是老二。幼时家贫，只靠父亲那点死工资维持。1956年强出生，此前的1955年，母亲肚里怀上强时，恰是家境最坏的年头。年关在即，家里一个钱都没有了，明天怕要断炊。大哥出生以后没断过生病，一年到头在医院进进出出，钱都花在他身上。父亲在单位挨了整，眼看日子过不下去，只有叹气的份。

挺着大肚子的母亲咬咬牙，去敲街坊的门。她向开鹅栏的三叔爷说：

"求求你，赊我一只鹅。"她又去杂货店找阿才，赊来三瓶"玉冰烧"。又上集市，找卖龙江鸡的同村姐妹阿香，借来三只阉鸡。她语气坚决地对所有债主说："你们都听着，明天日头落山前归还，加上利息，到时不还，天打雷劈！"她按着隆起的肚子发毒誓，格外有说服力。

第二天，母亲挑着两个竹箩，里面盛着活鹅、活鸡和酒，那是头奖的奖品，还有一些零碎的小玩意，拨浪鼓啦，盲公饼啦，麻糖槌啦，那是小奖。来到城隍庙石阶前，摆开摊子。她没有张贴街招，也没打起横额，全靠吆喝。"各位街坊，各位父老，年关在即，图个大吉大利。来来来，我摇骰子，你来买，奖品在这里。"

城隍庙是居民的聚会之处，进庙烧香的不少，闲逛的更多。大家看，摇骰子每次只花两毫，却有希望赢肥鹅、阉鸡和好酒，便争先恐后来下注。母亲一边吆喝，一边收钱。摇摇小竹筒，把骰子倒出来，让买家看点数，六点向上，是买家赢，随他拣一样奖品。点数越多，奖品越贵重。

背水一战的母亲，受了老天爷保佑，三个小时下来，买家一个个败阵，不伤脾胃的小奖品发了大半，大奖品却没失去一件。买家输红了眼，买得更起劲。一时间，庙前的庑廊上，人声鼎沸。母亲瞄了瞄竹箩，角币已差不多堆到一半。她暗里又高兴又胆怯，高兴的是终于有钱过年关，怕的是眼红的流氓来滋扰。可是，不能中途收摊，这样做会被急于翻本的赌徒骂死，输红了眼的家伙说不定要闹事。

"哎呀，肚子疼，疼，不行了，怕要生了！"说完，脸色煞白、冷汗直流的母亲匆匆收拾好摊子，把钱压在箩筐下层，用布盖起。三瓶玉冰烧，母亲分别送给下注最起劲的男人，感谢他们的关照，说好待孩子生下来，再摆档，让他们赢回老本。

随即，挑起箩筐，沿热闹的大街回家。把钱倒在地上，数了小半天，这次大大赚了。她赶在天黑前，把鹅和鸡还给主人，加上利息。酒钱也付清了。

渭城朝雨浥轻尘

那天，和友谊超过三十五年的老友在唐人街茶楼见面，谈及故国的故人，他说起一个名字，我马上记起王维的《渭城曲》起句。这位故人姓关，叫渭城，但和位于陕西省，西出阳关所经的古迹并无任何渊源。名字典雅，仅仅说明起名者的腹笥颇有墨水，至不济也是熟读唐诗三百首的冬烘。

"关渭城厉害！大发了，他和三个儿子开的水产批发公司，向全城的餐馆批发鱼虾，冷藏车、大货车十多辆，大仓库加上大办公楼，可气派了。前几年，村里修一条水泥路接通公路，他一捐就是六十万元。"友人说到这里，对我做了意味深长的微笑。他的意思，既是惊讶，也是不服气。是呀，这家伙，怎么有这一天！

去国二十多年间，我对关渭城个人遭际的关注，其热心是异乎寻常的。关渭城既非我的亲戚朋友，和个人利害也无关，每遇到他的同乡，我却总要问："知道关渭城吗？他怎么样？"

一

关渭城，今年该交八十。不晓得他作为拥有好几百名员工的大企业的董事长，有没有过去的威严？我对他的印象，停留在他的五十岁以前。那时他瘦高个子，骨骼粗大，南方农民中典型的脸膛，黝黑中带着红，颧骨高，下巴似刀削般整齐，鼻子多肉，见了人总笑嘻嘻，大笑时全身抖动。嗓音相当雄浑，在大操场给学生训话，从来不用麦克风。

我最后一次见他，是三十年前的1975年冬天，他在镇里的宣判大会上，被县法院派来的法官判处八年徒刑。一个场面至今为目击者津津乐道——法官在肃静的会场上，向上万人（包括老师和学生）宣读他的罪状之后，两个法警把他押上台前，铐上手镣。这瞬间，他脸如死灰，头下垂的角度一似被砍掉、和脖颈只连着一层皮似的。他扑通跪下来。这可不是"指定动作"，不做防备的法官给惊得打了个激灵。我和坐在看台梯级上的学生却被这出奇利落的屈膝迷住了。看台的一角随即冒出噼噼啪啪的掌声，继而，清脆的童声齐呼："大流氓，关渭城！""大混蛋，关渭城！"是一位"文革"中叫惯了口号的女老师领的头，孩子们趁机名正言顺地发泄反叛的快感。须知，关渭城一直是德高望重的校长，上早操，关校长的影子在围墙外晃一晃，满场玩耍的学生便以眼色和手势互作警告，喧哗马上停止，教人想起雨后聒噪的池塘，脚步一到，群蛙肃然。而今却成了不打白不打的落水狗。

关渭城是在校长任上出的事，用学校附近村庄的农民的说法，他是给不安分的下半身害的。他伤害了不止一位女学生。而女学生们所在的初一（1）班，我是班主任。为了这个缘故，调查组全力收集关校长的作案细节时，我没少惹麻烦。

我并非情色文学写手，关渭城的案情，虽能颇多挑起人们的兴致，我也不想多着墨。我所着眼的，是人和社会的关系，人的个性和命运的关系。

二

1972年，我在乡村一所小学任教两年，送走了"小学办高中"这一教育革命新事物所造就的唯一一届高中毕业生以后，关渭城来就任校长。早在"文革"前，他已是公社中心学校的校长，"文革"中被撸下去。罪名甚多，如执行修正主义教育路线、升学第一之类，属于人人有份，并不算要害。坐实的仍旧在"色"上，比如，和曾当过他学生的某香港女子乱搞，调戏女老师。为此，他一直没官复原职，在山区当了好几年普通教师。到1973年，公社党委一有力人物，看中关渭城的魄力，向教革会的雷主任力荐，雷主任再三权衡，最后勉强点头，让这位由他一手整倒的对手出山。关校长履新的第一天，对我格外亲切，握着手摇个不停，叙起旧来。

早在1960年，我十二岁，在中心小学读六年级。关渭城是新调来的校长。但我知道他的大名，比这还早三年。1957年，私营工商业接受社会主义改造之前，我家还在镇上开文具店。一天，我在柜台后听一群来自四乡的农民，议论刚刚结束的全区拔河锦标赛，好几位粗壮的大汉在大骂："妈的，关渭城耍阴枪，要不横山乡早输了。"原来是这样：关渭城在横山小学当校长，也是这深山旮旯由打柴汉组成的拔河队的领队。在淘汰赛中，横山队和蟠龙队争夺冠军。最后一场决战中，横山队步步败退，眼看绳子中间的红线头将移到决胜点，满头大汗的裁判快要吹响定胜负的哨子。关校长飞身溜到对手队的末尾，拍拍块头最大，死劲把住"尾缆"的主力的肩膀说："枉费力气，你们队——输了！"铁塔一般的汉子，头脑简单，发愣一秒钟，问一句："真的？"手不由自主地一松，绳子马上被拉走半尺。横山队趁势反攻，终于获胜。这一桩小事，可作关渭城一生功业的注脚。

我当小学生那年，和校长当然没有来往。十多年后，他成了顶头上司，第一次校务会议，就将了我一军，他规定所有老师在学校住宿。我提出异议：只要不迟到，在家里过夜并不碍事。他严厉地说，这是自由主义。我只好乖乖地把被盖搬到祠堂的小阁楼里。

我当然知道，这不过是小试牛刀。关校长的励精图治，一步步展开。每天一早，他在学生进校前，巡遍各个课室，连同校办农场的菜地。学生上早读，他背着手，在走廊逐个窗口看过去，从一年级到附设初中班，师生一动一静了如指掌。每个星期天夜晚，老师们聚集在教导处，听他布置下星期的工作。照例，场内鸦雀无声，以"权威"自命的初二（1）班语文教师老伍也不敢大力晃动二郎腿，为了帮老婆插秧昨天凌晨便起床，累个半死的民办教师小甄掩住口才敢打半个呵欠。平心而论，校长不算不得人心，一来，他事事带头，单是每天花上几个小时巡堂这一点，便教被班里调皮鬼整得七荤八素的女老师们感激涕零；二来，他奖罚分明，责任到人，干练明快，讲求实效，在只尚务虚，吹牛皮吃香的世风中，算得独树一帜。

在周前会上，关校长戴着老花镜，弯着骨架粗大的身体，看一眼字迹密密麻麻的记事簿，再扫一眼驯服的下属，语调顿挫地布置任务，我坐在他对面的办公桌后面，背靠着古祠堂庑廊特有的南洋坤甸木圆柱，想入非非，拿他和汤马斯·卡莱尔名著《论英雄与英雄崇拜》中的各类英雄相对照，试图对号入座。这本书的节录，我是从一本杂志上读到的。为了对抗举世无不臣服的唯一的"英雄"，我急于寻找一位现实的偶像。尽管关校长和我心目中的英雄，罗曼·罗兰所创造的典型——约翰·克利斯朵夫根本无从类比，但我还是被关渭城在世俗无与伦比的精力迷住了。

怎样一个男子汉啊！那年代知识分子被整成惊弓之鸟，能逃过连轴转的"运动"，已算万幸，谁有心去建功立业？他却总是兴致勃勃地经营着职权范围内的王国，学校的围墙，塌了半截，所在村子的农户，把鸡鸭和猪放进校园拉屎，他在晚饭后带领几位粗会泥瓦活的老师，把墙砌起来。

说他只做表面功夫并不公允，他悄悄地给穷苦的学生买作业本，他把老婆在卫生院待产的老师撵回家去，自己来代课。傍晚，他在凤凰树下扫了一箩筐落叶，背到垃圾池倒了，拐进厨房，打一盆水洗洗手和脸，和专司做饭的工友阿伦聊阵子天，呵呵的笑声带着磁性，做得自然浑成，活像老实巴交的老农民。

我像小女生偷偷爱着语文老师一般，对关渭城有了朦胧的崇拜。以阶级斗争为纲的运动一波波袭来，他居然能在夹缝里运转自如。只因他不是酸溜溜的知识分子，没有风花雪月的小资情怀，有的是庄稼汉的勤快，有汗好流，有活可干，一点从黑板和菜地收获到的精神与物质的成就感，和乡村父老传递"大禄竹"（水烟筒）时的谐谑，青石板上骑着吭啷作响的破自行车经过时，赢得的尊崇和畏惧，对他来说，够了。

如今倒看那些日子，自己也不得不苦笑。不是厌烦村里广播喇叭天天播出"最新指示"吗？不是被批判会高举手臂高呼"打倒"的场面烦死了吗？为什么偏偏对这位"体制内"的校长如此欣赏呢？

我也说不清，兴许出于简单的逻辑：对原始生命力的崇拜。在没有世俗英雄的年代，死样活气的氛围，勉为其难的场面，比教书匠袖口的粉笔灰还苍白还微末的人生，关渭城好歹是鲜活的血肉，一个在大地上行走引起回声的强者。

当然，具体到这位饱经风浪的教育界小头头，生命力的释放不像惯常所见的规矩男人那么简单。他父亲远走南洋谋生，老死他乡。娘独力把他拉扯大，却在中年瞎了眼。乡中父老怜惜孤儿寡母，遣他进村头的关王庙当庙祝公，管打扫和出卖香烛纸钱。他凭着过人的机敏，很得香客欢心，得到赏钱特别多，他靠这点钱，断断续续上了三年初中。在关公的泥塑像前，他利用各种机会揩妇女的油，因此获得"生鸡城"的粗鲁绰号，意思是他的性欲奇旺，一似能"上"众多小母鸡的公鸡。新中国成立后，他进了短期集训班，然后成了公办教师。1957年，反右运动开始，他在大鸣大放大字报的高潮中大病了一场，从此他得出一个结论：政治上千万小心。1960年他成为红人，从穷山沟的小学调到中心小学当校长。他才上任半年，我便毕业离开。以后，他一连几年放了升学率100%的"卫星"，中心小学成为全专区的模范学校。在"文革"中，他作为当权派，受过批斗，罪行主要在男女关系上。此外，大字报上有一条上纲为"迫害贫下中农子女"的罪状，不大显眼却颇堪玩味：他在中心小学抓升学率，用了别校不忍心使用的辣招——提前劝退成绩差的学生，不让他们报考。暗里进行的第一次过筛，极大地提高了竞争力。我听一位老师谈及关校长能常人所不能的本事时，马上想起他昔年在拔河比赛中以假情报取胜的花招。红尘万事，从社会到教学，勿论口号多冠冕，底下都不缺"流氓特色"。流氓下海，胆子愈大。

说到底，他是农民里出来的"混世魔王"。他干教育这一行，以"人生规划"论，虽不算下下之策，但无法淋漓尽致地发挥长才。如果他早生二十年，赶上毛主席热烈赞扬的农民运动，能当威震四乡的农会主席，且会抢先实践毛主席在《湖南农民运动考察报告》里的名言：在地主少奶奶的牙床上滚上几滚。如果新中国成立后他从政，比如说，当上公社的党委书记，在"大跃进"初期"比赛谁不睡觉的天数多"的"苦战"中，仗着野心和得天独厚的精力，肯定成为报上天天露面的"卫星"。自然，当校长也有好处，他从乡村带来的粗豪和肤浅，被的确良白衬衣覆盖着，没那么刺眼。

三

1974年春天，全国掀起名为"批林批孔"的政治运动。底层的百姓，无论是月薪二十五块的民办教师如我，还是纳入国家干部编制、月薪六十三块五毛的校长关渭城，都不可能明白高层波谲云诡的斗争，只是奉命行事。

然而，浑身精力无从好好发泄的关校长，脑筋一下子通了窍，在天怒人怨的大批判中捞了个盆满钵满。不好说他如何老谋深算，他并没有通天的关系。契机出在一次参观上。运动的高潮中，全体老师带领高年级学生到县城去，进刚刚获得"大批判样板"称号的一所小学，参观"上挂下联批臭孔老二'克己复礼'"的展览。关校长匆忙转了一圈，马上布置任务：由画画小有名气的老师阿民负责复制漫画，其他老师抄解说词。参观完后，让一部分老师带学生回去，留下一部分在展览室继续干。他凭着老关系，和这所学校的校长说好，亮起电灯，让我们把展览照搬回去。

兵贵神速，第二天是星期天，关校长不回家，拉上阿民和我等几个骨干，从早上忙到深夜，把全部漫画和文字弄好，在大祠堂内拉上几行绳子，张挂起来。星期一，便有了全公社头一个"批林批孔"展览。邻近的学校闻讯而来，三天后，在教革会一辈子以善抓阶级斗争闻名的雷主任指挥下，成千上万的本地师生到我校取经。关校长脸庞更红了，在大操场的讲台上，喉结一突一突地，向前来参观的客人夸夸其谈。照当时的通例，凑合出"四个狠抓""三个不放松""六个结合""五项指标"。在各校校长在座的"传经送宝"茶会上，关校长先笑呵呵地给大家端茶，再用手指蘸蘸口水，把手里一沓《经验总结》分发给众人，随即进入角色，口沫横飞地演说。

关校长这一招真够漂亮，县教育局把我校选为全县乡村小学的样板，各个公社的校长和老师来了。害得校内唯一的绘画专才、民办教师阿民，从此没一天空闲，不是补画被风刮跑，被调皮的参观者戳破的漫画，就是更新被日头晒褪了颜色的标语。

公社教革会的雷主任在县教育局局长一行来过以后，好几次骑自行车来找关校长。他们本来是对头，"文革"后期的"斗批改"阶段，雷主任主持关的专案，把"文革"前关的风流韵事整理成材料上报，害得关在边远山区的小学坐了几年冷板凳。如今轮到上司来拍下级的马屁。雷主任是明达人，关校长也是，每次谈完，后者都恭敬地陪雷主任穿过堆满谄笑的校务处，到校门口才告别。

不出雷主任所料，关校长大红大紫起来。关校长被派到县里去作报告，受县委书记接见。关校长的微笑更多，脸膛更红亮，教人想起早年他当庙祝公的庙宇，香火供奉的泥塑，关老爷的脸也是这般红的。

春风得意的关校长，不忘安抚为这一战役立下汗马功劳的几位青年教师——管画画的阿民，管撰文的我和管总体规划的阿颖。关校长私下先后搂着我们的肩膀，动情地说："知道我为什么放开手干一场吗？是因为有你们。"

四

"大批判"是务虚，光有笔杆子、嘴皮子，不足以教同行服气。精力永远用不完的关校长，一边指挥拆旧祠堂，把校舍迁到另一面山坡，一边筹划一场实打实的大仗——在校办农场实现产量翻几番。校办农场位于离学校三里外的牛脊山。那地方在"大跃进"期间修了水库，几年后因淤泥壅塞而废弃，水排干后，原先被淹没的田垌露了头。邻近生产队嫌这些水田太贫瘠，都不想要。生产大队党支部书记和关校长吃了几顿消夜，乘着酒意把二十来亩光长茅草的返耕水田划给学校。关校长便把班主任们带到水田旁边，给每个班分上一亩几分。

我在田埂上弯腰挖了一块田土看看，瘦得触目惊心的红壤，历年被雨水冲刷下来，在田里积成厚厚一层，倒抽了一口冷气。关校长早已胸有成竹，他叉着腰，用草帽扇风，作了一次动员。他成了意识形态上的红人以来，对来取经的外人，一定拿足官腔，马列毛语录，斗争，专政，时髦词儿一甩就是一串，可是这回成了沉着的庄稼把式。

"大家看到了，这鬼地方，种什么死什么是不是？别慌，第一，死马当作活马医，亩产指标定得很低很低——一百斤，还嫌高？五十斤！到人家田里拾稻穗都能拾来这个数。第二，从前我向潮汕老农学了一招：喂肥，土质再差，稻子也不愁没养分。大家不是担忧粮食不够吗？这里出产的稻谷，都归大家，教师食堂每顿加大米二两，落力干吧！"

一位公办教师，平日看不惯校长的好大喜功，轻声说："不是刘少奇的'物质刺激'吗？"关校长白了他一眼，没加反驳。在归途，关校长却和这位"头上长角，身上长刺"的下属话家常："我有三个儿子，一个女儿，靠我这点工资，说不吃力是假的。我刚刚到教革会去，向互助储蓄金借了五十元，给老婆拿去买木薯干……"

这一片水田，从此成了关校长的宝贝。说他专在"表面"下工夫，一似公社的党委书记，天天骑单车到各乡村去闲逛，什么活也不干，两条裤管却永远高高挽起，小腿上总有泥巴吧，并不。他每天天麻麻亮，就扛把锄头，到三里外的校办农场巡查，放田水，看庄稼长势，这一举并没有任何官员看到。

秧苗插下不久，关校长便在校园一角设立肥料加工厂，把沤好的人粪混上少量化学肥料，掺上从菜园挖来的、腐殖质充足的黑土，搓成一个个鸡蛋大的球体。关校长身先士卒，不怕脏臭，用手搓肥料。然后，师生们把肥料球挑到田里去，往一棵棵秧苗的根部喂。

我那时才二十来岁，干农活却远远落在中年的关校长后面。春天，斜阳在苦楝树上镀金的时光，打赤脚，浑身上下无处不像老农的关校长，挑着满登登的肥料球，走在前头，后面跟着也挑肥料、一路嘻嘻哈哈的学生，殿后的是拧着眉头，在重担下喘气的男女老师们。我们干得浑身筋骨生疼，夜里还得回到教导处备课，改作业，谁不暗里祈求关校长一病不起？

很难判断，在知识分子都成了惊弓之鸟的非常时期，他玩命出于什么动机？升官吗？可能性不是没有，但他的底子不干净，在县委组织部的档案袋里，涉及男女关系的劣迹排了好几页纸，即使小有升迁，也是"老鼠尾巴上长疮"，大不到哪里去。发财吗？公办教师涨工资，要等国务院的下发通知。当然，这个彻头彻尾的世俗化的人物，若强加上什么"铁肩担道义"，或者按党委宣传部的口径，把他加工为"小车不倒只管推"的豪杰，则太滑稽。我猜想，起主导作用的，该是体内的原始野性，中国农民特有的消耗身体能量的冲动。

夏稻开镰时节，学校已迁到离祠堂群半里远的山坡上。一色髹成奶白的平房，围绕着大操场，比过去挤在村子中间，开阔多了。关校长在走廊里，摇着净谷机的铁把手，脸更像乃祖关云长。他吆喝着，笑着，拿起大秤称量谷子。总收获量是教人欣慰的——从校办农场的红土壤长出来的谷子，一共三千多斤，加上浮报，平均亩产达到四百七十斤，虽比邻近生产队的单产差了一小半，但无论如何都算得奇迹。在《大批促大干，大干出成果》的经验总结里，关校长毫无愧色地向全县的同行宣告，本校农场单产，比往年翻了三倍半。

穿着新的确良的关校长，被县教育局局长邀去，在全县的校长会议上作了专题报告。回来那天，学校正在上课。我上的是作文课，布置完题目，在课堂里巡视，偶尔向外望去，只见关校长竭力压抑着一腔得意，沉着地在操场上缓缓走着，不时停下，下蹲，把杂草拔去。他走向操场北端的缺口，用脚作尺子丈量着，沉思一会，向荒坡凝视良久。从开始迁校，他便把蓝图画好，从他所站的地方开始，直到横水河滨，覆盖着山捻子树和半人高蒿草的千年荒野，已被他纳入第二期、第三期工程。他拿着棍子，向全体师生讲解总体构思，图纸上，校舍、实验室、球场、田径场、教师宿舍，那个美好，教大家的嘴巴久久张开，忘了合上。家在外地的老师却不相信，说，切，比唱还好听，我只要现成的，哪怕才三平方米，家属来了能安顿。

我琢磨不透如此复杂的性格，他自己不但管全局，还和最顽劣的学生交朋友。学生的作业本，掉了纽扣的衣服，围墙下的一行新栽的白玉兰，都受着他的关注。他掌校三年，村民提起校风，都竖起大拇指。他上初中班的政治课，任何年级任何科目的老师因事因病缺席，他拿起课本便往课堂走。他不爱读书，只为吸收层出不穷的新提法、新理论，才看看《人民日报》，如其说他修养了得，不如说天生的领袖魅力起作用。他总能教正派人信服，让调皮鬼慑服。他在讲坛上一站，就吸引全体师生的注意力，学生冲着他的诙谐和和气，老师冲着他隐藏在诙谐和和气里面的威严。

关校长和清苦的民办老师一般，关心墟场上鸡鸭的价钱，有时趁墟替学校采购物品，捎带买上一麻袋米糠，周末载回家喂栏里的两头猪。有一次大女儿到学校来找他，父女小声吵了一阵。关校长回到教导处，重重地坐下，抱着头叹气，低声对我抱怨说："她妈叫她来要钱的，说布票快过期，要扯几尺凡立丁……"

有一次，关校长和我一起到县教育局去，我去当笔杆子，写一个本校抓学习毛泽东哲学思想的经验材料，关校长去作工作汇报。他晓得，这材料我要是写出水平，对他的仕途大有帮助，便一路和我套近乎，说了些只有知己才说的话：

我自家的斤两还不晓得吗？顶多出牛力干粗活，要提升为有指导意义的经验，当然靠你嘛。说老实话，给我升官我也当不长，这毛病……一年了（我惊问：什么病，怎么一直看不出来？以为你的身体是全校老师中最棒的），胸膜炎哩，时好时坏。哎，不瞒你，这种病，坑人！四十八了，老想着那事，丑死了！

我盯着他的脸，两颊隐隐透出和年龄不相称的桃红，嘴唇轻轻抖动。这是肺病患者特有的亢奋。我早听说过，这类病人的性欲异乎寻常地高涨。我茫然，无言以对。太突然了。他是在教育局的会客室等候局长接见的间隙和我说这些的，嘴巴艰难地嚅动，好像一下子掉光了牙齿，同时，手一页页地翻着记着汇报提纲的笔记。笔记上的语录和高调，和谈话内容成了冷酷的对照。

我费劲地俯下身体，才看到他的眼瞳，目光散乱，软弱，一似在果园里偷番石榴被主人抓住衣领审问的孩子。我随即想起几个月前一位男老师告诉我的秘密：一个晚上，公社电影队在新校舍的操场放电影，他到堆放建筑材料的备用教室搬椅子，一踏进里面，关校长便和一位女生快步走出。他说，他们一定在鬼混。我大笑说，怎么可能呢？女孩子这么年轻。到了此刻，我仍旧不相信关校长对初中一年级的女生下手。他过去的风流韵事中，女主角都是成年女子。

五

县教育局已给"模范校长"关渭城下了调动令：一个月后到县一所重点中学去担任校长。初中学历的人管上千人的完全中学，够破格了。但是这一通知书被公社教革会的雷主任锁进抽屉。在整人方面出色当行的雷主任并非故意刁难潜在的竞争对手，而是为了适应运动的需要。雷主任正要指挥一次"交叉检查"——将公社内三十多所学校的校长分成五个小组，分头到各校调查，重点是老师和领导的作风。说白了，就是抓"乱搞"。那年头，临深履薄地当着"臭老九"的老师们，没有贪污的可能，没有政治上作乱的胆量，对男老师来说，唯一的诱惑是女学生。为了防止串供，参加检查组的校长们不准回自己所在的学校。

来我校的检查组由雷主任挂帅，不知是听到风声，还是凭直觉，这厉害角色选上这里当突破口。第一步，检查组找学生问话。我当着班主任的初一（1）班，十四位女生在上课时进进出出，被检查组轮流叫去。我晓得，我所负责的班，是重点中的重点。

这是理所当然的，这个班的女生是学校体操队的主体，五个尖子都是我的女弟子。体操队可是关校长的掌中之珠，发起人是他，置办平衡木和单双杠等器械的是他，平时，教体育的黄老师作辅导，在旁督战的也是他。青年时代在九人排球队当炮手的关校长，只花了三个月，就把这群腰腿并不灵活的乡村女孩子训练成颇有名气的专业选手，一色天蓝运动服，马尾辫，上台时羞答答的，打起360度空翻来却又严谨又潇洒。先在本大队各村庄巡回表演，后来名气大了，邻近的公社也来邀请，还到县里参加了比赛。

九位体操队员中的八位，向检查组检举关校长，说他常常动手动脚，老不正经。办案老手雷主任一查名单，咦，唯独体操队队长，和关校长关系最好的Y姑娘守口如瓶。于是发起攻坚战，检查组的男女成员轮着上，我也被征召做客串，日日夜夜盘问Y姑娘。Y是班长，语文课成绩不错，平时很得我的信任。我不相信她和校长有什么瓜葛，才十六岁，懂什么"性"？检查组在学校待了一个多月，检举关校长调戏女学生的有三十多人。关校长在别校当着检查组副组长，突然遭解职，关进教革会做隔离审查。关渭城久经风浪，岂会轻易松口？他和Y的攻守同盟，教雷主任又恼火又无法可施。检查组差点无功而退时，突破口出现了，班里一个女孩子鼓起勇气，揭发关在课室里强奸了她。那晚本来要上自修课，同学们和老师到邻村看电影，她独自在课室做功课，遭到关渭城的毒手。关渭城抵死不认，可是，按照当时办案的规矩，强奸案只要被害人指证便可坐实，雷主任凭这一条穷追猛打，三个昼夜的折磨之后，关渭城的防线崩溃，不但承认了强奸罪，也认下诱奸Y姑娘的罪状。教人啧啧称奇的是，直到关渭城被送往劳改场，Y姑娘从头到尾没松过口。倒是老狐狸一点点地"挤牙膏"，交代出从引诱到上床的诸般细节，既极大地满足了雷主任和专案组对色情事件的好奇心，也给法庭提交了无可辩驳的证据，受害者（或称同谋者）的旁证，便成了可有可无。我如今回想，仍旧觉得不可思议，遭受关渭城玷污的女孩子，平均年龄不足十五岁，为时一年，我作为每天和她们相处的班主任，竟看不出一点异样。这群女孩子，因营养缺乏，身体均偏瘦，发育刚刚开始，她们在乡村长大，干农活利落，却不晓得爱和性为何物。说她们一开始便明白这是性骚扰，却慑于校长的威严，含泪忍受，也许高估了她们的判断力。我想，她们基本上没想到"性"上头去，以为是"玩耍"。我那时作为班主任，无论人生经验还是心理学修养，都不足以见微知著，觉察到孩子们正在受着足以影响一生的心灵重创。同时，还要顾及，以当时逼供讯的流行，不排除关校长屈打成招，女学生遭诱供，作伪证的可能。

通过这场"狠抓无产阶级教育阵地反腐蚀斗争"的大仗，雷主任打倒了足以和他抗衡的敌手，自己也捞到若干政治资本。有趣的是，雷主任碍于年龄，也没因此而升官。五年后，这运动老手移民美国，没来得及受被他仇恨一辈子的资本家的剥削，就死于心肌梗塞。

关渭城一气劳改了八年，没打过折扣。1985年刑满，回到老家。那时已六十开外，这辈子的精力加上斗志与计谋，终于获得淋漓尽致的发挥。他起先骑单车和摩托车，和儿子到沿海地方去向渔民收购渔货，卖给县城的餐馆。渐渐地，交通工具升级，从小卡车到安装了冷冻设备的大卡车。进入90年代，他掌管的公司在县城雄霸海鲜批发业，财产以千万计。

我没打听到，关渭城被判刑后有没有要求复查和平反，从办案过程看，漏洞甚多，除非确实罪有应得，本人是值得为洗脱污名而奔走呼号的。

六

"渭城"作为名字，典雅是典雅，但这个被乡下百姓骂为"老淫虫"、被教育界斥为"斯文败类"的人物，和王维的不朽诗篇毫无关联。我拿"渭城朝雨浥轻尘"作题目，是作文之前画下蛇足，然而，走笔至此，却隐隐然窥到二者之间藏着一个隐喻，这一诗句不是没有可供发挥的意象的。

春雨是明亮的，一条条斜在东风里的雨线，穿过轻尘，成了金色的绿丝。何其丰盈的生命力！这不正是关渭城的写照？如果关渭城这"雨"下在彼时的香港，在崇尚个性，鼓励自由竞争的沃土上，以他的机警和耐力，无论干哪一行，成大器的百分比都甚大。到晚年，也许成了关"嘉诚"。如果关渭城这"雨"，像他出洋谋生的祖先一般，下在美国的旧金山，即便一辈子摆不平英语，从中餐馆的"厨房牛"熬起，迟早也成一番局面。可惜的是，雨下得不是地方，既不是供野心发酵的政界，又不是拼计谋的工商界，而是好歹讲究点文化和体面的教育界，天晓得是与生俱来的基因作祟还是肺病的激发？他遏制不了过分旺盛的性欲，催生万物的春雨，于是注入罪恶的激流。如果短寿，他的全部生命史只好用来诠释"色空"。还好，老天爷开恩，使他出奇制胜——在晚年居然出现"晓看红湿处"的胜景。

三十年间我没有见到他，却能想象出这位年龄与我父亲相仿的前上司的形貌：满脸老人斑，步履虽失却四十八岁的气势，但腰杆挺直，声音洪亮。见到我，会笑嘻嘻地伸出粗糙的大手（但愿我忘记它曾是"禄山之爪"），和我相握，作寒暄少顷，便迫不及待地把我请到雅致的总裁办公室，吩咐漂亮的秘书小姐泡一壶功夫茶，也许，我有被邀去吃龙虾大餐的运气。他这么做，是为了刷新在我心中的形象。

2006.6

贵叔·他的和我的家族

一

　　贵叔行年七十六岁，身高一米八五，在个头偏矮的南方人中，站到哪里都是鹤立鸡群。不但高，而且壮实，宽肩粗腰板，到老也既没赘肉，又没弯曲。头发像猪毛刷般粗硬。国字脸膛，红里透黑。右眼有毛病，眼白把眼球吃掉大半，顾盼时头部大幅度转动，显得笨拙。向来龙精虎猛，在村前的青石板路上走，噔噔作响，先声夺人。这样的壮汉，年轻时的雄风可以想见。

　　乡村的人际关系，深远虬结。贵叔的家族和我的家族，是两棵百年前同根的榕树。我的祖父刘康和贵叔的父亲刘友，都是孔字辈，分属堂兄弟。我的曾祖父在18世纪漂泊到秘鲁谋生，终老他乡。曾祖母独力抚养独子，他就是我的祖父。祖父长大后经商，从中药店学徒做起，中年终于混出了头脸，在镇里开一爿杂货店，经营油糖海味，在村里建了两层高的青砖大屋，还有数石田产。祖父的堂兄刘友，我这一辈称为"长公"，骨节粗大，高高个子，性情木讷，不识字，标准的作田把式，不工心计，不懂发财术，被见过世面的熟人讥笑为"除了打牛屁股吗事不会"。他的老婆，即我们口里的"长婆"，倒是厉害角色，善察言观色，出言泼辣，和我那绰号叫"鸡婆"的祖母旗鼓相当。不过，我祖母里里外外当掌柜，长婆虽在年齿上居长，但在祖母面前不能不低声下气。

长公和我祖父，出生在1900年前后，饱受上世纪的风雨。我祖父育两子——我的父亲和叔父，叔父无后，我母亲一鼓作气生下三男三女。长公夫妻更不含糊，养下四男三女。四个儿子依次从"荣华富贵"取一字，拼合出种田人朴素的理想。长子荣和次子华，新中国成立前到暹罗谋生，开头混得不好，并没有钱接济乡中父母。刘友的两个女儿早早出嫁，在家的两个儿子，阿富和阿贵，都是出名的壮汉，可惜空有一身牛力气，种几亩薄田，仅够糊口而已。

从抗战胜利到实行公私合营的1957年以前，十多年间，我家逐渐发达，在小镇经营的文具纸料店"永益隆"，成为行业的翘楚。那年代，乡村人家维持宗法社会约定俗成的关系，生意人刘康为尊，种田人刘友为卑。刘友夫妻三天两头来我家所开的店铺走动，长公刘友当搬运工、码货工、杂工，长婆，即刘友嫂替我祖母当跑腿，帮我母亲带孩子。亲戚分上，不能算是雇佣关系，但都有心照不宣的规则，主人以实物或礼物支付工钱。比如说，墟期完了，刘友夫妻在铺子里忙活一天，要回家去。生性吝啬的祖母，怎么心疼也好，都得设法把刘友夫妻带来的"去村篮"塞满，不是大米、食盐、片糖，就是蔬菜、海味，再不济也得把剩饭剩菜倒进大肚子陶甕。新中国成立前我家开海味店时，外快更多，举凡"笋底货"，比如蚝豉、虾米、鱿鱼、腐竹、江珧柱，破碎后卖相不好的，都会用"纸角"（三角形的纸制容器，现在不再流行）盛好，让长公夫妻带走。祖母说，长公家养了一群饿鬼，什么都能吃精光。

我在童年对乡村婚娶的第一手印象，就是长公两个儿子的婚礼。50年代初，阿富和阿贵娶亲，都经过"父母之命，媒妁之言"。他们的居处在深巷内，原先是祖产，我的曾祖母和刘友的父母各占一半，我祖父做生意赚了钱以后，在别村建了新屋，迁了出去，刘友家占了整栋。这种老屋，墙壁足有两尺厚，是用黄泥拌上黄片糖夯出来的，表层剥落后，露出山岩一般的纹理。没有窗户，喜庆之日挂满了贺幛，把天井的光也遮住，神龛前点上十多根粗大红蜡烛，屋里仍旧昏暗。地板是泥地，经多少年人和牲畜踩踏，乌黑的地面比水泥还硬。我清晰记得，比所有宾客都高出一个头的新郎贵叔和矮他两个头的娇小新娘子行最隆重的跪叩之礼，先向着天井方向拜天地，再向厅堂东面端坐在板凳上的父母拜，最后向坐在西面竹椅上的我的祖父母拜。祖父笑呵呵地搀一对新人起来，祖母念叨着"连生贵子"，给他们送上分量挺重的红包。我躲在祖父母身边看热闹。新娘穿小凤仙装，头上的凤冠金箔闪亮，在穿阴丹士林布的村姑群烘托下，无乃是开屏的孔雀。凤冠在乡村婚礼中，算是最高级的饰物，它是从我家所开的文具店借去的。我家从广州十三行专卖戏服的商家买来，放在加锁的铁桶内，出租给办婚事的人家，这回当然免费。

　　1957年以前，长公的家族和我的家族比，后者占了上风。长公的媳妇和女儿见到我祖父，都恭谨地低头，怯怯地唤一声"大老爷"。我家和刘友家，代表的是两股社会力量。刘友家吃口浩繁，除了种田别无活路。我家是"殷商"，小镇黄金地段上有自置的店铺，蒸蒸日上的生意，乡间有田产和新屋。我叔父是岭南大学新闻系的学生。我的父亲，新中国成立后当过镇里第一任地方工商联主任，胸前常常挂着燕子尾巴，兴冲冲地进城开人民代表大会。我祖父则气定神闲地坐镇店面，卖纸笔墨之余哼唐诗，写毛笔字。常常见长公进铺来，沾满泥斑的作田装束换成黑色薯莨唐装，袖子总要挽上几挽，神情从来没有轻松过。我小时好几次在铺尾的厨房，见到他向祖母借钱。祖母当然晓得，无论他说的是什么名堂，"没本钱请猪郎给母猪打种""阿富的团仔出疹子""阿珍上中学没钱交学费"，借出去统统是"肉包子打狗"，所以多半不会如数给足，借两块只给一块或者一块半。长公借不够，回到家难免老婆一顿臭骂，更严重点夜里不准上床，于是瞅准祖母上街买菜，偷偷找上不管钱的祖父，祖父从买烟的用度上省，给老实巴交的堂哥几毛钱。

二

我家从土改起开始走下坡，到了"大跃进"后跌进谷底，店铺充公，祖父进了中药店当抓药工，月薪三十元，祖母在文具经销店当售货员，月薪二十元。在国营百货店当副经理的父亲下放到农场去。家里总笼罩着愁云，大人没一个有好脸色。成为讽刺的是，"永益隆"这"大宝号"不是悬挂的招牌，而是镶嵌在骑楼外两扇窗户之间砖墙上的浮雕，永远不消失，肥厚的颜体见证着"刘家铺子"的凄凉末路。

那年代，我们一家具体而微地感到刘友家的冷淡。尽管大家长刘友木讷如故，但他的婆娘、儿子和媳妇们，都应了广东人讥讽势利人的谚语："反转猪肚就是屎"。最先觉察出这种变化的总是敏感的女性。我称为"长婆"的胖女人进小镇，不再到"永益隆"来，向她过去口口声声地叫"嫂嫂"的前老板娘问安。村人辗转传来她对我家的讥评："看到吗？'肥仔康'一家连正门都让供销社占了，我才不拐小巷从后门进去。"事实也是这样，铺子前一半给供销社征去当茶楼，只给我家留下楼下尾部的厨房和二楼。长婆在墟上买菜，年轻的同村女子阿顺替她提篮子，一似旧社会有钱人家的做派。买下五六斤重的鲩鱼、稀罕的腊肉腊肠，善体人意的"丫头"会有意或无意地把鱼尾巴和系腊味的红绳子暴露在盖子外。遇到祖母迎面而来，长婆拉拉丫头的衣角，在摊档前蹲下或弯腰，装作挑选货物。祖母当然晓得她用心良苦——碰上面，不打招呼说不过去；打嘛，要尊称我祖母做"嫂嫂"，气又不顺。

好几次祖母上墟场买菜回来，黑着脸说长婆的不是。祖母是粗线条人物，对长婆刻意的怠慢并不大觉察，或者说觉察到也没感到难过。她的人生哲学是直接和现成的：人家阔了，当然该有派头。只是，她忍受不了长婆迫不及待地摆阔的暴发户嘴脸。"呸，有钱也不用'晒命'嘛！刚才我在墟口撞上'刘友马'（这是乡间一种奇怪的称谓，在丈夫名字后加一

"马"字，是"刘友家婆娘"之意），猜她怎么着？吩咐阿顺打开篮盖让我看。她假惺惺地对我说，阿嫂，广海大虾米一斤卖三块八，我买了三斤，不知买贵了没？分明寒碜我！我就说，论成色算很好的了，这些年，几时看过上等货？可是她不肯罢休，不阴不阳地来一句：就是嘛，要是货好，我一买就是十斤，让阿富阿贵各家都拿上几斤。我给气坏了，便说，倒也是，和从前三埠黄坤记批发来的帆船牌比差远咯，人家一只只成色多鲜亮，三五只放进汤水里，味道就足足的。说到这里，祖母为自己又得体又尖锐的言辞得意起来，呵呵地笑。祖母明白，最容易教刘友夫妻难堪的，就是重提他们潦倒年代的"劣迹"，例如来铺子讨箩底的虾米碎腐竹末回去煮粥。祖母提起黄坤记的海味，长婆当然会联想到自家倒霉的过去，这叫"哪壶不开提哪壶"。终于，长婆的气上来了，甩下一句："阿嫂，康哥一个月的薪水也买不了几斤，说也白说。"怕我祖母回击，长婆匆忙和阿顺开溜了。

长婆身先士卒，她的两个媳妇，即老三阿富的和老四阿贵的老婆，更是变本加厉。论泼辣，个子奇矮、齐不到老公阿贵腋窝下的阿英比妯娌阿春胜一筹，也许是听婆婆涕一把泪一把地说道过吧？她报仇心切，几天以后找上门来，对我祖母——这位她嫁来刘家那天行三跪九叩大礼的长辈叫板，为了宣示足够的傲慢，"大安人"这一尊贵的称呼被省略，开门见山地说："嘻嘻，是这样，我家孩子多了，床不够，你们借去的那副床板，该还了。"祖母拧着眉头，盯着故意正眼不看她的晚辈，想不出什么时候欠她家一副床板。阿英提示道："说话几十年了，你家搬到新村去那阵，不是把老屋的床板也拿走了吗？"祖母说："是啊，那是太婆婆交给我们的，怎么成了'借'你家的呢？""你老人家忘性大了不是？这事我婆婆清楚，太婆婆的两副床板，一副交你家，一副交我家，你家在新村起了新屋，搬家时大老爷说入伙那天客人多，要床板搭铺，把我家的那副也搬走了，一直没还。"祖母素来以门槛精出名，马上想起来了，说："慢着，是有这回事，可是入伙以后，你家老爷亲自来，用鸡公车载回去了，那是民国三十六年的事。"阿英却一口咬定，婆婆说的，你家没有还。祖母猜出来了，那副床板刘友讨回后，给了阿富家，她想赖掉，让阿贵家的女人出面多讨一副。反正那年代借物，不兴打借条。一副床板值不了十块钱，我家闲置的床板至少三副，可是祖母断断无法吞下这口气，刘友家从前是刘康家的佣人，世道是变了，穷人是翻身了，但怎么也轮不到刘友家的晚辈来讨根本不存在的老账。外号"鸡婆"的祖母岂肯示弱，又着腰吆喝起来："你回去跟婆婆说，要是有半点良心，就不要要横。刘友家从刘康家拿了多少，半夜里捂着心口想吧！"

三

其实，在先是合作化再是人民公社化的上世纪50年代，刘友这纯粹的农家，经济地位并没有多少改善，相反，比新中国成立前更为紧巴，至少，从前能三天两头来我家打打秋风。

乡人有一谚语："石头瓦片也有三年运。"在席卷全国的大饥荒中，刘友家却摇身一变，成为远近瞩目的首富。"发"的源头在出洋的儿子。刘友的大儿子阿荣，二儿子阿华，抗日战争胜利后到泰国去，开始时不过是曼谷的打工仔，勉强赚个温饱，从来没给父母寄过钱。二次大战结束后，中断多年的侨路重新接通，远在北美洲的金山客陆续把钱汇回家，靠侨汇养活的"二世祖"们又花天酒地起来。但刘友家没这个福分，尽管媒婆给阿富阿贵兄弟说亲时，总把"两个哥哥在暹罗，大把世界"作为第一优势。好在，阿荣否极泰来，他在一家华人开的铁器厂打工，老板的千金看上了他，结婚以后，岳父委任他当总经理，不久，岳父岳母相继身故，全部财产顺理成章地由独生女儿继承，阿荣自此成为出入曼谷华人上流社会的大亨。阿荣发迹后没有忘记拉老二阿华一把，让他在厂里当上个小头目。

　　阿荣是孝子，有了钱，马上想到报答父母，第一次寄回来的款项，把侨批局送汇员的绿色袋子塞得鼓鼓的。苦了一辈子的刘友，对着桌上大堆花花绿绿的钞票，一个劲搓手，喃喃自语："死咯死咯，怎么花呀！"那时长婆因长年营养不良，身板干瘦，发福是有钱以后的事，嘴唇颤抖好久，终于迸出号啕的哭声。老两口出尽洋相，才清醒过来，觉得家里静得诡异。长婆睁开婆娑泪眼，蒙眬中看到地上黑压压一片人，原来阿富阿贵家老小闻讯，全从地里赶来，齐刷刷地跪下，等大家长发红包。教儿孙辈暗暗遗憾的是，抠门大半辈子的刘友夫妻，只给每人发二十元。那是1959年，正处在公社化的高潮，集体食堂每人每餐的开销少于五分钱。

　　背井离乡二十五年后，阿荣兄弟终于衣锦还乡，那是1965年。依据乡间俗例，出洋客的风光在于大宴乡亲。流水席设在村前禾堂上，池塘边用泥砖垒起的八口大锅，由村里自古以来专负责红白大事的细崽挥动铲子，把咕噜肉和陈皮鸭炒得烟气蒸腾。几排脱了朱漆的八仙桌上，一拨男乡亲吃了，抬起衣袖揩揩油汪汪的嘴巴退下去，换上另外一拨。到末尾，女眷蜂拥而上，吃过后，各自把剩菜倒进钵子里，拿回家去。这是她们来这里帮忙——开始时切菜杀鸡鸭，最后洗碗扫地，才赚到的特权。

　　这里须交代一饶具讽刺意味的插曲：在刘姓村庄里，每一分支都拥有若干户"细崽"，他们的祖先是同姓或别姓的"下户"，归附到一个祠堂，成为专属的奴仆，举凡族里各户红白大事，如婚嫁、殡葬、拜山、孩子满月，都由细崽的户头烹调和接待，代代相沿。到了新中国成立后，细崽仍旧拥有"当奴隶，听使唤"的"专利"，这意味着有大树遮阴，总比孤苦伶仃好。宗族内的人家，即便一贫如洗（如新中国成立前的刘友家），眼红细崽们从"主家"大篮大包拿走剩菜，还拿工钱，赏钱，也不能染指。此外，除非万不得已，非细崽户不愿自降身价，去干抬棺材拾骸骨一类"贱业"。乡村中阶级或等级的交错复沓与微妙幽深，由此可见。

刘友家终因长子大发，应了私塾老夫子所教的自谦语："蓬荜生辉"。细崽户一反过去的冷淡，倾巢而出前去当帮工，不在话下。

我那时在城里上中学，没能吃上大餐，这乡梓间多年未有过的盛事办过后的星期天，我从学校回来，家里的大人仍旧兴致勃勃地议论。祖母以鄙夷的语气说，说什么"宴开百席"，末尾就座的女人连"肴尾"都吃不上，只能往白饭上浇菜汁。"刘友马"不承认自己孤寒，买的菜不够，却赖细崽早早把整只鸡藏起来，私带回家。更让祖母咬牙切齿的是，刘友的三媳妇阿英在席间，假惺惺地给祖母这"大安人"敬茶，不咸不淡地送上一句："上次和你提到的床板，我们不要了，大伯父这次送了许多礼物……新床都睡不完，稀罕印着尿痕的旧木板！"气得祖母整晚睡不着，和祖父一起细数刘友家早年的困顿和我家的仁慈。

几年以后，我因偶然的机缘，进了长公在村外小镇新建的铺子，终于识得出洋的堂伯父的庐山真面。刘荣个子高大，一如乃弟，骨节粗突，脸庞黧黑，容貌上兼有老三刘富的精干和老四刘贵的笨拙。我怯生生地站在八仙桌旁边，端详着刘荣，对他充满了怜悯。别看乡人以妒忌的口吻描绘他回乡的"架势"（这一词在广东话里，有体面，耀武扬威等意义），忧心忡忡的神情还是镌刻在皱纹粗大的脸庞上，总是若有所思，怕出错，闹笑话，无论和谁说话，都不时走神，经他机警的母亲提醒，才猛然省悟，害羞地笑一笑。无论祖母还是母亲，都不提陪同哥哥荣归的老二刘华，他替哥哥打工，归根到底是"没名堂"，人们懒得理他。乡村的势利眼，是世世代代贫贱的累积。

四

长子暴富以后，刘友想到开洋荤，到香港去"叹世界"。钱不再是问题，问题是政府不批准出境。那是国内政治气候稍稍宽松的"文革"前夕。我家铺子斜对面，是管理华侨事务的公社侨联会，负责日常工作的叫阿介，秃头的中年人，一说话唾沫就聚集在两个唇角，白花花的，颇能为口头允诺增加气势。刘友来找阿介，换上簇新的薯莨布唐装，折痕永远鲜明，人仿佛成了一口被折痕捆着的箱子。因为顺路，加上刘友向来佩服我祖母遇事明断，稍稍收起还嫩着的富人架子，上我家又勤起来。只是小家子气依旧，比如，他陪阿介到城里的华侨商店，阿介要什么就买什么，这等事绝不透风，怕我家说他"大细超"（广东话，意为待人不公平）。偏偏阿介爱臭显，每次带刘友去县统战部"反映情况"，刘友给他的甜头，总添油加醋地向好奇的祖母说道。可惜刘友的钻营并没有理想的结果，最后县里看刘友的大公子乃泰国著名侨商这分上，额外批准他一个人赴港，但取的是特殊途径：偷渡，也就是说，在中方是合法的，但港英当局不予承认，刘友须坐货船，躲在集装箱里头出关，港方的验关人员可能用锐利的探针刺入箱内检查。这么一说，土气远远胜于享福念头的老农刘友，只好打退堂鼓。

在父母亲终于养尊处优起来的年代，初入中年的阿贵进公社的搬运站当工人。在这家以单车为工具的合作社，无论身坯还是体力都领袖群伦的贵叔，当然是第一号台柱。这些年回国，和贵叔见上面，只要有机会聊天，我必然提他的"当年勇"。并非讨他欢心，如果凭势利眼估量"利用价值"，贵叔只有一样：我们去扫墓之前托他把山坟修整一番。我是出于对男子汉"力道"的英雄崇拜。他被我搔中痒处，乐不可支，眨巴着眼白丰富的眼，干咳一声，说开了："我的单车轮子，普通人骑可吃不消，用的是最粗的9号辐线，双梁。载货的最高纪录？难说，总之有得载，尽量装，装不下才歇手。一车八九百斤嫌轻松了点，一千来斤难不倒我。我常常在车尾架横板，载两个客，中间再放水泥，一叠就是八包，光货就是八百斤。客人怕我摔倒，给水泥压着。我拍拍胸口说，死怎么轮到你？他看我的身板，他们便乖乖上车。"

70年代初，国内在政治高压下，民生凋敝，刘友家族因了泰国来的侨汇，一枝独秀，气势到了顶峰。我家没有直接的海外关系，靠勤俭和父亲的精明，勉强维持着温饱。两个家族除了扫墓和婚娶等必须联手的场合，平时没有什么往来。这样的疏远，在刘友家族，未必有怕人沾光的小鸡肠肚；在我的家族，却是剑拔弩张的防范，怕遭村人讥笑为"巴结"。

　　可是，我家族的人稍不小心，依然会遭到虽小但刻骨铭心的轻蔑。有一回，父亲逢上休息日，骑单车载着孙儿到小镇去玩，途中经过旧村。他早听说贵叔在祖宅地旁边加建新房，出于好奇，拐进去看看。时近中午，是"三行佬"（泛指建筑工人，原意是木工、泥瓦工和铁工三行业）吃饭的辰光，贵叔看到我父亲，勉强敷衍了一会，便走开。不一会，贵叔的老婆阿英把一大锅粥和点心挑到工地上。贵叔仰起头，向在房顶上盖瓦片的工人吆喝："下来，吃饭啰。"语气是雇主的威严掺和着乡亲的亲切。说罢，贵叔揭开盖子，蒸汽腾地冒上来。他斜眼看了看父亲，并没说话。这冷场不到一分钟，父亲却按捺不住，甩下一句："走了。"跨上自行车，飞快离开。在父亲看来，贵叔的无礼到了极端。按乡间风俗，在这样的场合，客套万万缺不得，装也要装出来，主人务须诚恳地说："哎呀呀，平日请都请不来哩，群他妈，盛两碗来……"若客人不肯，得稍作拉扯，功夫做足，如果客人执意不吃，才连连摇头，万分遗憾地送客。不过贵叔穷惯了，与生俱来的小气使他换了一种思维方式：哼，早不来晚不来，瞅准人家开饭才来，分明是想蹭一顿嘛！

　　这等"猪尿泡打人——打不死人气死人"的事件，每发生一次，在我的家族内迟早引起一次和当时流行的"阶级斗争年年讲"并行，以"奋发图强"为主题的小型思想教育运动。气氛往往足够热烈，围着家里八仙桌上一盏暗淡的煤油灯，婆媳矛盾、代沟，瞬间均消失，男女老少同仇敌忾，一致要"雪耻"。家长们的教育方式有别，祖母爱以妒忌的语气，数说刘友家"发"了以后的洋相。她说，刘荣在泰国，先做乘龙快婿尔后幸运地继承下岳父的家业，当上老板，从此好几次带上老二刘华回来探望父母。华侨入境可免税带"三大件"乃至更多，如单车、缝纫机、手表、电风扇。刘友在乡下的女儿、儿子，在分礼物的场合，总斗个死去活来。"笑死我！今天阿友的大女阿香和老三阿富的老婆开仗，阿富家要缝纫机，说回回分礼物，都没把缝纫机分给她家，不公平，她当场把分到手的大三针梅花表退出来。刘友马说，阿香的女儿出阁，媒人婆早和男家头讲好，一部蝴蝶牌缝纫机作嫁妆。不要争了，下回你大哥带一部'胜架'给你家。"祖母在厨房里边洗菜边兴高采烈地对祖父说："阿香恃是长女，当父母的面，教训阿富家：'想和我争？先去托生，下辈子来吧！'阿富老婆骂大姑是白眼狼，说阿香偷娘家谷子，在箩面盖一层芋头。阿香横惯了，脸挂不下，当即命令弟弟：'你不教训家里的，我当大姑的就出手！'阿富当场扇了老婆一巴掌。刘友两公婆坐着发呆。刘荣看不过眼，一边说'报应报应'一边走上二楼。"祖母说到解恨处，呵呵地笑。祖父猛摇了一阵子头，然后吟了没头没脑的唐诗："共知人事何尝定，且喜年华去复来。"

我祖父性子软，不那么把"吃碗面反碗底"（广东谚语，意为"忘恩负义"）的势利世情当回事。晚饭后把水烟筒抽得咕咚咕咚响的间隙，他对我和弟弟说："说来也好笑，前段日子，我回村里去，家里人上学的上学，出勤的出勤，我自己在厅堂里闲坐。趁枕外有人喊'康叔在家吗？'我走近大门一看，是刘阳的二崽。我暗喜，大崽阿荣发了，再也不认阿叔，阿华倒有良心，从旧村走这么远来看叔父。我把他让进门，一看，手里还拎着两大包。又是一喜，他替大佬打工，钱没多少，却记得'一饭之恩必报'的古训——抗战胜利前，台山大饥荒，他饿出了水肿病，我给他家送了一袋米，一包腊肉。不料，阿华没落座，只说，他待一会就走，来这里是为了找巷尾的阿传，阿传嫂说阿传去趁墟，过一会才回来。果然，和我说了一阵子话，阿传嫂来叫，他就提着两个袋子走掉。我看着他的背影，哈哈大笑。这小子，六七岁顽皮闯了祸，老豆（粤语，即父亲）骂一句：今晚铁定要你吃'黄鳝煮细粉'！夜里阿华迟迟不去睡，他妈妈问他为什么，他说要等'黄鳝煮细粉'。他不晓得，'黄鳝煮细粉'就是挨藤条。刘友后来当笑话向我说起，我就给他起了外号'大傻华'。你看，到南洋闯荡这么多年，蠢可没改过一分一毫。没礼物送我也罢了，却把送人的礼物提来我家，说成心气我，他倒没那份机心，整个就是不通世故！"祖父为了一个外号管用二十多年，无比自豪。

父亲在"工地吃粥事件"受了贵叔的侮辱后，一直耿耿于怀。他对自家六个儿女的教诲，归结起来就是：绝不要被"狗眼看人低"一伙比下去。于是，我们这个没有侨汇的家族，在生产队出勤之外，靠打草包，编竹帽，上山打柴，养猪，俯仰不愧地生活。

刘友家族的鼎盛和没落，都和刘友的去世有关联。刘友重病不起时，中国正处在"批林批孔"的高潮。大家长两腿一伸，这远近闻名的富户，人丁又如此兴旺，丧礼哪会草草了事？事亲至孝的老大和傻帽老二都从泰国赶回来，当然实行乡村最高规格的土葬，尽管政府正雷厉风行地推行火葬。一向来，生产大队的头头不时上刘友家吃夜宵，这次给了刘富刘贵兄弟面子，没加干涉。当然，道士打醮，和尚念经这一套高级仪式，因了批判"克己复礼"正如火如荼，即使泰国回来的老板敢以身试法，也难找到穿道袍和袈裟的专业人士。好在，雇请一群乡村老太婆对棺号丧不难，《前世歌》被她们声泪俱下地吟唱，造出肝肠寸断的气氛。出殡的队伍足有一里长，从村口排到牛脊山，打头的是附近村庄请来的"八音"（乐队），一把凄厉的唢呐，吹得天地变色。这场面，给下乡抓革命大批判的工作队看得清清楚楚，县城来的干部本不想把事情闹大，可是担任队长的县委副书记，一向以"对敌斗争坚决"著名的独身老姑娘不肯罢休，说刘友的丧礼，居然以每人一块钱"利是"，雇三十多名小学生扛哀旌，这不是复辟？看坟上插的"白旗仔"写的什么玩意？"三更月冷鹃犹泣，万里云空鹤自飞"、"大雅云亡"、"斗山安仰"。"地地道道的封资修嘛，你们的党性喂了狗吗？"老处女副书记在批判台上一声质问，全场不寒而栗。宣传干部马上把刘富刘贵兄弟叫到公社党委会，狠狠教训一顿，声言如果不看他们的贫农成分，便要作"复辟四旧"的典型，全公社巡回批斗。老大刘荣和老二刘华，在政府采取行动前，父亲"头七"没过便匆匆忙忙赶回泰国。

长公刘友，还有两年后因中风去世的长婆，两口子的坟都在牛脊山上，和我的曾祖母、祖父母的坟靠得很近。每次扫墓，都是刘友和刘康两家的后人合办，说是联合，无非是事前通个气，双方在同一天同一时间前去。这是一年中两个家族的成员唯一见面的场合。刘友夫妻和我的祖母去世后，轮到刘贵兄弟和父亲这一代当家，即便过招，也是轻描淡写。到我们这一代，恩怨情仇更是淡薄。不过，我出国之前，每年扫墓，春雨溟蒙，杜鹃啼叫的山冈上，看着两个家族的年青一代，还是隐隐感到"较劲"的意味。长公刘友的孙辈，在泰国的不算，刘富刘贵都赶在严厉实行"计划生育"国策前，生了一群儿女。刘富三个儿子，都体形高大，虎背熊腰，其中又数大儿子最抢眼，肩膀上的肌肉差点把崭新的深蓝青年装撑裂了。刘贵的后代则承袭小个子母亲的基因，个头矮但粗壮。论总体，刘友家的后人胜在体力，比赛挑担插秧一类农活，肯定把我家远远抛在后面。我家兄弟姐妹也许智力上有优势，但在那个年代，知识并不能换工分。精明一世的父亲，也认了命，不再思量离开乡村，从新中国成立前经商的积蓄中提了8百元，买下村里远亲的瓦房，为儿子成家做准备。

五

我家在父亲带领下，以过人的勤劳，在底层谋取了温饱。同一年代，大家长身故后的刘友家族走向没落。说来说去，灾星还是那位对刘友的丧礼开展过大批判的女书记。在1977年，"党的基本路线教育运动"（简称"路教"）中，刘富因为划分宅基地对驻村工作队员不满，和几位宗亲去大队部找"工作同志"论理，争得不可开交时拍了桌子。这一小小失控被女书记上纲为向"路教"反攻倒算，批准逮捕，判了七年徒刑。"屋漏偏逢连夜雨"，刘荣在泰国的企业，被仇家纵火烧了厂房，从此一蹶不振，开头还禁不住弟妹雪片似的求援航空信，极勉强地汇点钱给各家。到最后，精疲力竭，派老二刘华回了最后一趟家，把弟妹们召集起来，宣布了大哥刘荣的决定：目前正面临银行清盘，自家是过河的泥菩萨，无力给弟妹们以最起码的支持，请各人不要依赖外援，好自为之。

到了80年代，我和妻小出国。在侨汇历来不少于国民生产总值的侨乡，俗语称为"出路"的出国，乃是人人向往无比的发财捷径。不管人在海外，是靠剪线头维生的车衣厂工人，还是电脑程式设计员，在家乡的标签都是划一的："金山客"。我家族从父亲一代起中断的"侨路"从此接通，在乡人中，面子增添了好几分。不过，琐碎而周密地投射到家乡人际关系中的差别待遇，小而至某次请客是否有资格占上座，大而至是否可参与讨论宗族产业的售价（我家和刘友家都属于最阔气的"自尊祖"，先人在香港置下价值港币数千万元的楼宇），都与我无关。如果说，艰难的青春时代，在乡间耳濡目染，使我多少抱着"为家族争气"的信念，在海外谋生多年后，宗族观念更遭"地球村"意识稀释。不错，"血浓于水"，可是，健康人在日常生活中，并不需要"输血"，却不能缺水。

即便是多次受辱的父亲，移民美国后，诸多的陈年恩怨，要么付以遗忘，要么报以无可奈何的一笑。"阿贵对我好客气，知道我回到家，提一只大阉鸡上门，哥前哥后的，我晓得这人，一定有事相求。果然，一杯茶下肚，就诉开苦，说三个女儿，两个嫁了，都没混到好日子，当年图女婿打政府工，如今那点死工资顶个屁用。哥你人面广，在三藩市介绍个好男仔给我家阿秀，我家没一人在外面，死枯枯的……"父亲言下倒没有"这势利鬼也有今天"的解气，毕竟是"打断骨头连着筋"的近亲。他回到旧金山后，四处打电话，为堂侄女阿秀说亲。

六

我去年回乡，扫墓之后，在村里摆了小规模的酒席，招待前来帮忙的乡亲。席间，贵叔仰头灌了几杯双蒸米酒，脸红红的，被眼白遮没眼球的右眼，竟冒出怪异的光。我作为主人，站在贵叔的背后，和当村长的族弟说修建塘基的事，贵叔突然把筷子甩掉，站到桌子之间的空地中央，叉着腰，干咳几声。碰杯声和说笑声马上停下。天井漏下来的日光，温吞水似的，落在他身上，一似舞台的聚光灯。他清清喉咙，先向我点头，直呼"大侄"："我刘贵熬苦一世，靠踩单车载客运货养家，人家总以为大佬在南洋发大财，一定多多提携在家的弟妹。别个我不晓，我自己就光得个虚名，有苦难伸！好在我刘贵够大只，吃得苦，几十年也熬过来了！"说罢，重重地捶胸膛，砰砰连声，有如山崩。我感动了，走去握着他那铁丝网般粗粝的手，说："贵叔的威名，当'车仔佬'时就传遍水步，谁不佩服！"他豪爽地笑起来。众人举起大碗，和大力士贵叔一起"饮胜"。

2003.12

图书在版编目（CIP）数据

刘荒田散文精选 / 刘荒田著. -- 南昌：百花洲文艺出版社，2015.6
ISBN 978-7-5500-1420-6

Ⅰ.①刘… Ⅱ.①刘… Ⅲ.①散文集–中国–当代 Ⅳ.①I267

中国版本图书馆CIP数据核字(2015)第123260号

刘荒田散文精选

刘荒田 著　　程国君 选编

出 版 人	姚雪雪	
责任编辑	胡青松	
书籍装帧	方　方	
制　　作	周璐敏	
出版发行	百花洲文艺出版社	
社　　址	南昌市红谷滩新区世贸路898号博能中心9楼	
邮　　编	330038	
经　　销	全国新华书店	
印　　刷	江西千叶彩印有限公司	
开　　本	850mm×1168mm　1/16　印张　17.25	
版　　次	2015年10月第1版第1次印刷	
字　　数	230千字	
书　　号	ISBN 978-7-5500-1420-6	
定　　价	31.00元	

赣版权登字　05-2015-249

邮购联系　0791-86895108
网　　址　http://www.bhzwy.com
图书若有印装错误，影响阅读，可向承印厂联系调换。